MARCOS BEDENDO

BRANDING
COMO FAZER NA PRÁTICA

2ª edição
2024

Av. Paulista, 901, Edifício CYK, 4º andar
Bela Vista – São Paulo – SP – CEP 01310-100

SAC sac.sets@saraivaeducacao.com.br

DADOS INTERNACIONAIS DE CATALOGAÇÃO NA PUBLICAÇÃO (CIP)
VAGNER RODOLFO DA SILVA – CRB-8/9410

B411b Bedendo, Marcos
Branding: como fazer na prática / Marcos Bedendo. – 2. ed. – São Paulo : Saraiva Uni, 2024.
304 p.
ISBN: 978-85-7144-247-4 (impresso)
1. Marketing. 2. Branding. I. Título.

2023-2885

CDD 658.8
CDU 658.8

Índices para catálogo sistemático:
1. Marketing 658.8
2. Marketing 658.8

Diretoria executiva	Flávia Alves Bravin
Diretoria editorial	Ana Paula Santos Matos
Gerência de produção e projetos	Fernando Penteado
Gerenciamento de catálogo	Gabriela Ghetti De Freitas
Edição	Júlia Braga
Design e produção	Jeferson Costa da Silva (coord.)
	Verônica Pivisan
	Alanne Maria
	Lais Soriano
	Rosana Peroni Fazolari
	Tiago Dela Rosa
Planejamento e projetos	Cintia Aparecida dos Santos
	Daniela Maria Chaves Carvalho
	Emily Larissa Ferreira da Silva
	Kelli Priscila Pinto
Diagramação	Mônica Landi
Revisão	Carolina Mihoko Massanhi
Capa	Deborah Mattos
Produção gráfica	Marli Rampim
	Sergio Luiz Pereira Lopes
Impressão e acabamento	A.R. Fernandez
	OP 236250

Copyright © Marcos Bedendo
2024 Saraiva Educação
Todos os direitos reservados.

2ª edição

Dúvidas? Acesse www.saraivaeducacao.com.br

Nenhuma parte desta publicação poderá ser reproduzida por qualquer meio ou forma sem a prévia autorização da Saraiva Educação. A violação dos direitos autorais é crime estabelecido na Lei n. 9.610/98 e punido pelo art. 184 do Código Penal.

CÓD. OBRA 645031   CL 651992   CAE 854576

À minha esposa, Vivian, companheira carinhosa e uma mãe incrível, alvo do meu encanto, respeito e amor. O efeito de sua presença em minha vida é inestimável.

Aos meus filhos, Ana Luiza e Gustavo, pela imensa alegria que a presença deles traz.

Aos meus pais, possuidores da minha mais profunda admiração, pelo apoio, educação e senso de dever, que me impelem a tentar sempre ser uma pessoa melhor.

Aos meus professores, pelos valiosos e constantes ensinamentos. Espero sempre poder fazer jus às lições que recebi durante suas aulas e orientações.

SOBRE O AUTOR

Marcos Bedendo é doutor em Administração pela Faculdade de Economia, Administração e Ciências Contábeis da Universidade de São Paulo (FEA-USP), mestre em Administração pela Escola de Administração de Empresas de São Paulo da Fundação Getulio Vargas (FGV-EAESP) e graduado em Publicidade e Propaganda pela Escola Superior de Propaganda e Marketing (ESPM-SP). É professor da pós-graduação da ESPM-SP, FIA, PUC-RS e Ibmec, além de também ser palestrante e conferencista. Como executivo, tem mais de 10 anos de experiência como gestor de produtos, marcas ou marketing em empresas como Parmalat, Whirlpool, Unilever e Bauducco. Atualmente, é sócio-consultor da Brandwagon, empresa de consultoria especializada em branding estratégico e pesquisa de mercado, que atua com companhias de diversos portes, de startups a grandes negócios, e tem entre seus clientes empresas como Santander, ItaúBBA, MSD (farma), ABS Global, Delta Air Lines, Bacardi, Construtora Lindenberg, MaxMilhas, IFF-Danisco, Somos Educação, Grupo Ultra, Grupo Nitro e BNDES, entre outros.

APRESENTAÇÃO

Um processo de gestão de marcas contemporâneo

A ideia de como gerenciar uma marca evoluiu com o passar dos anos. Tanto a prática profissional como o pensamento acadêmico da área se desenvolveram para se adequar a um novo cenário de fragmentação de mídia, redução da força e papel da propaganda, maior relevância das experiências, maior poder dos consumidores e maior pressão da concorrência direta e indireta em praticamente todos os mercados.

A prática empresarial alterou certas ferramentas e processos para se adaptar a esse novo contexto e maneiras de gerenciar marcas. Os autores acadêmicos também lançaram novas ferramentas e conceitos para que se pudesse entender essa nova maneira de pensar e construir marcas. Já as publicações básicas sobre processos de gestão de marcas não parecem ter acompanhado por completo essa evolução, e aí surge a importância desse livro.

Um processo de gestão de marcas deveria ser capaz de levar em consideração o impacto das tecnologias de comunicação e das redes sociais no processo de adoção e lembrança de marca. Hoje os consumidores são os principais propagadores de mensagens das marcas, e mesmo as marcas com maior poder de mídia sofrem quando os consumidores pensam diferente dos seus gestores. Um processo de gestão de marcas contemporâneo também deveria ser capaz de, ao menos, debater as novas formas de se fazer ofertas de produtos e serviços. Os produtos e os serviços de hoje são mais flexíveis, mais mutáveis, mais personalizáveis e mais tecnológicos do que no passado.

No entanto, com todos os méritos e as possibilidades de continuarem a ser usados até hoje, os principais modelos de gestão de marcas foram pensados numa época em que os produtos que faziam uma gestão de marcas estruturada era, em sua maioria, bens de consumo de alto giro. Os pontos de contato principais eram as propagandas em televisão aberta, revistas, outdoors, e, claro, os pontos de venda. Os produtos ficavam anos no mercado, e as alterações, quando feitas, levavam dezenas de meses para serem implementadas. Portanto, sem desmerecer, e inclusive se inspirando nos modelos clássicos, procurou-se evoluir (e não revolucionar) esse processo de gestão de marcas dentro de um contexto mais contemporâneo de consumo.

Outro ponto importante é a percepção atual de um marca dentro dos contextos sociais. Se antes a marca tinha uma função clara, normalmente atrelada a um efeito de bem-estar para seus consumidores, hoje ela está mais imbricada nos relacionamentos sociais, na formação de grupos e na busca da individualidade. Não que isso seja algo novo ou pouco tratado na literatura do branding. Os modelos clássicos, porém, dão pouca atenção a isso, uma vez que quando foram elaborados, essa realidade estava presente apenas em número reduzido de mercados e marcas.

Se é possível perceber essas lacunas em um processo de gestão de marcas em nível internacional, isso é ainda mais perceptível no cenário nacional de livros de branding. Na língua inglesa, ainda que pouco expressivas, há certas atualizações dos conteúdos, buscando revisitar exemplos e rever alguns poucos pontos do processo de gestão de marcas. O livro *Strategic brand management*, de Kevin Keller, teve uma última edição em agosto de 2019. O *The new strategic brand management*, de Joan-Noel Kapferer, fez sua última edição em fevereiro de 2012. Essas edições são baseadas nos textos anteriores, mas foram lançadas num contexto em que as grandes mudanças digitais e sociais já estavam acontecendo.

Em português, a literatura básica disponível é mais antiga e escassa. A última versão de um livro sobre processos de construção de marcas é o *Gestão estratégica de marcas*, de Keller, publicado no Brasil em 2006, adaptado da versão em inglês de 2003. A visão do mundo, dos produtos e das relações entre consumidores fica bastante distante da atual, já que o livro foi lançado numa era pré smartphone e redes sociais.

Isso não significa que boas publicações não tenham sido feitas depois desse livro. Entre os bons lançamentos em português, destaca-se o livro *Kellogg on branding*, publicado pela Editora Saraiva em 2018. Mas esse livro, ainda que discuta aspectos mais contemporâneos de comportamento de consumo e gestão de marcas, não tem como princípio básico a formação de um processo claro e sequencial de gestão de marcas. Dessa maneira, ainda que sirva como base de discussão para os que possuem um conhecimento mais avançado, não faz o papel de transformar essas discussões num processo capaz de ser seguido por gestores de marcas.

Atualizar esse conhecimento em português foi uma das ideias que levaram a este livro. Mas não foi a única. Os livros básicos de marcas disponíveis possuem um estilo acadêmico de redação, que deixa a leitura pouco fluida e envolvente. Ainda que essa redação seja eficiente e suficiente para um aluno de graduação ou pós-graduação que esteja cursando uma disciplina na área e tenha a obrigatoriedade da leitura, esse estilo desestimula a leitura por aqueles que têm um interesse mais profissional ou estão apenas se iniciando nos conceitos de branding.

Assim, a razão para o lançamento deste livro está na tentativa de conciliar os modelos clássicos de gestão de marcas às necessidades do gestor de marca contemporâneo. O objetivo é apresentar o conteúdo de maneira didática e sequencial, com uma leitura mais leve e fluida, repleta de exemplos e ferramentas, e envolvente o suficiente para se tornar um processo autoinstrucional.

Outro motivo para a elaboração desta obra é oferecer um modelo claro de ensino do branding. A demanda por uma disciplina de branding em cursos de graduação existe especialmente em cursos de Administração, Publicidade e Propaganda, e Relações Públicas. Já na pós-graduação, a disciplina pode ser oferecida em qualquer curso com ênfase em Gestão, Marketing ou Comunicação. Com isso, há necessidade de se ter um caminho didático claro que consiga tratar tanto os aspectos estratégicos da gestão da marca para as empresas, as perspectivas ideológicas e culturais da marca, e os seus desdobramentos em experiências de marcas. No entanto, esse caminho didático não está claro ou completo nos livros disponíveis em português.

Montar um curso de branding correto e completo demanda uma discussão que passa pela Administração, Psicologia, Sociologia e Antropologia. Dessa forma, os recortes deste livro e seus capítulos vão abordando os diversos "ângulos" de uma marca trazidos por cada disciplina, mas de maneira integradora e linear. Ainda que essa linearidade possa transparecer uma visão particular do autor, ela é possível de ser identificada e contraposta à visão de cada professor ou profissional da área. A visão transdisciplinar traz complexidade, mas também estimula um pensamento mais abrangente sobre os impactos das empresas na sociedade, e da sociedade na gestão das empresas.

Além disso, a sequência linear dos capítulos dos livros é mais facilmente transposta para a sala de aula, e os materiais adicionais e exercícios auxiliam o professor na construção de um programa de ensino e aprendizagem efetivo. Uma das ideias deste livro é que ele possa ser a base de cursos de branding em faculdades, seja em cursos de graduação ou de pós-graduação.

A estrutura do livro

Para atingir os objetivos propostos pela ideia central deste livro, os capítulos foram divididos dentro de um processo lógico de construção de marcas, tornando a leitura autoinstrucional e intuitiva. Assim, o leitor que busca mais a prática, encontrará as ferramentas e os insights necessários para a execução de planejamento de marcas; já para o leitor que busca os conceitos, a obra apresenta uma sequência lógica dos temas e elementos de construção de marcas sob uma visão mais acadêmica.

Os Capítulos 1 e 2 trazem um conjunto de informações necessárias para compreender o branding contemporâneo nas empresas e na sociedade, e os elementos que serão utilizados para construir o processo de marcas. No Capítulo 1, discutimos a evolução da estratégia empresarial e como o branding se tornou estratégico para as organizações, e como o próprio papel das marcas foi evoluindo na nossa sociedade. No Capítulo 2, mostramos de maneira didática e ampla como são construídas e gerenciadas as marcas, como evoluíram socialmente, e destacamos quais os constructos usados em seu desenvolvimento, detalhando uma visão macro de planejamento e gestão de marcas raramente visto com a mesma clareza em outra publicação.

O Capítulo 3 determina o olhar de mercado que as marcas devem ter para definir onde focar os seus esforços, em especial, na identificação do público-alvo. Um modelo é apresentado e são discutidos as melhores maneiras de se chegar no conjunto de pessoas ideais para que a marca possa ser construída. Ao se trabalhar um público-alvo, naturalmente é necessário incluir uma visão da concorrência, que oferece seus diferenciais e acaba cobrindo melhor ou pior certos segmentos de mercado. Esse capítulo, no caso de uma marca nova, serve para encontrarmos o gap de mercado onde essa nova marca pode atuar.

No Capítulo 4 é discutida a construção de uma proposta de valor. Os tipos e possibilidades de propostas de valor são debatidos, e exemplos de valores propostos por marcas conhecidas são mostrados. Também são discutidos os diferentes tipos de custos que um consumidor pode ter ao adquirir uma marca. Esse capítulo ajuda a definir o conjunto de valor que deve ser percebido em uma marca, abrindo espaço para identificar seu posicionamento.

No Capítulo 5, é feita a construção do posicionamento. São discutidas maneiras de se posicionar um produto no mercado, com base em paridades e diferenças. Também são abordadas as ferramentas para ajustar o posicionamento e dar sentido a um conjunto de benefícios do produto – um exercício conhecido como laddering. Ao final do capítulo, será possível entender a importância e a razão de se trabalhar com profundidade um posicionamento para a marca.

Se no posicionamento busca-se um foco muito claro para a marca, no Capítulo 6 se inicia um processo de desdobramento de marca a partir desse foco, com a construção da personalidade da marca. É nesse capítulo que será possível trazer à tona a "alma" da marca, seus valores e ideias fundamentais, e, eventualmente, suas relações ideológicas, que deverão ser compartilhadas com os grupos de consumidores. A marca ganha uma personalidade e elementos mais profundos que poderão incrementar a conexão dela com o seu público-alvo e a destacar das outras opções de mercado.

No Capítulo 7 chegamos, finalmente, ao processo de constituição de uma identidade de marca, um documento que pode ser utilizado para orientar a maneira como a marca deve ser construída pelos seus pontos de contato. Nesse capítulo é apresentado um novo modelo de "sistema de identidade de marca", que procura trazer à tona as complexidades necessárias para se construir uma marca no século XXI. O modelo aqui apresentado tenta buscar o que há de melhor nos sistemas de Aaker, Keller e Kapferer para oferecer uma evolução ao combiná-los e complementá-los com aquilo que entendemos ser necessário para alcançar um consumidor hiperconectado.

Finalizado o processo de construção "conceitual" da marca, o Capítulo 8 traz os desdobramentos da marca em seu desenvolvimento, abordando os elementos primários, como nome, logo e outros ícones proprietários, e os elementos secundários, ou a maneira de se apropriar de imagens e ideias já construídas nos contextos culturais para comunicar a marca. Esse capítulo delimita a fronteira entre o trabalho estratégico de gestão de marcas e o processo de construção das experiências de marcas, quando se amplia o grupo de desenvolvimento eventualmente contando com o apoio de fornecedores externos. Aqui começa-se a determinar como as pessoas vão, de maneira tangível, perceber a marca no mercado.

Por fim, o Capítulo 9 retoma os aspectos mais estratégicos apresentando ferramentas e critérios para a gestão de um portfólio de marcas, e mostrando como as marcas podem ser combinadas para maximizar o impacto nos mercados consumidores enquanto tenta se captar o máximo da sinergia das comunicações já construídas – processo conhecido como "arquitetura de marca". Aqui, discute-se o escopo das marcas e as maneiras de expandir ou enxugar os portfólios de produtos, sempre visando maior impacto e rentabilidade para as empresas.

Este livro, portanto, segue uma linha bastante racional de construção, discutindo a marca de maneira abrangente, em seu papel dentro e fora da organização. Depois, constrói o processo de criação de marca desde o entendimento de um gap de mercado, a proposta de valor que deve ser feita para se aproveitar esse gap e a maneira de se trazer corpo e alma à marca com o desenvolvimento do restante do planejamento, culminando com o processo de gestão de multimarcas dentro de uma empresa. Essa linha de construção deixa o livro potencialmente mais fácil de ser lido e compreendido em sua essência.

Como a obra tem foco específico no processo de criação de marca, não há necessidade de se pular capítulos dependendo do enfoque que se quer dar à marca, podendo ser seguido linearmente seja por um executivo interessado em entender mais sobre marcas para aplicar em seus negócios, seja por professores e alunos interessados no ensino e aprendizagem dos processos de gestão de marcas.

PREFÁCIO À 2ª EDIÇÃO

É muito gratificante saber do impacto que o livro *Branding* vem causando desde seu lançamento em 2019, transformando-se numa obra de referência tanto para quem ensina quanto para quem pratica a gestão de marcas, colaborando com a jornada de milhares de profissionais e empresários. O feedback positivo e construtivo que tenho recebido, seja através de e-mails, redes sociais ou plataformas de avaliação, tem sido uma fonte constante de motivação. E por isso é uma grande satisfação poder rever o conteúdo para esta 2ª edição, mantendo o livro atualizado e alinhado aos novos desafios das marcas.

Como em tantas outras áreas, temos tido muitos impactos relevantes acontecendo no branding. Algumas mudanças vêm por questões sociais. Outras, por questões tecnológicas. E como um exercício de reflexão, vale a pena destacar algumas delas que já estão presentes no nosso dia a dia, ou irão se concretizar muito rapidamente.

Primeiro, temos que destacar uma mudança relevante no panorama geral de consumo e, como consequência, das marcas. No passado, em especial para algumas categorias, o consumo e a relação com marcas eram quase sempre vistos como algo positivo. As marcas tinham um certo brilho natural, em especial aquelas que causavam desejo. Mas, hoje, não podemos dizer o mesmo.

O excesso de consumo e os danos ambientais e sociais que ele produz lembram a todo momento que nem todo consumo é positivo. Ou pior, qualquer consumo tem um contraponto nocivo. Os gestores precisam ter muito mais conhecimento – e preocupação – em entender as mudanças essenciais que devem ser feitas nas estruturas da empresa e do mercado para que o consumo e as marcas não causem prejuízos irreparáveis na sociedade. É preciso um chamamento para olharmos mais para o todo, para o aspecto holístico do impacto da marca na sociedade de forma bastante ampla. Essa é uma discussão cada vez mais urgente. Não se pode comemorar lucros recordes ou aumentos expressivos em vendas sem refletir a maneira como isso impacta a sociedade.

A ideia de um público-alvo específico como a única fonte de preocupação das marcas também deve ser repensada. Com alto nível de interação entre as pessoas pelas redes sociais, podemos dizer que o público-alvo não pode mais ser definido como era no passado. Porque atualmente as marcas convivem num intricado conjunto de grupos sociais e tribos que muitas vezes têm valores e visões de mundo muito distintas. E não podemos, para valorizar um público específico, subjugar ou ferir valores de outro. E não é apenas por questões morais, mas também por motivos práticos. O grupo que se sente atacado vai lutar pelo acredita. E a marca estará, como tantas ficam, no meio de polêmicas que só vão prejudicá-la.

Dentro dessas mesmas discussões, é urgente ampliarmos a perspectiva de "para quem" a marca é feita. E esse ponto demanda uma visão mais sofisticada sobre o papel dos múltiplos stakeholders para o sucesso de uma marca no mercado. É muito comum se olhar a marca a partir de uma única ótica, a do cliente final do produto, como se tudo pudesse ser resolvido a partir da construção desse relacionamento. Mas a realidade não poderia estar mais longe disso. Marcas dão certo ou errado por muitos motivos e pela interação com muitos públicos no que podemos chamar de ecossistema de marcas. E a marca valiosa é aquela que encanta todo o ecossistema de negócios, como destacamos:

- O sucesso de uma marca pode vir da **escolha de um fornecedor por ela**, que pode determinar em certos casos a quantidade e o tipo de produto que aquele cliente pode comprar. Isso acontece com frequência em mercados tecnológicos ou de especialidades químicas, em que um fornecedor detém uma tecnologia ou patente única. Acontece também em pontos de venda de cerveja, em que o fabricante diz para o bar qual produto do seu portfólio ele pode comprar baseado na sua estrutura e localização.

- O sucesso de uma marca pode vir da **escolha de um distribuidor ou intermediário por ela**. Quando outra empresa domina um canal de acesso relevante a um tipo de cliente, a priorização de uma marca em detrimento de outras leva ao seu sucesso. Pequenas e médias empresas conhecem isso muito bem, quando são preteridas por grandes vendedores ou distribuidores e não conseguem nem alcançar adequadamente o comprador final.

- O sucesso de uma marca pode vir da escolha **de financiadores ou investidores por ela**. E isso faz com que ela tenha mais recursos e mais chances de crescer ou evoluir seu portfólio de produtos. Essa é a primeira barreira que uma marca startup escala, por exemplo. É também um dilema de quase toda empresa que em um momento ou outro pode precisar de recursos externos para crescer ou continuar operando.

- O sucesso de uma marca pode vir da **influência governamental**. Isso acontece em qualquer lugar do mundo, mas, num país como o Brasil, não podemos deixar de entender o quanto isso influencia o sucesso ou o insucesso de empreendimentos. Direcionamento de financiamento por órgãos de fomentos, processos de compras governamentais e alterações de políticas e legislações aumentam ou diminuem a chance de certas marcas crescerem.

Deixar de entender que marcas estão sujeitas a essas influências e que existem maneiras de ser mais bem percebidos por esse conjunto amplo de stakeholders é deixar de fazer um trabalho completo de branding. É preciso pensar nesses aspectos que citei e em muitos outros, que são específicos por empresas e mercado.

Para além de entender o atual contexto social das marcas e a influência de stakeholders, é preciso entender a marca como um aspecto estratégico do negócio. Defendo com frequência que marca é estratégia, e não estética. Contudo, para discutir estratégia, o gestor de marcas precisa estar apto a isso e deter os conhecimentos necessários. Entender de negócios é entender sobre quais são as atividades fundamentais de uma empresa, e de onde ela, de fato, extrai valor. É preciso saber em que momentos da cadeia de valor a empresa ganha ou perde dinheiro. É preciso conhecer a jornada de consumo e uso para saber onde o valor efetivamente é criado, e onde os custos são cobrados dos usuários. É preciso entender a dinâmica da empresa com seus parceiros, fornecedores e distribuidores e conhecer, intimamente, as alavancas de custos e lucros de cada negócio que se planeja operar. Não adianta querer falar de branding sem ser capaz de falar sobre como a empresa pode crescer e aumentar faturamento e lucratividade. Se o gestor de marcas não desenvolver essa capacidade, estará sempre sendo envolvido somente nas discussões estéticas, e viverá a reboque das decisões de negócio.

Destacamos alguns fatores que estão impactando as marcas, mas é preciso também destacar algo importante sobre o processo de desenvolvimento de marcas. Ainda que se use o termo "criar marcas", ele está longe da verdade para o profissional de branding. Porque, ainda que ele possa fornecer inputs técnicos sobre a melhor maneira de estruturar uma marca, a realidade é que a marca já está, de uma forma ou de outra, na cabeça dos fundadores ou expressa na cultura empresarial. O trabalho de branding é externalizar aquilo que está no âmago da empresa de uma forma que envolva e engaje toda a comunidade da empresa.

Há uma frase, que provavelmente não foi dita dessa forma, de que eu gosto e ajuda a ilustrar como é o trabalho de estratégia de marca. Dizem que quando Michelangelo Buonarroti foi questionado sobre como conseguiu esculpir o seu Davi a partir de um único bloco de mármore, ele respondeu: "Não foi difícil. Fiquei um bom tempo olhando o mármore até nele enxergar o Davi. Então eu removi tudo o que não era Davi!". Esse é o trabalho de marca. Buscar no íntimo da empresa e da sua comunidade o que aquela marca significa, o que ela realmente é.

Estruturar marcas de organizações é um trabalho de escuta e alinhamento, e não um trabalho criativo. É preciso entender sobre o que cada público no ecossistema da marca pensa sobre ela. É preciso extrair essa verdade e, a partir dela, estruturar a essência de uma marca. Por isso, planejar a marca é mais do que um modelo ou uma apresentação. Ela nasce do entendimento do papel da empresa naquela comunidade, e é depois sintetizada de uma forma que seja fácil de ser compreendida para que possa continuar a ser construída.

Por isso, uma marca não é feita a partir de um processo de briefing e contra-briefing. Ela deve ser proposta a partir do que é extraído do público interno e externo e trabalhada em cocriação com a empresa e seus decisores. Imaginar que a marca pode ser criada num brainstorming numa agência externa é entender a marca como um elemento tático e estético, longe do entendimento contemporâneo do que é a marca.

Após a construção da marca, a cocriação não para por aí. Na verdade, o processo de cocriação está apenas começando. Atualmente, é preciso entender que não se gerencia mais a marca, porque o termo "gestão" traz um falso senso de controle. A empresa não tem mais a capacidade de controlar por completo a maneira como a marca é trabalhada, porque a marca só tem sucesso se ela está envolvida com a comunidade e, por isso, parte do controle não está em posse da empresa, está na comunidade.

A empresa deve saber qual é a essência da marca e o que ela é e deve ser. A partir daí, o caminho será fluido e incerto. A marca e a empresa devem ser permeáveis aos interesses, desejos e vontades de seus públicos de interesse, alinhando-se com eles e seguindo os caminhos que a comunidade permite ou determina.

Então, mais do que manuais e modelos rígidos, o que a marca precisa é saber ouvir o seu ecossistema. Porque a marca contemporânea é comunitária por natureza. E, para além de gestão, demanda curadoria, uma forma mais suave e empática de conduzir a evolução da marca.

Finalmente, temos a inteligência artificial, que vai mudar o processo de como a empresa pode gerenciar esse conjunto de públicos de interesse. Porque, a partir da utilização de IA para representar a marca, gerenciar certos pontos de contato e monitorar o interesse e os desejos de consumidores, as relações serão cada vez mais individuais, e menos organizadas por clusters ou grupos de consumidores. Porque será possível extrair ou gerenciar a informação daquele cliente específico e modular o que é a marca para as suas necessidades específicas.

É claro que isso tem o potencial de mudar toda a maneira de fazer negócios. Assim como também é uma nova forma de fazer marca, com o desafio de manter a sua essência ao mesmo tempo que se fragmenta indefinitivamente a cada contato e interação. Um desafio que ainda precisa ser mais bem compreendido, mas que com certeza vai impactar a maneira como as marcas serão trabalhadas em seus mercados e comunidade.

É interessante aproveitar este Prefácio para preparar o olhar para entender as ferramentas presentes no livro. Nem tudo o que é discutido como tendência é possível de ser trabalhado diretamente nas ferramentas, mas é preciso que o leitor e o gestor de marcas contemporâneo reflitam sobre esses pontos a cada momento em que vai planejar a sua marca.

E é claro que as marcas que estão operando atualmente no mercado nem sempre vão demandar todas essas mudanças e complexidades discutidas aqui. A maioria delas vai demandar, muito provavelmente, apenas parte disso, mas cada pequena evolução que podemos incluir nas marcas e no modelo de gestão de marcas pode trazer impactos positivos e relevantes. É preciso mantê-las atualizadas e competitivas no mercado. Por isso, é necessário que o gestor de marcas conheça e seja capaz de navegar nesse mundo. Essa é a ideia de conteúdo que está contida nesta nova edição de *Branding*.

Marcos Bedendo
Sócio-consultor da Brandwagon, consultoria de Branding, Marketing e Pesquisa.
Professor PhD de Marketing e Branding na ESPM, Ibmec, FIA, FDC e PUC-RS.

SUMÁRIO

CAPÍTULO 1

O branding como processo de gestão empresarial, 1

1.1 Os fatores da transformação do branding em um processo de gestão, 3

1.1.1 Alteração dos processos e do pensamento estratégico das organizações, 4

1.1.2 Aumento da competitividade, 7

1.1.3 A busca da diferenciação: da tecnologia às relações emocionais e simbólicas, 11

1.1.4 Alteração do foco do marketing transacional para o marketing de relacionamento, 15

1.2 Organização estratégica do branding, 20

1.2.1 Gestão tática da marca, 20

1.2.2 Gestão estratégica da marca, 23

CAPÍTULO 2

O processo de construção da marca: da estratégia à lembrança do consumidor, 27

2.1 A criação da marca, 30

2.2 Marcas: um breve histórico, 43

2.2.1 Origem do nome e funções rudimentares, 44

2.2.2 A Revolução Industrial e o surgimento da marca de produto, 45

2.3 Benefícios simbólicos da marca: origem e impactos, 47

2.4 Impactos da marca na sociedade, 50

CAPÍTULO 3

Elementos formadores do posicionamento: público-alvo e análise da concorrência, 55

3.1 Características do público-alvo, 57

3.2 Construção da definição de um público-alvo, 62

3.2.1 Fatores demográficos, 71

3.2.2 Fatores geográficos, 71

3.2.3 Estilo de vida e comportamentos, 71

3.2.4 Atitudes e opiniões, 72

3.2.5 Necessidades, desejos e motivações, 72

3.2.6 Comportamento de consumo, 72

3.2.7 Necessidades do consumidor para a categoria, 72

3.2.8 Relações pretendidas com a marca/categoria, 73

3.3 A descrição do público B2B, 73

3.3.1 Fatores demográficos, 74

3.3.2 Fatores geográficos, 74

3.3.3 Estilo de vida e comportamentos, 74

3.3.4 Atitudes e opiniões, 75

3.3.5 Necessidades, desejos e motivações, 75

3.3.6 Comportamento de consumo, 75

3.3.7 Necessidades da categoria do produto ou serviço para a empresa, 75

3.3.8 Relações pretendidas com a marca/categoria, 76

3.4 Análise da concorrência, 76

3.4.1 Análise de concorrência no branding: uma visão de curto e longo prazo, 77

3.4.2 Os objetivos da análise de concorrência com foco na marca, 87

CAPÍTULO 4

Construção da proposta de valor, 91

4.1 Construção dos modelos de valor percebido, 93

4.1.1 Custo monetário, 109

4.1.2 Custo de energia física, 110

4.1.3 Custo de tempo, 111

4.1.4 Custo psíquico, 111

CAPÍTULO 5

Definição do posicionamento, 123

5.1 Pontos de paridade e pontos de diferença, 126

5.1.1 Pontos de diferença, 127

5.1.2 Pontos de paridade, 130

5.2 Laddering, 135

5.3 Mapas perceptuais, 140

CAPÍTULO 6
A construção do significado das marcas, 145

6.1 Antropomorfismos: como as marcas ganham vida, 148

6.2 Um breve olhar sobre a vida das marcas na sociologia e antropologia, 151

6.3 Estratégia de branding cultural: definição de ideologia, códigos culturais e mitos, 154

6.4 Personalidade da marca, 161
  6.4.1 Dimensões da personalidade da marca e impactos culturais na sua percepção, 162
  6.4.2 Os relacionamentos como forma de construção da personalidade da marca, 166

CAPÍTULO 7
Desenvolvimento do sistema de identidade de marcas, 177

7.1 Definição do propósito de marca e visão corporativa, 179

7.2 Construção do propósito pelo Golden Circle, 184

7.3 Modelos conceituais de identidade de marca, 187
  7.3.1 Sistema de identidade de marca de David Aaker, 188
  7.3.2 Outros modelos clássicos de identidade de marca: o Prisma da Marca, de Kapferer, e o Alvo de Posicionamento, de Kotler e Keller, 198

7.4 Um modelo conciliador de identidade de marca: o modelo de identidade estratégica de marca, 202

CAPÍTULO 8
Elementos de construção das marcas, 215

8.1 Elementos primários, 216
  8.1.1 Nome da marca: a definição da verbalização da marca no mercado, 217
  8.1.2 Logo, a representação visual elementar da marca, 222
  8.1.3 Símbolos, personagens e metáforas visuais, 226

8.2 Elementos secundários: os códigos culturais usados para a construção de uma marca, 232
  8.2.1 Celebridades ou porta-vozes, 232
  8.2.2 País ou áreas geográficas, 233
  8.2.3 Shows, festivais de música e eventos esportivos, 234
  8.2.4 Licenciamentos, 234
  8.2.5 Pontos de venda, 235
  8.2.6 Prêmios, selos e certificações, 236

CAPÍTULO 9

Gestão do portfólio de marcas: extensão e fusão de marcas, 239

9.1 Avaliação da necessidade de manter marcas no portfólio, 242

9.2 O processo de fusão de marcas e suas implicações, 250

9.3 O processo de extensão de marcas e suas implicações, 253

9.3.1 Alguns critérios para extensões de marcas, 258

9.4 Opções de construção da arquitetura de marcas: marcas de endosso e submarcas, 265

9.4.1 Uso de monomarcas, 266

9.4.2 Uso de submarcas, 268

9.4.3 A submarca coimpulsionadora, 270

9.4.4 Marcas endossadas, 271

9.5 Marcas independentes, 274

Referências, 277

CAPÍTULO 1

O BRANDING COMO PROCESSO DE GESTÃO EMPRESARIAL

A importância das marcas como um ativo empresarial que necessitaria de um cuidado específico da gestão da empresa foi reconhecida a partir do início dos anos 1990. Ainda que muitas empresas gerenciassem suas marcas muito antes disso, foi nessa década que elas passaram a ser percebidas como elementos que traziam fidelização e garantiriam vendas constantes em mercados com alto nível de competitividade. Com o acirramento da concorrência, esse ativo intangível que trazia diferenciação se valorizou.

Entre os anos 1990 e início dos anos 2000 surgiram as principais teorias e ferramentas de branding. Porém, ainda que o branding tenha evoluído, percebemos que os executivos de marketing e gestão continuam usando as mesmas ferramentas criadas décadas atrás.

De modo geral, pode-se dizer que o branding ficou mais estratégico. Partindo de uma preocupação com aspectos visuais e argumentos publicitários, essencial para o processo de comunicação de massa tão comum para as empresas de consumo, o branding hoje se preocupa com definições de identidade de marca que orientam as decisões em grande parte dos processos organizacionais, como seleção e treinamento de colaboradores, relacionamento com parceiros e fornecedores, parcerias com o *trade* e intermediários, desenvolvimento de produtos ou serviços, atendimento direto ao consumidor (vendas ou serviços), interfaces virtuais, serviços de pós-venda e todos os outros pontos de contato.

O branding, portanto, passou a ter um olhar organizacional, não apenas de marketing. Com isso, as responsabilidades do branding se transferem de um gestor de marketing e comunicação para um vice-presidente (VP) de marketing, quase sempre com a participação do CEO e dos demais C-levels – grupo de executivos que fazem parte do comitê executivo gestor das empresas. A marca é considerada o ativo mais valioso da maioria das empresas, e o seu processo de gestão é importante demais para ficar restrito apenas à área de marketing.

Essa relação mais estratégica da gestão de marcas torna suas atividades necessárias para todos os tipos de empresa, não apenas aquelas que inicialmente as adotaram, como as gigantes de bens de consumo Unilever, P&G, Coca-Cola, Mondelez, Reckitt Benckiser, Johnson & Johnson, entre outras, que usam as técnicas de branding para diferenciar seus produtos. Como modelo de gestão, o branding passou a ser pauta e preocupação para empresas das mais diversas indústrias e segmentos, no B2B ou no B2C, de grande e pequeno porte, e até mesmo nas startups.

As empresas passaram a perceber nas práticas de branding a possibilidade de organizar e priorizar seus esforços, utilizando-os como uma ferramenta de construção de estratégia. É possível encontrar exemplos no mercado de organizações pautadas pelo branding, nas quais o propósito e a proposta de marca se fundem

O BRANDING COMO PROCESSO DE GESTÃO EMPRESARIAL

para criar envolvimento em toda a sua cadeia de stakeholders, sejam eles clientes, fornecedores ou colaboradores. Empresas que hoje fazem parte de grandes grupos, como Ben & Jerry's ou The Body Shop, são exemplos disso. Outras, como a Patagonia e a Natura, continuam independentes, conquistando não apenas o mercado consumidor, mas também a admiração de seus fornecedores, parceiros e funcionários pela maneira como conduzem seus negócios, sempre baseadas na visão estratégica trazida pelas técnicas de branding. Para além de criar valor para o consumidor, o branding estratégico deixa o ambiente de negócios mais favorável na relação com todos os stakeholders.

Considerando-se os novos papéis do branding, passou-se a entendê-lo como uma grande possibilidade de conexão ideológica com os consumidores, conceito denominado branding cultural por Douglas Holt. O branding cultural entende que as pessoas compram certas categorias de produtos mais como uma perspectiva ideológica do que pelas diferenciações de formulação ou características físicas de produto. O acompanhamento de tendências culturais e sociais passa, então, a ser tão importante quanto acompanhar a evolução tecnológica para alguns mercados. A marca é o elemento que faz essa conexão ideológica e torna-se o grande elemento de diferenciação e conexão com os consumidores.

O branding, ao se tornar um modelo de gestão, nega uma visão tática que, muitas vezes, delegou-o a agências de publicidade ou design, e passa a ser tarefa da mais alta organização. Ele faz com que a empresa se torne mais orientada ao consumidor e constrói vantagens competitivas sustentáveis. Uma ideia de marca, depois de se formar na lembrança do público-alvo, torna-se impossível de ser copiada e garante maior lucratividade por meio de maiores volumes ou preços acima da média de mercado. Uma marca é uma incrível possibilidade de aumentar o valor das empresas.

Discutiremos, a seguir, os aspectos do contexto empresarial que levaram a uma visão estratégica do branding e, posteriormente, aprofundamos a maneira como a marca deixa de ter uma visão tática para se tornar um modelo de gestão estratégica das organizações.

1.1
OS FATORES DA TRANSFORMAÇÃO DO BRANDING EM UM PROCESSO DE GESTÃO

Esse novo pensamento de branding, que foi evoluindo nas empresas a partir dos anos 1990, tem sua origem nas alterações competitivas e de consumo que acabaram impactando grande parte das indústrias e dos mercados. Nesse sentido, identificam-se quatro grandes motivos que contribuíram para que essas mudanças ocorressem:

1. a alteração dos processos e do pensamento estratégico das organizações;
2. o aumento da competitividade;
3. a redução da vantagem competitiva advinda de tecnologia para grandes mercados consumidores;
4. a intensificação dos relacionamentos entre empresas e clientes, com o foco do marketing se voltando para o relacionamento no lugar do marketing transacional.

A seguir, detalhamos cada um desses motivos.

1.1.1 Alteração dos processos e do pensamento estratégico das organizações

A gestão estratégica é a área da administração de empresas voltada para a formulação dos objetivos e implementação das iniciativas decididas pelos grupos de gestores executivos de uma organização. A área de gestão estratégica é aquela que fica sob responsabilidade do CEO e dos outros C-levels. Esses executivos têm a função de definir a maneira como a empresa avalia e usa seus recursos e se molda aos ambientes internos e externos em que opera. A maneira como eles tomam as decisões e organizam as iniciativas empresariais evoluiu com o passar do tempo, até que as técnicas originárias do branding fossem incorporadas.

A estratégia empresarial passa a ser mais fortemente discutida a partir dos anos 1960, com modelos para que os principais gestores das empresas balanceassem as forças e fraquezas internas e as oportunidades e ameaças externas para entregar à organização uma formulação clara, simples e única da estratégia. O principal foco da estratégia era garantir um alinhamento da execução operacional por uma organização que começa a ter dimensões muito grandes, em um momento no qual as possibilidades de comunicação ainda eram limitadas.

A esse esforço preliminar de organizar e simplificar os processos estratégicos foram incorporados, a partir do início da década de 1970, processos formais de envolvimento dos colaboradores de diferentes áreas, sendo necessário não apenas o aspecto "cerebral" da estratégia, mas um conjunto de técnicas formais, decompostas em etapas distintas, para que fosse possível disseminar e acompanhar os objetivos, budgets e programas de cada área operacional. Isso dá à estratégia a incumbência pela criação de ferramentas para a gestão dos diferentes negócios de uma organização e o desdobramento dos planos nas diferentes áreas criadas para a realização de tarefas específicas. A estratégia se sofistica ao poder acompanhar o desdobramento do plano em ações e os resultados dessas ações na operação como um todo.

Nesse momento, percebe-se que o olhar estratégico, ainda que partindo de um olhar sobre o ambiente externo, é fortemente interno, estabelecendo maneiras de comunicar e controlar os desdobramentos estratégicos e táticos da organização. Isso parece fazer sentido em uma época de comunicações puramente analógicas, quando delegar e controlar as decisões era um desafio para as grandes organizações que estavam se formando.

A partir dos anos 1980, a estratégia começa a se preocupar mais com as questões das informações mensuráveis e a ação ou reação das empresas sobre elas. Inicia-se uma fase de "planejamento de posicionamento", na qual a empresa poderia estudar as informações do mercado (ou indústria) em que atua e sugerir espaços de proteção e ataque. A empresa deveria estar genericamente posicionada em um local do mercado, e esse posicionamento seria decidido em função de análises e informações disponíveis. Escolher um foco em custo ou diferenciação ajudaria a empresa a organizar seu organograma e entregar uma oferta única perante uma concorrência que começava a se tornar mais intensa em muitos mercados.

A evolução do processo de organização também se dá pela própria melhoria dos processos de comunicação, que passaram a suportar estratégias diversas, de ataque e defesa, em informações que subiam e desciam as escadas hierárquicas. As informações se tornaram cada vez mais passíveis de serem captadas, analisadas e cruzadas com outras informações. No entanto, ainda assim, o posicionamento era visto mais como uma escolha estratégica do que uma resposta aos estímulos do mercado, uma vez que a alteração das estratégias em função do ambiente externo era vista como uma fraqueza de organizações que não conseguiam defender a sua posição. Com isso, mesmo sendo definida a partir de informações externas, a estratégia era vista como uma escolha interna.

Somente a partir da década de 1990 as escolas estratégicas passaram a incluir em seus pensamentos as relações de processos de trocas entre os gestores e os demais stakeholders, fossem eles os próprios colaboradores, fornecedores, clientes ou consumidores. Nesse caso, a estratégia empresarial se transforma em processos emergentes, reativos, de negociação e sociais para que as trocas de informação e possíveis decisões a partir das informações sejam incorporadas nos planos e diretrizes empresariais. A estratégia se torna mais fluida e adaptável; os pontos de partida e chegada estão definidos, mas a maneira como se chegará ao destino e até o tempo que levará dependem das interfaces entre a empresa e o ambiente externo.

Conforme a força dos stakeholders de uma organização, eles teriam mais ou menos influência no processo de definições estratégicas daquela empresa. Assim, em alguns casos, como cooperativas ou algumas empresas mais participativas, os colaboradores ou acionistas têm grande influência nas decisões. Em empresas que dependem de certos tipos de matérias-primas ou recursos de fornecedores, esses fornecedores acabam tendo um papel relevante na estratégia, como em um canal de TV ou de streaming que precisa negociar conteúdo com os grandes estúdios de cinema ou produtores de eventos esportivos. Em outros, o consumidor testa e aprova todos os passos da empresa, como se tornou comum em empresas de bens de consumo com o uso de pesquisas de mercado, ou nas empresas prestadoras de serviços, como agências de propaganda ou escritórios de advocacia, que individualizam suas ofertas em função das necessidades dos seus clientes.

Fica claro nessa nova visão de estratégia o espaço dado à influência externa durante o processo de definição dos objetivos, não sendo apenas uma fonte de informação, mas permitindo de certa maneira a sua participação nas definições organizacionais. Essa mudança, hoje considerada um processo comum em algumas empresas, trouxe profundas mudanças na maneira como a empresa se organiza e se relaciona com o ambiente externo, ressaltando o poder que as áreas de conhecimento do consumidor ou cliente, ou de todos os stakeholders de forma mais ampla, ganharam no desenvolvimento da estratégia da organização.

Nesse momento, pode-se dizer que algumas empresas passam a colocar no centro de suas decisões aquilo que vem de fora. Considerando-se que os gestores mais bem preparados para entender os consumidores e clientes, seus anseios, interesses e vontades são os profissionais de marketing (e branding), eles tendem a ser mais exigidos e a assumir papéis mais relevantes junto ao C-level. Como esses profissionais utilizam as ferramentas de branding para planejar suas ações, o processo de branding se torna o processo da estratégia.

Ao deixarem de ser meros executores da estratégia para se tornarem corresponsáveis por trazer essa visão do cliente e consumidor para o C-level e para o processo de construção da estratégia empresarial, os profissionais de branding passam a participar ativamente do board executivo e a tomar decisões que afetam toda a empresa.

A característica desse branding mais estratégico é uma visão pautada no longo prazo, nas definições mais amplas de identidade de marca e na dispersão dessa identidade para as diversas áreas da empresa, que atuam em conjunto na construção da imagem da marca para os demais stakeholders da organização. O marketing estratégico possui mais atribuições ligadas aos processos de gestão de marcas (branding) do que à execução dos 4Ps clássicos de Jerome McCarthy (produto, preço, praça e promoção).

A identidade de marca, em muitos casos, passa a ser o documento que consegue detalhar a visão de longo prazo para a marca da organização ou de seus produtos, detalhando seu propósito, posicionamento e conjunto de diferenciação.

Ela se torna um elemento central na estratégia empresarial, como um grande objetivo que toda a organização, cada um na sua área de atuação, trabalha para entregar. A marca passa a se imbricar na cultura empresarial, que pauta a maneira como as decisões são tomadas.

Ainda que crescente, essa participação de profissionais de marketing no nível mais alto da gestão é recente e está longe de ser uma prática consolidada. Ainda hoje é mais fácil encontrar empresas sem um CMO (*Chief Marketing Officer* – membro do C-level responsável pelo branding) do que empresas que possuam esta função. Mesmo em organizações nas quais as marcas são muito valorizadas, essa participação ainda é recente. Simon Clift, o primeiro CMO da Unilever, assumiu o cargo em setembro de 2008. Alison Lewis, a primeira CMO da Johnson & Johnson, foi empossada em 2014. Michelle Pelluso, primeira CMO da IBM, começou na função apenas em 2016. Contudo, tendo ou não um CMO, é perceptível o incremento da função estratégica das marcas nas organizações.

As ferramentas propostas pelo branding se aproximam da estratégia e passam a ter um alcance mais amplo nas diferentes funções organizacionais. Começa-se a ter uma preocupação com a organização tanto das marcas de produtos quanto da própria marca corporativa, antes relegada a comunicados internos e ao mercado acionário.

Hoje em dia, as marcas corporativas muitas vezes fazem parte das assinaturas das marcas de produtos ou possuem até campanhas próprias, como as da Unilever, realizadas a partir de 2005 no Brasil. Essas campanhas são comunicadas ativamente pela mídia e para os consumidores, como as mais recentes da Natura & Co, Alphabet ou Meta. Com isso, tende-se a integrar as marcas em um planejamento bem definido que privilegie as sinergias entre as marcas de produtos de uma companhia, respeitando seus territórios individuais, processo chamado de "arquitetura de marca", e se desenvolvem funções específicas para as marcas corporativas, muitas vezes conectadas à cultura empresarial e à agenda ESG. A marca se torna o elemento mais visível e tangível da estratégia empresarial, que amalgama a cultura, a visão e o propósito da marca e da empresa. Ela passa a organizar e priorizar os esforços empresariais e se torna uma vantagem competitiva sustentável para aquelas que conseguem trazer um diferencial perceptível para seus clientes e consumidores.

O branding é menos um elemento para se usar na concepção de produtos e mais um fator central nas novas maneiras de se estruturar as estratégias e culturas empresariais.

1.1.2 Aumento da competitividade

O segundo fator que explica a maior visibilidade e o cuidado com que o branding é discutido hoje, que se entrelaça com a questão estratégica, é a perspectiva do aumento da competitividade. À medida que se desenvolvem, os mercados tendem a ter sua competitividade mais acirrada. Isso significa que, com o aumento da penetração de certos produtos e serviços, eles se tornam mais atraentes para novas empresas, que entram no mercado oferecendo produtos ou serviços similares. Os competidores, na tentativa de sustentar sua rentabilidade, buscam maneiras de se diferenciar e oferecer valor superior. Em muitos mercados, já não há a possibilidade de se ter uma real evolução tecnológica. Nesses casos, as sensações e os simbolismos provenientes da marca são o que torna possível construir diferenciação.

A busca da diferenciação é um elemento central das estratégias organizacionais. Abdicar da diferenciação significa entender que todos os produtos de um mercado são iguais. Se eles são iguais, ou commodities, eles passam a ser comprados apenas pelo seu diferencial de preço. Em um mercado de commodities, as empresas produtoras estão sempre pressionadas pela variação de oferta e demanda e pela eficiência operacional. As margens serão as mais baixas possíveis e qualquer erro de investimento ou operação pode levar à desestabilização financeira da empresa. Um mercado comoditizado tende à concentração em poucos e grandes produtores, aqueles que conseguem construir escala e eficiência operacional, sobrepondo-se aos demais competidores. Sempre que se pensa em um mercado comoditizado, a tendência é imaginar grandes mercados industriais, como ferro, aço e cimento, ou produtos agrícolas, como soja, milho e açúcar. A percepção de commodity, no entanto, pode acometer qualquer tipo de mercado.

Medicamentos vendidos sem receita, chamados de OTC (*over the counter*), sofrem desse problema. Um comprimido de paracetamol é visto como uma commodity e é vendido com uma diferença de preço de apenas centavos, já que o consumidor não percebe diferenciação. Alimentos enlatados, como molhos de tomate, ervilha ou milho, são vistos, em grande parte, como commodities, e as diferentes marcas são vendidas com diferenças de preço de apenas centavos. O mesmo acontece com marcas de leite, em grande parte compradas em razão do preço. A percepção de que os produtos não têm diferenciação leva a um achatamento de preços que conduz à disputa apenas pela eficiência operacional. Esse efeito é nocivo e indesejado por qualquer empresa.

Até mesmo categorias de produtos eletrônicos passam por isso. Em relação aos computadores pessoais, por exemplo, grandes marcas como Sony Vaio, IBM Thinkpad, Compaq e outras sucumbiram a um mercado que trabalha pautado pela relação de preço por configuração. Assim, ainda que haja diferenças entre os produtos, essas diferenças podem ser oferecidas por qualquer um dos fabricantes, o que leva os consumidores a serem fortemente influenciados pela comparação de preços. Com isso, de muitas dezenas de competidores, hoje apenas cinco grandes

O BRANDING COMO PROCESSO DE GESTÃO EMPRESARIAL

empresas representam cerca de 70% das vendas mundiais: Lenovo, HP, Dell, Acer e Apple. Dessas cinco, apenas a Apple, a de menor market share entre elas, consegue trabalhar elementos de diferenciação e cobrar um preço superior. O exemplo da Apple é interessante, pois muito dessa diferenciação que ela conseguiu construir está baseada na sua marca, e não na especificação de seus produtos.

A necessidade de buscar a diferenciação acontece especialmente com o incremento da competitividade, que é algo que pode ser considerado recente se analisarmos o desenvolvimento dos mercados de massa de maneira mais ampla.

No início do processo de industrialização, que levou ao desenvolvimento do mercado do consumo, todos os mercados eram incipientes e pouco explorados. Era uma fase na qual os consumidores apresentavam enorme interesse em ter acesso aos novos bens industrializados que estavam sendo criados, e esse interesse vinha do benefício percebido nos produtos. Por exemplo, considerando-se um molho de tomate pronto para consumo, o trabalho de comprar o tomate e fazer o molho, que demorava horas, podia ser feito em poucos segundos usando-se apenas um abridor de latas.

O mesmo era válido para outros produtos que se tornavam cada vez mais populares, como detergentes de roupas. Seu uso tirava a sujeira das roupas muito mais facilmente, sem a necessidade de esforço mecânico. Esses produtos atraíam o interesse dos consumidores; no entanto, com uma cadeia de fornecimento ainda ineficiente e equipamentos pouco produtivos, era impossível atender toda a demanda.

FIGURA 1.1 Propagandas pautadas nas facilidades trazidas pela industrialização, que reduziam em muito o tempo para a realização de certas tarefas

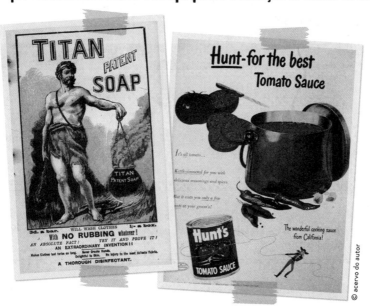

Quando a oferta é menor que a demanda, não há necessidade de empreender esforços de marketing ou de diferenciação, afinal toda a produção é absorvida pelos consumidores. Com isso, a principal necessidade das organizações é que a produção aconteça com maior volume e eficiência. Essa era a realidade no início do desenvolvimento do consumo. Como consequência, o poder das organizações estava centrado nos gestores de compras e manufatura, que traziam para a estratégia as possibilidades de se aumentar os volumes produzidos e, com isso, atender um número crescente de consumidores interessados no produto.

Uma vez que a evolução da manufatura passe a ocorrer e a produção tenha a capacidade de produzir produtos suficientes para atender a demanda, começa a necessidade de se preocupar com os processos para levar esses produtos até os mercados consumidores, um desafio logístico e de distribuição. O foco passa a ser, portanto, o desenvolvimento de processos e novos canais de vendas. Fomentar intermediários, novos canais de distribuição e desenvolver parcerias logísticas em regiões geográficas distantes se torna essencial para a continuidade da evolução dos negócios. Nessa época, as equipes de vendas assumem o protagonismo, e as estratégias empresariais passam a ser pautadas nas novas maneiras de expandir geograficamente o mercado.

Igor Ansoff, nos anos 1960, desenvolveu uma matriz que ainda hoje é estudada nas escolas de administração, a qual reflete a visão empresarial daquela época. Uma empresa, para crescer, investia basicamente em quatro estratégias a partir de duas variáveis: o lançamento de novos produtos ou a entrada em novos mercados. O lançamento de novos produtos está relacionado às capacidades de manufatura. A entrada em novos marcados baseia-se nas capacidades de distribuição e logística.

FIGURA 1.2 **Matriz Ansoff**

PRODUTOS		
EXISTENTES		**NOVOS**
Penetração de mercado		Desenvolvimento de produtos
Desenvolvimento de mercado		Diversificação

Fonte: ANSOFF, H. L. *Corporate strategy*: an analytic approach to business policy for growth and expansion. New York: McGraw-Hill, 1965.

O BRANDING COMO PROCESSO DE GESTÃO EMPRESARIAL

A simplicidade da proposta de Ansoff era suficiente para a época pois, para grande parte das empresas, expandir geograficamente suas operações significava entrar em áreas ainda não exploradas de mercado e, com isso, conquistar novos mercados consumidores. Quando se pensa nessa perspectiva em um contexto global, percebe-se que essa estratégia ainda é feita em alguns tipos de mercados, com a movimentação de certos produtos e serviços para áreas que continuam a desenvolver seu consumo, como partes do Sudeste Asiático e África.

Para os mercados mais desenvolvidos, a expansão geográfica já havia sido realizada e as possibilidades de conquistas de consumidores pela mera disponibilização do produto não era mais uma estratégia possível. Com mais e mais produtos chegando às mãos dos consumidores, o poder deles aumenta, e as empresas produtoras precisam lutar pela sua atenção e compra. Com mais opções à disposição, a mera produção e distribuição não é mais suficiente. Os produtos ou serviços precisam ser melhores que os concorrentes para ganhar a disputa pela escolha do consumidor.

Os mercados se tornaram, então, mais competitivos. A busca por diferenciação passou a ser a grande possibilidade da evolução dos negócios empresariais, enfatizando o poder da marca como símbolo dessa diferenciação, ou como o próprio elemento diferenciador.

1.1.3 A busca da diferenciação: da tecnologia às relações emocionais e simbólicas

Com as chances cada vez menores de ingressar em mercados inexplorados, as empresas são obrigadas a disputar com outras os mesmos mercados, tentando se diferenciar pela qualidade de seus produtos ou pela possibilidade de oferecer características inéditas no mercado.

Entretanto, para que valores superiores sejam percebidos e, por consequência, preços mais altos sejam pagos pelos consumidores, é preciso haver a percepção de diferenciação entre os produtos e serviços de uma categoria. São as marcas, portanto, que podem mostrar as vantagens competitivas dos produtos ou serviços e aumentar sua percepção de valor.

O investimento em produtos novos e melhores tornou-se um caminho seguro para trazer vantagens competitivas. Em um mercado de alta competitividade, ter um produto percebido como o melhor da categoria era uma maneira eficiente de conquistar consumidores. Com isso, as áreas de pesquisa e desenvolvimento (P&D) tornaram-se o centro nervoso das organizações. Era esse grupo de profissionais que criava as inovações para conquistar os consumidores e diferenciar os produtos da concorrência. Essas áreas começaram a ganhar poder e determinar os rumos empresariais a partir das evoluções tecnológicas que podiam desenvolver.

Historicamente, as diferenciações buscadas pelas empresas eram baseadas em evoluções tecnológicas. Isso fazia sentido em um mundo no qual as categorias ainda eram recentes e novas possibilidades de produtos, embalagens, logísticas e processos de venda e atendimento poderiam trazer diferenciação. Em um momento em que a maioria das categorias de bens de consumo ainda estava aumentando sua penetração no mercado, novos benefícios e segmentos surgiam e podiam ser atendidos por novos processos tecnológicos.

"Omo lava até duas vezes mais branco." "Brastemp não tem comparação." "Kolynos deixa os dentes mais brancos." "Volkswagen traz a qualidade da tecnologia alemã." "Dove não resseca a pele como um sabonete comum." "Protex elimina até 99,9% das bactérias." A comunicação de funcionalidades superiores marca essa fase de domínio do produto e da área de desenvolvimento de produtos nas organizações. Isso acontecia porque era possível, de fato, fazer produtos melhores, pois as tecnologias da maioria dos mercados ainda não estavam completamente desenvolvidas. As ofertas de superioridade funcional seduziam os consumidores.

FIGURA 1.3 Propagandas ressaltando os aspectos de superioridade funcional de suas marcas

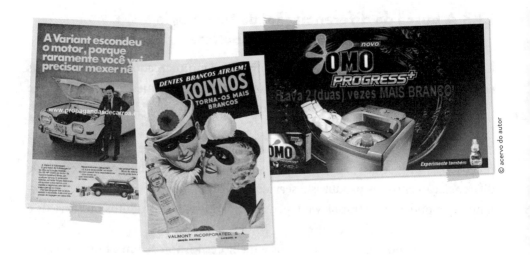

Eventualmente, os demais concorrentes também evoluíam suas formulações e características e conseguiam novamente equalizar os produtos. Os avanços tecnológicos levavam a uma diferenciação de curto prazo. Além disso, com a evolução natural da tecnologia, chegou-se em muitos mercados a um "platô tecnológico".

Um "platô tecnológico" significa mercados cujo investimento em tecnologia não resulta em produtos melhores. Isso acontece porque os produtos conseguem oferecer toda a funcionalidade desejada pelos consumidores e as evoluções tendem a ser inócuas. Vejamos o caso dos detergentes de roupas: em certo momento, todos os produtos da categoria tinham resultados satisfatórios em deixar as roupas brancas. Omo, a marca líder, ainda tentou sustentar seu benefício fazendo produtos com função superior, como o Omo Progress, que lavava "duas vezes mais branco". Contudo, lavar "duas vezes mais branco" era algo que só podia ser percebido com equipamentos sofisticados de medição. A olho nu, a brancura era a mesma. O benefício propagado não era percebido pelos consumidores; logo, ele não tinha valor. Muitas categorias, em especial aquelas de consumo cotidiano, chegaram nesse impasse. Sem a possibilidade de diferenciação tecnológica perceptível, as empresas tinham de buscar novas formas de se diferenciar.

Vale a ressalva de que muitas categorias ainda não chegaram ao seu "platô tecnológico". Isso significa que a busca por diferenciação continua sendo feita por meio da evolução tecnológica. Celulares continuam evoluindo a sua capacidade de processamento, tempo de vida da bateria, qualidade de tela e som, armazenagem de dados, entre outros elementos funcionais. Para isso, empresas como Apple, Samsung, Xiaomi e outras investem grandes somas de dinheiro. No entanto, no passado, essas evoluções nos pareciam maiores e mais intensas – quando se mudou de teclados físicos para telefones touch screen, por exemplo. Hoje, elas parecem cada vez mais marginais. A categoria pode ter começado a chegar a um platô tecnológico, em que há pouca possibilidade ou necessidade de evolução. Ainda assim, existem categorias antigas que continuam a ser pautadas pelas questões tecnológicas, como os automóveis. Não existe um tempo exato para que se chegue ao platô tecnológico, e algumas categorias tendem a ter maior dependência dessas evoluções do que outras.

Para as demais, chega um momento em que a busca por diferenciação não está mais atrelada à evolução do produto, pois os consumidores não percebem mais diferenças funcionais. Nesse caso, o investimento em P&D se torna menos relevante. Em vez de se investir grandes somas tentando desenvolver um produto melhor, é mais eficiente investir recursos para desenvolver um conceito de produto ou serviço que possa ser percebido como um diferencial pelos diversos públicos-alvos consumidores daquela categoria.

As cervejas do tipo *pilsen*, de produção em massa, seguem claramente esse tipo de orientação. Em vez de se propor a fazer produtos com mais qualidade, cuja diferenciação funcional seria de difícil percepção, os produtores cervejeiros passam a sugerir sensações e simbolismos diferentes para públicos distintos.

A Budweiser busca oferecer a sensação extasiante de grandes eventos de porte mundial, que acontecem em grandes metrópoles e envolvem um grande volume de participantes. Ela é urbana, conectada, noturna, tecnológica, americana. A marca Corona está ligada a momentos de relaxamento, normalmente durante o dia, em lugares quentes e ao ar livre, como praias. Tem uma forte ligação com o México, especialmente o Caribe, e sugere colocar um pedaço de limão para intensificar a experiência refrescante da cerveja, um ritual herdado da tequila. Já a Heineken é contemporânea, sofisticada, responsável. Ela busca se globalizar e romper fronteiras, mas mantendo a herança europeia. Tem tradição na sua marca e produto, mas evolui para representar o contexto atual. A Skol é brasileira. Jovem, moderna e conectada, preocupa-se com as questões sociais e relacionais do jovem contemporâneo. É irreverente e gregária. Tem um produto (que nem sempre é só cerveja) leve e fácil de beber. É a cerveja da "galera" e, apesar de popular, é bem aceita em qualquer círculo social.

FIGURA 1.4 Propagandas com foco nos diferentes estilos de vida e situações

Fonte: HEINEKEN. *Imagem gallery*. Disponível em: https://www.theheinekencompany.com/Media/Image-Gallery. Acesso em: ago. 2019.

Esses quatro exemplos, que constituem apenas uma fração dos diversos estilos de vida e situações utilizados pelas cervejas *pilsen*, mostram as diversas possibilidades de se trabalhar a diferenciação sem passar por aspectos funcionais. Ainda que nenhuma dessas cervejas relegue a qualidade para o segundo plano, elas não se definem por si, mas sim pelos seus conceitos de marca. Da mesma maneira, seus consumidores as bebem muito mais pela sensação que querem obter com o consumo ou pela imagem que querem passar com base na sua conexão com as marcas do que pela diferença do produto.

A escolha por outros benefícios para além dos funcionais é feita para sustentar uma vantagem competitiva. Os grandes fabricantes de cerveja têm acesso às mesmas tecnologias, às mesmas matérias-primas, a processos de fabricação e distribuição. Portanto, qualquer evolução tecnológica seria rapidamente copiada pelos concorrentes. Já as conexões emocionais e simbólicas que propõem se tornam diferenciais difíceis de serem copiados.

Assim como o mercado de cerveja, qualquer mercado no qual a tecnologia já não traz diferencial relevante tem duas possibilidades: seguir o caminho da comoditização, reduzindo a margem de todos os competidores, ou buscar maneiras de se diferenciar do ponto de vista emocional e simbólico.

Para se diferenciar de ponto de vista emocional e simbólico, o investimento em P&D dá lugar ao investimento na construção de simbologias, especialidade dos profissionais de marketing e comunicação. A marca ganha a posição privilegiada de ser esse elemento diferenciador. As marcas se tornam os ativos mais importantes das empresas, e sua gestão ganha espaço nos níveis mais altos do organograma empresarial. O branding assume a sua função estratégica.

1.1.4 Alteração do foco do marketing transacional para o marketing de relacionamento

O último entre os principais fatores que levaram ao aumento da importância do branding para as organizações é a alteração dos investimentos de marketing de objetivos transacionais para objetivos de relacionamento.

O marketing transacional é aquele cujo principal objetivo é a conquista de novas transações, ou seja, fazer novas vendas. Esse tipo de marketing privilegia a conquista de novos consumidores e costuma fazer ofertas de diferenciação de produto ou precificação agressiva para se tornar mais atraente que as propostas dos concorrentes. Os vendedores colocam o foco em trocas individuais e isoladas que satisfazem as necessidades de um cliente em hora e local determinados. Depois de finalizada a transação, há pouco ou nenhum interesse em contato posterior, exceto no momento de se fazer uma nova venda. Atualmente, alguns autores chamam essas técnicas de "growth" ou "marketing de performance", mas esses neologismos não expressam bem o conceito de usar técnicas de marketing para gerar mais transações.

Esse tipo de marketing foi muito utilizado no início dos processos de desenvolvimento dos mercados. Quando qualquer novo mercado é criado, é normal o maior foco no marketing transacional. Como existem mais pessoas que ainda não experimentaram esse novo mercado, o principal objetivo é que elas façam essa experimentação. O foco está em conquistar novos consumidores, já que eles são em número muito maior que aqueles que já compraram. Hoje, esse uso é muito comum em empresas que inauguram novos mercados ou mercados que substituem outros tradicionais, como as startups que facilitam o acesso a um produto ou serviço por meio da tecnologia. Afinal, assim como as empresas de consumo nos anos 1960, elas estão crescendo e educando um consumidor a adquirir produtos e serviços que antes não estavam disponíveis.

No entanto, conforme os mercados amadurecem, essa perspectiva se inverte. O contingente de pessoas que ainda não consumiram diminui e, com isso, as chances de conquistar novos consumidores também. Mercados maduros, com altas taxas de penetração, vivem de processos de recompra. Nesse caso, as pessoas desenvolvem certa fidelidade a uma ou outra marca e, a partir daí, optam por ela, a não ser que outra oferta muito mais vantajosa seja feita. Nesses mercados, é mais barato manter os consumidores leais do que tentar roubá-los da concorrência.

CASO 1.1

O MERCADO DE TELEFONIA CELULAR: DA TRANSAÇÃO AO RELACIONAMENTO

No mercado de telefonia celular brasileiro, é possível observar claramente a alteração da postura das empresas de um marketing transacional para um marketing de relacionamento.

Como o mercado passou por uma evolução muito rápida, desde a liberação da comercialização das linhas por empresas privadas até a penetração em todas as esferas da população brasileira, são bem nítidas as duas fases.

No início, todas as empresas de telefonia tentavam fazer ofertas de preço para conquistar os consumidores. Era comum a oferta de aparelhos, chips e ligações gratuitas dentro da rede para que consumidores trocassem uma marca por outra. Os custos para isso eram muito grandes. Investimentos em propaganda, aparelhos subsidiados, contas reduzidas e processos operacionais de cadastramento de novos clientes faziam com que, em certa época, todas as empresas do segmento fechassem seus resultados no prejuízo.

--→

No entanto, como esse era o momento de expansão do mercado, as empresas viam a conquista agressiva de novos clientes como um passo para torná-los, posteriormente, fiéis e lucrativos.

Porém, o processo de marketing transacional, com ofertas agressivas e constantes, fez com que os consumidores tivessem um comportamento peculiar. Eles passaram a entender que o vantajoso era trocar rotineiramente de operadoras, valendo-se das ofertas agressivas que eram feitas em cada data promocional. Assim, quando os consumidores entendiam que seus aparelhos estavam obsoletos, eles trocavam de operadora para ter acesso a um novo. Quando entendiam que seus planos de dados e ligações estavam muito caros, preferiam mudar de operadora a renegociar.

FIGURA 1.5 **Marcas de companhias telefônicas brasileiras**

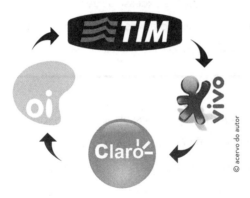

© acervo do autor

Com isso, os custos das operadoras continuaram altos, afinal era preciso fazer ofertas constantes. Além de abrir mão de faturamento com as ofertas, havia grandes gastos com publicidade e a operacionalização de milhões de clientes entrando e saindo de suas bases todos os meses. Ainda assim, como o saldo de clientes que entravam e saíam era positivo e a competição entre as empresas era agressiva, esse foi o tom da competição do segmento por muitos anos.

Mais recentemente, a penetração de mercado chegou a 100% da população. Hoje, o número de chips ativos é maior que o número de habitantes brasileiros. Com isso, não há mais novos clientes a serem conquistados. Todos os novos clientes estão vindo de alguma outra empresa.

Como os custos em ofertas seriam muito altos, e já com muitos anos de rentabilidade negativa em função dos esforços promocionais, as companhias telefônicas passaram a diminuir seus esforços de conquistar novos consumidores e passaram a tentar manter seus clientes atuais.

Percebemos isso claramente com a redução dos investimentos em publicidade. Se, antes, as quatro principais operadoras estavam sempre entre os grandes anunciantes do país, agora são investidores moderados.

Em vez da propaganda de massa, possuem contatos constantes e diretos com seus consumidores atuais, oferecendo serviços extras, vantagens em planos que se adequam a necessidades específicas e outros com foco em manter os clientes na base. Com ofertas de *upsell* – planos mais caros e sofisticados – e *cross-sell* – serviços de música, jogos e parcerias com outras empresas –, possuem um claro foco no relacionamento.

As operações, sem os gastos excessivos de recrutar novos clientes, passaram a se tornar mais lucrativas. O mercado, agora estável, mudou do foco na transação para o foco no relacionamento.

O marketing de relacionamento pressupõe o desenvolvimento de uma relação mais íntima com um grupo de consumidores que compram com maior frequência ou que são clientes regulares de uma marca. A mecânica do relacionamento para estímulo de fidelidade se dá pela maior convivência entre a empresa e seu cliente. A convivência possibilita que a empresa colete informações sobre o consumidor, desde questões comportamentais até os hábitos de consumo daquela categoria. Com isso, consegue entender melhor seus grupos de consumidores e apresentar ofertas exclusivas para eles, de acordo com o seu comportamento específico. Essa oferta tende a ser percebida como superior à concorrência, até pelo fato de ser, em alguns casos, mais individualizada. Com isso, o consumidor tende a permanecer como cliente da empresa, ao mesmo tempo em que continua a oferecer informações sobre o seu consumo daquele produto. Esse acúmulo de informações que a empresa detém em decorrência do relacionamento é superior ao que a concorrência tem sobre o cliente; portanto, é cada vez mais provável que ele seja impactado com o produto/serviço ou mensagem correta por parte da marca. Assim, há um círculo virtuoso de fidelização.

FIGURA 1.6 **Círculo virtuoso do relacionamento com consumidores**

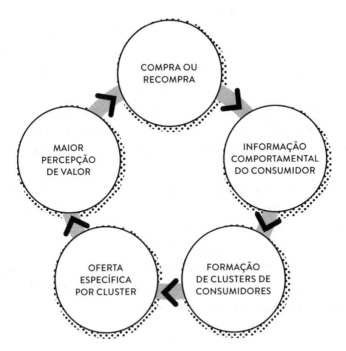

Fonte: elaborada pelo autor.

A ideia de manter o relacionamento pode levar a uma alteração do processo de gestão empresarial, direcionando a estratégia para os interesses dos clientes. Ou seja, a empresa faz a venda e, com a venda, ela aprende sobre os clientes. Com base nesse aprendizado, ela pode identificar o valor estratégico de seu público, revisando seu portfólio e a qualidade e estratégia de seu atendimento nos diferentes pontos de contato. Dessa forma, a empresa continua a alterar sua oferta de valor de acordo com os entendimentos do cliente, modificando a maneira como se organiza internamente. Essa é uma estratégia que mais recentemente passou a ser chamada de "customer centric", pois coloca as necessidades e os interesses do consumidor no centro das decisões da organização.

Essa visão de organização visa controlar a longevidade dos relacionamentos e está calcada em uma relação de confiança entre a empresa e seus consumidores. Enquanto um lado garante compras constantes e fornecimento de informação sobre o seu consumo, o outro lado oferece produtos de valor superior e cumpre as promessas feitas pelos seus produtos.

Esse tipo de relação favorece o papel estratégico da marca, uma vez que esta se torna o grande elemento simbólico relacional entre a empresa e seus consumidores. Ela é o ente que garante a promessa da oferta e a longevidade da relação. Em um foco transacional, esse aspecto relacional é perdido e a força da marca tem menos importância para concluir a transação.

Quando o convencimento é feito por meio de vantagens para se fechar a transação, com foco no curto prazo, a marca tem menos importância. Contudo, ela é fundamental em uma relação que tende a se aprofundar e criar relacionamentos mais profundos no longo prazo. Com os mercados cada vez mais penetrados e concorridos, manter os clientes atuais por meio da relação de marca é economicamente mais vantajoso que tentar conquistar novos consumidores.

Como se percebe, a marca foi ganhando um papel estratégico, pois o processo de branding começou a estar cada vez mais alinhado ao contexto contemporâneo de consumo: um mundo de grande e intensa concorrência, onde as diferenciações tecnológicas são inexistentes ou rapidamente copiadas, a organização se volta para fora para olhar mais intensamente para o consumidor, e a marca é a grande porta-voz que conduz e aprofunda os relacionamentos com os consumidores.

Nesse contexto, vale entender como o processo decisório da marca foi se alterando e qual o lugar ocupado por ela na hierarquia de decisões de empresas que utilizam o branding como processo de gestão.

1.2
ORGANIZAÇÃO ESTRATÉGICA DO BRANDING

A gestão de marcas, ou branding, sempre foi uma ferramenta de gestão. No entanto, com a evolução do processo em função dos fatores detalhados anteriormente, é relevante destacar as mudanças que ocorreram com a ideia do branding no processo decisório das organizações.

Essas alterações do processo de gestão de marcas acontecem especialmente nas empresas que são "orientadas para o mercado". Ainda que essa definição possa englobar grande parte das empresas, é importante fazer uma distinção entre as empresas orientadas para o mercado e outras que se orientam para a produção ou para as vendas.

Entende-se que o contexto contemporâneo do mercado leve as empresas a terem, cada vez mais, uma orientação ao mercado, o que significa incluir um conjunto de stakeholders internos e externos no processo de decisão estratégica. As demais empresas, que ainda se pautam pela perspectiva de produção ou vendas, ou que estejam em estágios intermediários quanto à adoção do branding estratégico, podem não se perceber representadas nas discussões a seguir.

1.2.1 Gestão tática da marca

A Figura 1.7 mostra o papel tático que era, e em alguns casos ainda é, atribuído à marca pelas organizações.

FIGURA 1.7 A marca como decisão operacional

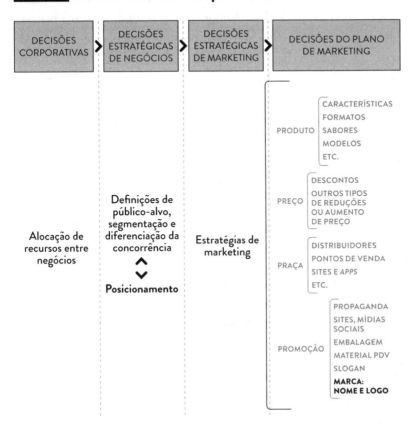

Fonte: elaborada pelo autor.

A Figura 1.7 foi elaborada a partir de olhares clássicos de autores que estudam o processo de tomada de decisões empresariais. Em geral, uma empresa toma suas decisões de níveis mais estratégicos para níveis mais operacionais.

As decisões de nível estratégico têm como característica serem de longo prazo, consumirem grande volume de recursos e não poderem ser alteradas sem prejuízos. Os níveis táticos tomam decisões de curto prazo, que consomem recursos limitados e podem sofrer ajustes conforme o resultado e os impactos imediatos dessas decisões no mercado.

As decisões corporativas, normalmente tomadas pelo board executivo, abrangem oportunidades e traçam diretrizes empresariais. Por meio dessas diretrizes, alocam recursos para uma ou outra divisão da empresa. Tome-se o exemplo de uma empresa como a Coca-Cola Company, que tem ao menos três divisões de negócios: a divisão de carbonatados (refrigerantes), a divisão de águas e a divisão de não carbonatados (essencialmente sucos e chás). Como se prevê a queda do consumo de refrigerantes e o aumento de bebidas percebidas como mais saudáveis pelos consumidores, o board da Coca-Cola Company pode ter tomado a decisão de alocar maior nível de recursos para seus produtos de águas, sucos e chás. A alteração do nível de recursos permite que os gestores das divisões de águas, sucos e chás possam aumentar seu volume de vendas. A principal função de um board executivo, os C-levels, é fazer essa alocação de recursos nas unidades de negócios (ou *business units* – BU). Esses recursos podem ser financeiros, de ativos ou capital fixo, logísticos, de recursos humanos, de inovação, entre outros. As unidades de negócios podem ser divididas entre aquelas que devem retornar recursos financeiros à corporação e aquelas cujo principal foco é buscar a expansão de seus negócios.

Para entregar os objetivos e metas do board, os VP ou diretores das unidades de negócios traçam estratégias. Essas estratégias, do ponto de vista mercadológico, devem iniciar com a definição de segmentação do mercado em que a empresa irá operar, do público-alvo do negócio e da proposta de um conjunto de diferenciação, o que se costuma denominar estratégia STP (*Segmenting, Targeting, Positioning*). As definições de STP são consideradas as definições primárias de uma marca; contudo, em empresas com uma visão tática do branding, elas não são percebidas assim. Nessas empresas, muitas vezes a estratégia STP não é traçada adequadamente. Os elementos de produto são definidos por um time de engenharia ou P&D, e o produto é lançado com pouco foco num segmento de consumidor. Nesse caso, o próprio mercado acaba se encarregando de posicionar o produto, o que pode se tornar pouco vantajoso para a empresa, já que o posicionamento de uma marca, uma vez percebida pelos clientes e consumidores no mercado, é de difícil alteração.

A sequência de decisões segue para os gestores de marketing e negócios das divisões da empresa. Eles recebem a incumbência de planejar como melhor atender ao segmento desejado, desenhando estratégias para o marketing mix (os 4Ps: produto, preço, praça e promoção). Nesse ponto, esses gestores devem desenvolver planos para que os produtos sejam adequados ao público-alvo, que a distribuição esteja ocorrendo nos locais relevantes para a categoria, que o preço esteja de acordo com o posicionamento do produto e que a comunicação esteja enfatizando os diferenciais corretos.

Depois dessas decisões é que as demais ações que impactam o consumidor serão detalhadas e desenvolvidas por outras áreas da empresa ou por fornecedores. Nesse momento, são desenvolvidas as ações táticas: as características do produto, as peças de comunicação, a determinação efetiva do preço, os materiais de ponto de venda, o desenho das embalagens, a arquitetura de uma loja ou restaurante e qualquer outro tipo de ação que se faça necessário para a percepção correta do consumidor sobre aquela oferta de produto. Essa é uma etapa mais tática da gestão, uma vez que as decisões podem ser ajustadas com certa facilidade e sem prejuízo às definições da estratégia STP. Características de produtos podem ser redefinidas e é possível refazer peças de comunicação e embalagens para acertar os detalhes da oferta final ao consumidor.

Até os anos 1990, a marca era percebida como um elemento de comunicação. Por isso, era vista como algo conectado às agências de propaganda e design, conforme destacado na Figura 1.7. Ela era mera expressão visual ou verbal de um produto ou serviço. O nome, o logo e as demais definições visuais eram tratados como parte do design de embalagem, e os códigos culturais, tratados como parte da comunicação publicitária. Essa visão contribuía para que as marcas tivessem a mesma relevância que seus produtos. Não era incomum um novo produto carregar uma nova marca e, quando ele era substituído por outro mais inovador, a marca também era trocada. Por isso, os responsáveis pela gestão da marca eram os mesmos que coordenavam os processos de comunicação mercadológica. A marca era apenas o símbolo a ser colocado no produto para identificá-lo.

Infelizmente, algumas empresas ainda agem de maneira similar. Quando pensam em fazer branding, contratam agências de publicidade ou design e delegam a marca a elas. Como resultado, recebem aquilo que as agências estão acostumadas a entregar: no caso de publicidade, um plano de comunicação; no caso de design, expressões visuais (e eventualmente verbais) de produtos ou serviços. No atual contexto, as marcas se tornaram valiosas demais para serem delegadas a agências de publicidade ou de design.

Considerando-se o potencial de geração de valor que a marca passou a possibilitar e os relacionamentos mais intensos que levam à fidelidade dos consumidores, a marca não poderia mais ser delegada ao final da cadeia decisória. Muitas empresas passaram a considerá-la um dos elementos centrais da sua proposta de valor e, com isso, ela se tornou um elemento estratégico, com visão de longo prazo e gestão feita pela cúpula das organizações. A marca se tornou uma decisão estratégica.

1.2.2 Gestão estratégica da marca

A mudança da perspectiva da marca de uma questão tática para algo estratégico contribuiu para que as decisões sobre marcas passassem a ser tomadas anteriormente às definições do marketing mix. As decisões sobre marcas hoje demandam maior envolvimento da alta direção, são de difícil alteração e requerem grandes recursos financeiros para serem implementadas.

Uma marca bem posicionada constrói uma lembrança na cabeça dos consumidores. Essa lembrança cria um relacionamento que, muitas vezes, é similar ao relacionamento entre duas pessoas. Portanto, se a marca for alterada de maneira radical ou com muita frequência, ela deixará de ser compreendida pelo consumidor, que a entenderá como "esquizofrênica" e, provavelmente, desistirá de se relacionar com ela. A marca passa a direcionar as demais ações da empresa que impactam a relação com consumidores e, por consequência, demanda passos cuidadosos e estudados. A Figura 1.8 mostra como a perspectiva da marca se alterou de uma posição tática para uma posição mais estratégica.

Em parte das empresas orientadas para o mercado, as decisões relativas à marca são tomadas junto com as decisões estratégicas de negócios. As decisões de segmentação, público-alvo e concorrência são tomadas a partir do ponto de vista das marcas. Elas geram a definição de identidade que orientam todas as estratégias de marketing posteriores.

Com isso, faz-se necessária a figura de um CMO ou VP de marketing para centralizar as definições dos elementos conceituais da marca, acompanhar o desenvolvimento do valor da marca por meio de pesquisas de mercado e reportar as dificuldades e os resultados para o CEO. Com a definição da identidade de marca pelo CMO, com a chancela do board executivo, a gestão dos demais pontos de contato pode ser delegada para outros gestores subordinados, os quais podem tomar decisões autônomas desde que conheçam e sigam a identidade de marca planejada para a corporação, divisão ou produto.

FIGURA 1.8 A marca como uma decisão estratégica

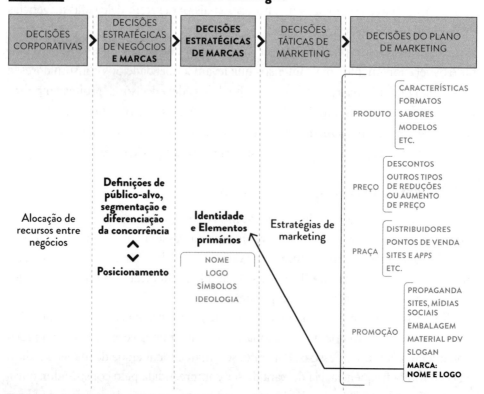

Fonte: elaborada pelo autor.

A marca, nesse caso, acaba sendo protegida de solavancos pontuais na economia, ataques táticos da concorrência e alterações de meios de comunicação, pois não será alterada em função de uma necessidade tática de bater metas ou defender-se de uma guerra de preços. Ao mesmo tempo, os gestores, dentro da autonomia que lhes é concedida, podem responder rapidamente a ataques pontuais de concorrentes ou a desafios específicos em um canal ou região, pois continuarão a seguir as macro-orientações de marca. Essa é a maneira como a governança de marca é realizada nos dias atuais.

Além das perspectivas de governança, ter a marca nesse nível da organização permite que ela permeie de maneira mais intensa os demais departamentos da empresa para além do marketing. Afinal, ela não trata apenas de produto, preço, praça e promoção, mas de qualquer ponto de contato da empresa com seus stakeholders. Por isso, a marca direciona todas as decisões empresariais que se seguem à definição da sua identidade. Ela organiza e prioriza os objetivos empresariais de acordo com as suas necessidades de desenvolvimento e envolve todos os colaboradores na sua essência, tornando-os mais comprometidos com o seu desenvolvimento.

A marca, quando gerenciada estrategicamente, pode passar a construir elementos culturais e ideológicos que conseguem se conectar de modo mais intenso com consumidores, mas também colaboradores e fornecedores. Ela se integra e se relaciona com uma cultura e, dentro dessa cultura, torna-se um ícone que define grupos sociais. Essa visão estratégica permite gerenciar a marca como um elemento cultural complexo, já que ela transmite influência suficiente na organização e, posteriormente, na sociedade.

Tome-se a marca Harley Davidson como exemplo. Muito mais do que produzir uma moto de qualidade ou com determinado design, essa marca representa um grupo cultural. Ela se insere na cultura daquele grupo e o torna único pela sua utilização.

FIGURA 1.9 Harley Davidson: consistência de 120 anos para uma marca que (quase!) sempre foi gerenciada como o principal ativo da companhia

A Harley Davidson só atingiu esse status porque manteve seus aspectos estratégicos inalterados com o passar do tempo. Se fosse gerenciada taticamente, poderia ter perdido parte de suas características ao disputar mercado com as motos esportivas europeias, que em dado momento foram grandes ameaças para a empresa, ou quando houve a invasão de motos japonesas, mais tecnológicas e baratas. Se as decisões fossem tomadas de maneira tática, seria fácil imaginar um gestor alterando as características da Harley Davidson para responder à concorrência com o lançamento de produtos similares, com portfólios seguindo os modelos de sucesso dos concorrentes. Talvez essa visão tática tivesse até alguns resultados positivos no curto prazo, mas a marca perderia o que hoje ela tem de mais forte: a clareza e consistência de ter se tornado um símbolo que representa toda uma comunidade de pessoas. Isso, só uma marca gerenciada de maneira estratégica pode atingir.

A marca estratégica, menos do que engessar a gestão, deve direcioná-la e impedir mudanças bruscas que a levem a sucumbir ou perder a sua ideologia em longo prazo. A marca estratégica auxilia inclusive nos movimentos de inovação tecnológica, orientando quais novas tecnologias são relevantes para serem incluídas em cada marca.

CAPÍTULO 2

O PROCESSO DE CONSTRUÇÃO DA MARCA:

DA ESTRATÉGIA À LEMBRANÇA DO CONSUMIDOR

Para entender como as marcas são colocadas no mercado e, eventualmente, aceitas pelos consumidores, é importante que se faça um panorama geral de como esse processo costuma acontecer, desde o entendimento das lacunas de mercado até a construção da lembrança na cabeça do consumidor.

O intuito é construir um esquema coerente do processo de branding do ponto de vista da empresa, e como os elementos da administração e do marketing usados no desenvolvimento da marca se conectam de maneira a entregar uma visão completa dos diversos ambientes que precisam ser analisados, bem como das diversas definições que se deve fazer para criar uma identidade de marca consistente.

O processo de construção de marca aqui descrito é a junção de diversas teorias diferentes, provenientes dos olhares de estratégia empresarial, marketing e branding, e seus diversos autores. É uma tentativa de dar um sentido lógico e esquematizado de uma construção diversa, desenvolvida separadamente por muitos acadêmicos, consultores e profissionais da área. Portanto, não é uma visão definitiva, tampouco completa. Um olhar atento identificará sobreposições teóricas e lacunas que não foram endereçadas. Além disso, é comum surgirem evoluções de ferramentas desenvolvidas depois da estruturação desse modelo, além de outras não utilizadas por escolha ou mero desconhecimento.

A montagem do modelo como processo sequencial, com as flechas duplas ou simples indicando a direção dos impactos dos conceitos, também é, de certa maneira, uma simplificação com o intuito de facilitar o entendimento. A prática da gestão de marketing, mesmo em organizações estruturadas, pode ter caminhos e discussões que não fluem de maneira tão lógica e organizada. Portanto, ainda que possa ser utilizado para a prática empresarial, deve-se esperar ajustes e resultados menos previsíveis que os indicados no modelo, ilustrado na Figura 2.1.

O PROCESSO DE CONSTRUÇÃO DA MARCA

FIGURA 2.1 Modelo integrado de construção da marca

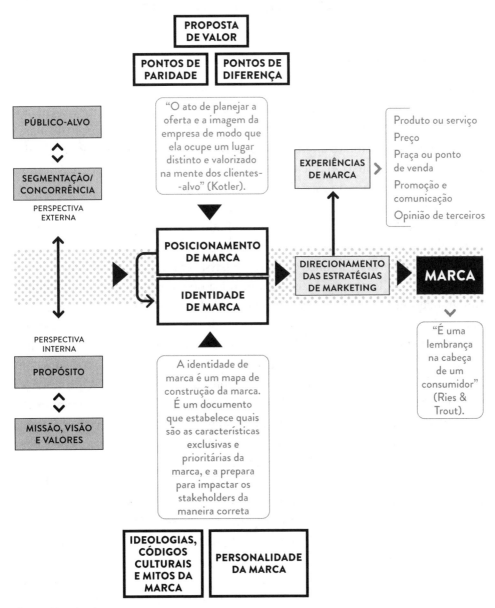

Fonte: elaborada pelo autor.

Para fins didáticos, será feita a explanação do modelo iniciando-se pelo resultado desse modelo, ou seja, a criação da marca. A partir dela, entenderemos como as estratégias foram sendo criadas para gerar o efeito da lembrança na cabeça dos consumidores, até chegarmos à lacuna de mercado e o propósito empresarial original que deu início à construção da marca. Portanto, em vez de iniciarmos pelo topo do modelo, seguindo a ordem das flechas e a visão empresarial, faremos o caminho inverso, partindo do resultado conquistado na cabeça do consumidor.

2.1
A CRIAÇÃO DA MARCA

Todos os seres humanos que vivem na sociedade de consumo são impactados pelas marcas e podem se relacionar com elas a partir das suas experiências individuais. Portanto, é melhor iniciar a explicação do processo de construção de marca a partir do seu resultado: a lembrança na cabeça do consumidor. Partindo das experiências individuais, o que todos temos ao consumir qualquer coisa, vamos detalhando a estruturação estratégica que levou àquela experiência e, consequentemente, àquela lembrança.

O que é uma marca? A marca é o resultado do processo de branding. Ela é percebida quando, ao ser questionado sobre uma marca, o consumidor responde contando uma certa lembrança da marca. É nessa lembrança que reside o valor da marca. Se ela for lembrada de maneira positiva por muitas pessoas, a marca terá um grande valor. Se ela for desconhecida, seu efeito – e, consequentemente, seu valor – é nulo. Sem lembrança, a marca não existe. Se a lembrança for negativa, assim também será a avaliação do consumidor sobre a marca. Toda a perspectiva de valor da marca é, portanto, resultado de uma lembrança na cabeça de um consumidor, bem como as associações provenientes dessa lembrança. Assim, a tarefa de um gestor de marcas é criar lembranças consistentes, positivas e duradouras.

Marca, na definição da American Marketing Association (AMA), é um nome, termo, sinal, símbolo ou desenho, ou uma combinação destes, que pretende identificar os bens e serviços de um vendedor ou grupo de vendedores e diferenciá-los dos concorrentes. No entanto, ainda que essa seja a definição mais utilizada por autores e profissionais da área, ela pode ser considerada restrita demais para a quantidade de papéis que uma marca desempenha na sociedade contemporânea.

Na definição da AMA, a marca parece subordinada ao produto, pois sua função básica é identificá-lo. Ela é considerada um elemento que nasce a partir do produto e tem a função de ajudar na sua comunicação e posicionamento, em especial com a incumbência de diferenciá-lo da concorrência. Porém, é importante lembrar que essa definição foi criada nos anos 1960, época em que novos produtos e técnicas de fabricação eram os motores do crescimento empresarial. Nos tempos atuais, a marca já não pode ser vista da mesma maneira.

Al Ries e Jack Trout, dois autores e consultores que se dedicaram a trabalhar com o conceito de posicionamento, possuem uma definição simples, mas bastante interessante e que continua bastante atual, ainda que tenha sido feita no início dos anos 1990: "marcas são lembranças na cabeça de um consumidor".

O PROCESSO DE CONSTRUÇÃO DA MARCA

Posteriormente, Kevin Keller também reproduziu essa visão de marca em seus livros e artigos, difundindo o conceito.

Ainda que simples, essa definição talvez possa representar melhor os efeitos de uma marca no contexto contemporâneo. Ao dizer que a marca é uma lembrança, ressaltamos a necessidade de a marca criar experiências para que o consumidor se lembre dela da maneira correta, seja essa experiência o consumo do produto, o impacto de uma comunicação, a opinião de um terceiro nas redes sociais ou a exposição do produto em um ponto de venda. Ao dizer que a marca se cria na lembrança do consumidor, muda-se o foco de atenção da marca das atividades internas da empresa para o resultado dessas atividades na cabeça do consumidor. Enfatiza-se também a importância de checar, continuamente, a maneira como o consumidor se lembra da marca, ressaltando a importância da pesquisa de mercado para a gestão das marcas. Por fim, individualiza-se a relação de percepção da marca: cada consumidor tem um conjunto de experiências únicas e específicas sobre uma marca. Suas experiências com o uso da marca são sempre individuais, pois foram vividas, em sua totalidade, exclusivamente por um consumidor.

No entanto, uma marca também gera uma lembrança "coletiva", que é a reprodução ou o compartilhamento das lembranças individuais em um contexto social. Se as experiências de marcas forem gerenciadas de maneira consistente, é possível que as experiências dos consumidores, ainda que únicas, sejam similares umas às outras. Nesse caso, a marca ganha uma reverberação social. Ela pode ser utilizada para transmitir sentimentos, ideias e perspectivas de uma pessoa para as outras. Ela dá à marca um benefício social e de autoexpressão. A forma de criar e gerenciar marcas é cuidar de todo e qualquer contato entre a marca e o consumidor, pois cada uma delas gera lembrança. Desde ações estruturadas e controláveis, como uma campanha publicitária ou lançamento de produto, até ações não gerenciadas pela empresa, como manifestações de consumidores em redes sociais ou a utilização do nome da marca em produtos da cultura popular (letras de música, vídeos, fotos etc). Absolutamente qualquer exposição da marca gera uma lembrança – como bem demonstra a Figura 2.2.

Hoje em dia, grande parte da exposição de uma marca pode ser feita por pessoas comuns, influenciadores e celebridades em suas redes sociais; também pode ser o caso de usarem a marca em ocasiões sociais e posteriormente divulgarem registros de eventos nas redes sociais. Pelo grande volume de audiência e atenção que as redes sociais atraem, a exposição da marca nessas situações, muitas vezes, gera um impacto maior que as próprias exposições publicitárias.

Essa exposição "não gerenciada" da marca ocorre, por exemplo, quando um jogador de futebol usa uma marca de produto espontaneamente. Nesses casos entende-se que há uma junção de dois tipos de lembrança – a lembrança da marca do produto e a da marca do jogador de futebol. Se muitos jogadores de futebol usam a mesma marca, ela passa a ser associada a esse grupo social mesmo que não tenha provocado a exposição. Os jogadores de futebol são um bom exemplo, pois são um grupo proeminente e socialmente conhecido. Mas o mesmo fenômeno ocorre com todo e qualquer grupo social, como funkeiros, skatistas, baladeiros e jovens. Se a adoção da marca por esses grupos for algo desejado pelos gestores, entende-se que estão auxiliando a marca a ser divulgada nos canais corretos e com baixo (ou nenhum) custo. Isso é o que acontece quando o processo de reverberação social passa a ocorrer.

No entanto, em alguns casos, o que acontece é a adoção da marca de um produto por um grupo não planejado na identidade de marca. Nesse caso, as associações da marca contruídas pelo grupo acabam atrapalhando o plano de construção da marca. Em vez de ser positiva, a exposição então se torna negativa, pois vai afastando a marca da associações idealizadas por ela.

FIGURA 2.2 Etapa da construção dos elementos tangíveis da marca

Fonte: elaborada pelo autor.

A Armani Exchange é um exemplo desse processo. O investimento da marca em propaganda no Brasil é baixo. Sua publicidade é direcionada ao mundo da moda e seus esforços de assessoria de imprensa acabam por impactar esses grupos fashionistas. Imagina-se que esses fashionistas sejam, portanto, o grupo social desejado pela marca. No entanto, nas redes sociais ou em reportagens de grandes veículos, é normal encontrar jogadores e técnicos de futebol usando a marca. Como os profissionais do futebol acabam tendo uma exposição muito grande, é possível que as pessoas tenham acesso à marca Armani Exchange mais a partir da exposição deles do que pelas experiências controladas pela própria marca. A imagem da marca, então, tende a ser associada aos profissionais do futebol e aos grupos sociais que eles representam, e não aos fashionistas.

Isso obviamente não se limita a jogadores de futebol. O mesmo efeito também acontece com pessoas comuns, ainda que com exposição individual consideravelmente menor. Se a marca passa a ser adotada por um grande conjunto de pessoas, ela também acaba se associando àquele grupo social.

É o que acontece com a marca Hollister. Mesmo com pouca exposição de propaganda, a marca acabou se tornando febre entre os adolescentes brasileiros durante certa época e, com isso, eles mesmos, pelo uso da marca em eventos e redes sociais, acabaram ajudando a construir a imagem da marca.

FIGURA 2.3 Jovens se expondo em situações sociais com a marca Hollister

Os adolescentes, ao usarem a marca, transferem para ela seus valores, fazendo com que ela os represente. A marca se apropria dessa representação, passa a ser

dotada dessa simbologia e, portanto, comprada por mais adolescentes que queiram pertencer a esse grupo social. Ainda que cada adolescente tenha a sua lembrança individual sobre a marca em função das experiências únicas que tiveram com ela, a marca gera também uma lembrança coletiva. Nesse caso, a partir da convivência entre os jovens que também fazem uso da marca, das festas e eventos em que a utilizam, dos shows e outras situações memoráveis da vida desses adolescentes, surge a imagem da marca. Sua representação se torna rica, individual, mas com reflexos coletivos, criada de maneira não estruturada, por meio da sua exposição por grupos específicos.

A marca, ainda que tenha pouco controle sobre a exposição das pessoas que a utilizam, pode sugerir qual grupo irá comprá-la e como ele irá utilizá-la. Essa sugestão provém das experiências controladas pela marca: os locais onde ela é vendida, o preço cobrado, os ícones e códigos culturais que se apropriam nas suas comunicações e o próprio portfólio de produtos. A Hollister, ainda que não possa controlar a exposição dos adolescentes, pode controlar algumas das experiências iniciais que eles terão com a marca e, por consequência, como a irão utilizar. Jovens bonitos em lugares paradisíacos, relacionando-se amorosamente, em grupos que transparecem segurança e felicidade, conectam-se com os lugares e pessoas com os quais esses adolescentes projetam conviver. A venda da marca em shoppings de prestígio, com vendedores atraentes e alto preço, também passa uma mensagem de exclusividade. As coleções de roupas, despojadas, coloridas e com estampas contemporâneas, são ideais para o jovem se expor nas situações mais prestigiadas dessa fase da vida: festas, shows e eventos.

Publicidade, locais de vendas e design das coleções, no exemplo anterior, são experiências controladas da marca e são propostas e gerenciadas pelas áreas de marketing das empresas. São os gestores de produtos ou marketing que têm a incumbência de gerenciar as experiências que a marca proporcionará. O profissional de marketing que atua nesse estágio da gestão da marca tem uma tarefa mais tática: ele deve entender os elementos essenciais da marca e transformá-los em ações tangíveis, em especial coordenando os 4Ps de marketing.

AS DIFERENÇAS ENTRE BRANDING E MARKETING

Há muita confusão entre os conceitos de branding e marketing, e infelizmente poucos profissionais entendem corretamente a diferença. O fato é que são conceitos distintos, porém complementares.

O branding é estratégico e deve orientar a maneira como os 4Ps de marketing serão gerenciados. Ele entregará o conceito da marca, ou seja, o conjunto de associaçoes que a marca deverá criar ou manter. E os gestores de marketing são os responsáveis por tornar tangível esse conceito. A identidade de marca é o guia a ser seguido pelos gestores de marketing, growth ou customer experience para criar as experiências corretas ou recrutar os compradores certos para sua marca.

O branding de produtos, serviços ou mesmo de marcas corporativas deve ser desenvolvido junto com os C-levels das empresas, aquelas pessoas que efetivamente tomam as decisões estratégicas do negócio. Depois de alinhado, o branding será mais perene, pois, sendo estratégico, não demanda revisões tão constantes quanto outros tipos de materiais. No entanto, as definições são conceituais, ou seja, demandam uma interpretação sobre o que significam, e essa interpretação pode ser alterada com o passar do tempo, pois precisa estar adequada ao contexto em que será executada. Ainda assim, o conceito da marca permanece, em maior parte, inalterado.

Gestores de marketing são responsáveis por fazer essa interpretação e tornar tangível o conceito nos contextos sob sua gestão. Isso significa que ele deve entender com profundidade o planejamento da marca e, a partir daí, coordenar outros profissionais especializados em criar as experiências específicas para impactar o consumidor, em específico: 1) os produtos que irão compor o portfólio (e que, a partir de seu uso, são os grandes criadores de lembrança!); 2) as publicidades que serão veiculadas, o design de embalagens, sites e outros materiais da marca, os eventos e outras formas de comunicação; 3) o preço que os produtos devem ter em comparação com outras opções, e a relação de valor que têm com os benefícios ofertados; e 4) os canais em que os produtos e serviços deverão ser encontrados, e como deve ser a organização desses canais em relação ao portfólio da marca. Essa visão clássica de marketing, que hoje pode ser chamada de "experiências de marcas", não é necessariamente dividida nos 4Ps, embora eles ainda sejam relevantes. O marketing é um trabalho complexo e importante, mas fica mais fácil quando se tem uma clara estratégia de marca a ser seguida. Em algumas empresas, esse trabalho costuma ser dividido entre pessoas focadas na criação de novas transações, ou seja, mais vendas (growth), e pessoas focadas na construção do relacionamento e satisfação dos clientes já conquistados (customer experience).

Sob a tutela dos gestores de marketing, os profissionais com experiência específica em cada área do desenvovimento das experiências podem realizar as suas atividades de maneira mais assertiva e integrada, gerando resultados melhores para a marca. Eles tomarão decisões táticas sobre a especificação de produtos, eventos de que irão participar, como trabalhar certos canais de vendas e como realizar promoções ou incrementos de preço. Por terem claro qual o papel da ação que estão criando, entregam trabalhos melhores e mais integrados, alinhados à estratégia da marca.

A partir das experiências corretas, as lembranças corretas serão ressaltadas e, espera-se, a reverberação das exposições espontâneas dos consumidores também será feita em consonância com a ideia original da marca. Um círculo virtuoso passa a impulsionar a marca.

Portanto, as estratégias de marketing são controladas pelos gestores de marketing a partir de elementos conceituais previamente definidos: a identidade e o posicionamento de marca, que estão no centro do esquema representado na Figura 2.1.

POSICIONAMENTO E IDENTIDADE DE MARCA

O posicionamento de marca faz uma referência aos elementos competitivos, e é uma visão mais fortemente calcada no ambiente externo da marca. Kotler define posicionamento como o ato de planejar a oferta e a imagem da empresa de tal modo que passem a ocupar um lugar distinto e valorizado na mente do público-alvo. A definição indica uma visão essencialmente externa, pois o posicionamento pressupõe uma oferta que será feita para um consumidor ou cliente fora da empresa. Para ser efetiva, essa oferta deve ser valorizada por um certo público e diferenciada da concorrência – um elemento não controlável, externo à empresa. Caso não seja valorizada pelo público-alvo, a marca terá de ser reposicionada ou retirada do mercado, porque, certamente, gerará resultados de venda insatisfatórios. Se ela não for diferenciada da concorrência, não conquistará um espaço na cabeça dos consumidores e só venderá se propuser preços inferiores. O posicionamento se encontra com o ambiente interno da empresa pela oferta que será feita – um conjunto de benefícios e custos que deve ser capaz de ser entregue pelas capacidades internas da organização.

O posicionamento é um resumo do caminho escolhido para trabalhar uma oferta valorizada e diferenciada. No entanto, pode-se utilizar algumas ferramentas para se certificar de que esse posicionamento possui a consistência necessária. As ferramentas sugeridas são a proposta de valor, na qual serão definidos todos os benefícios e custos de um produto, e os chamados "pontos de paridade" e "pontos de diferença", conceitos de Keller que definem os aspectos em que a oferta da empresa será igual às demais do mercado e onde ela será diferente. Essas ferramentas, assim como o posicionamento, serão aprofundadas em capítulos posteriores.

Ainda que o posicionamento traga um direcionamento importante para os gestores dos pontos de contato da marca, é preciso um aprofundamento das orientações da marca, ou seja, a construção de um modelo de identidade de marca mais completo e abrangente. Além de enfatizar os elementos externos do posicionamento, esses modelos também lançam luz a questões internas da proposta de valor e de elementos conectados à cultura das organizações – propósito e missão, visão e valores.

Muitos modelos de identidade de marca já foram propostos por acadêmicos e testados por profissionais de marketing. Embora cada um deles tenha seu valor, uma empresa pode escolher criar um sistema de identidade próprio, levando em consideração as construções anteriores, mas adaptando-as ao seu contexto, mercado e interesses. Esse ponto será discutido mais detalhadamente no Capítulo 7, que fala sobre modelos de identidade de marca.

De modo geral, um modelo de identidade de marca é um mapa de construção da marca. É um documento que estabelece quais são suas características exclusivas e prioritárias e a prepara para impactar o consumidor da maneira correta. Por isso, ele deve incorporar os elementos provenientes do posicionamento e complementá-los com os aspectos de personalidade de marca e as ideologias que a marca procurará defender. Esses aspectos são importantes para que a marca tenha sucesso no mercado e não estão necessariamente atrelados à sua proposta de valor de produtos e serviços.

A identidade de marca agrupa e dá coerência a todas as suas definições conceituais, tornando-se um "manual do conceito da marca" que pode ser compartilhado com qualquer dos criadores de experiências dos pontos de contato, alinhando informações, interesses e objetivos de marca entre todos que participarão da criação de ações. A identidade deve conter os elementos do posicionamento, de construção da ideologia e da personalidade da marca. Todas as definições conceituais devem estar captadas e refletidas no modelo de identidade escolhido pela empresa.

FIGURA 2.4 Posicionamento e identidade: as etapas da construção conceitual da marca

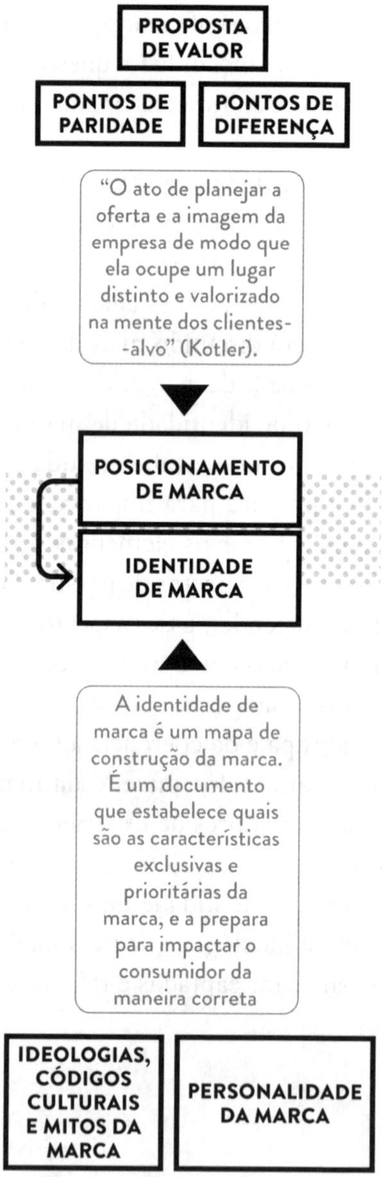

```
            ┌─────────────┐
            │  PROPOSTA   │
            │  DE VALOR   │
            └─────────────┘
   ┌─────────────┐  ┌─────────────┐
   │  PONTOS DE  │  │  PONTOS DE  │
   │  PARIDADE   │  │  DIFERENÇA  │
   └─────────────┘  └─────────────┘
```

"O ato de planejar a oferta e a imagem da empresa de modo que ela ocupe um lugar distinto e valorizado na mente dos clientes-alvo" (Kotler).

```
   ┌─────────────────┐
   │  POSICIONAMENTO │
   │    DE MARCA     │
   └─────────────────┘
   ┌─────────────────┐
   │    IDENTIDADE   │
   │    DE MARCA     │
   └─────────────────┘
```

A identidade de marca é um mapa de construção da marca. É um documento que estabelece quais são as características exclusivas e prioritárias da marca, e a prepara para impactar o consumidor da maneira correta

```
┌──────────────┐  ┌──────────────┐
│  IDEOLOGIAS, │  │              │
│   CÓDIGOS    │  │ PERSONALIDADE│
│  CULTURAIS   │  │   DA MARCA   │
│  E MITOS DA  │  │              │
│    MARCA     │  │              │
└──────────────┘  └──────────────┘
```

Fonte: elaborada pelo autor.

O PROCESSO DE CONSTRUÇÃO DA MARCA

Com a preparação do modelo de identidade de marca, em toda a sua complexidade, estará definida a etapa de construção conceitual da marca. Apenas preencher o modelo de identidade de marca não é algo complicado. No entanto, fazer com que o modelo esteja certo, sim.

E "estar certo" significa dois pontos: o primeiro é que ele aborde um gap real de mercado, ou seja, um espaço onde haja um grupo relevante e identificável de público-alvo que não esteja sendo atendido adequadamente por empresas concorrentes – o ambiente externo. Errar esse gap atrapalha a marca de encontrar valor e ressonância no ambiente de consumo, pois ou o seu público não demanda aquilo que está sendo entregue ou ele não identifica o diferencial como sendo algo de valor. É um erro de posicionamento de mercado.

O segundo ponto é uma relação interna. A identidade de marca deve estar alinhada à maneira de ser da empresa, aos seus valores, princípios e propósitos – a sua cultura. Errar esse ponto impede que a identidade da marca reflita o que é a organização e, portanto, ela pode parar de ser executada corretamente. Na melhor das hipóteses, é um trabalho que fica numa gaveta qualquer. Na pior, ele desperdiça recursos e o foco da empresa.

A construção conceitual da identidade de marca não é feita de maneira desconectada dos ambientes em que a marca convive. Uma marca desconectada do ambiente externo produz marcas com pouco valor percebido, pouco relevantes para seu público-alvo. Por sua vez, uma marca desconectada do ambiente interno da empresa não consegue operar corretamente ou não tem relação com o propósito da companhia, o que faz com que ela tenha pouca relevância interna e, eventualmente, deixe de ser suportada.

Para construir o posicionamento – mais conectado ao ambiente externo –, é preciso que a oferta de valor e os pontos de diferenciação estejam bem relacionados a um gap de mercado. Antes de sua elaboração, portanto, é necessário um diagnóstico apurado do ambiente externo, das ofertas realizadas pela concorrência e das características do público-alvo, com pesquisas de mercado ou outras fontes de informação. Cada um desses tópicos será aprofundado em capítulos específicos, mais adiante.

Caso a marca crie uma proposta de valor sem a análise aprofundada de quem são os seus consumidores, seus hábitos, interesses, estilos de vida e necessidades, somente a sorte poderá fazer com que essa proposta seja valorizada. Caso uma marca crie um conjunto de diferenciação sem uma análise aprofundada da concorrência e potenciais novos entrantes e substitutos, novamente, somente a sorte poderá fazer com que ela seja diferenciada da concorrência.

A identidade de marca deve ser influenciada pelo propósito, missão, visão e valores da empresa. Um propósito de marca é o elemento interno que leva a empresa ou marca a se conectar com uma ideologia específica. Hoje em dia, é sempre importante que a ideologia, o propósito e alguns rituais de marca se tornem pontos de alinhamento cultural entre os colaboradores da empresa – uma importante ferramenta de captação e retenção de talentos. E, em alguns casos, esse propósito e rituais de marca se tornam também relevantes pontos de diferenciação e conexão com os consumidores. Portanto, caso a marca não consiga definir qual o seu propósito, ela dificilmente conseguirá criar uma conexão real e profunda com os seus públicos, e terá dificuldades em atrair e reter os melhores colaboradores. Para criar uma identidade alinhada à cultura corporativa é preciso entender essa cultura a partir de pesquisas internas com acionistas, executivos, e colaboradores. Sem isso, a marca fica sem alma – é apenas um conjunto de benefícios que mesmo internamente não dá certeza de que é possível de ser entregue.

Sem o cuidado de se propor algo que tenha um lastro com a realidade interna e com o ambiente externo, a identidade de marca nada mais é do que um exercício de preenchimento de um template numa apresentação bem diagramada. Por isso, é preciso que o responsável pela elaboração do material de identidade de marca, sendo ele um gestor interno ou um consultor externo, tenha a experiência e a formação adequada, e que possa ter tempo e recursos suficientes para passar por todas as etapas de captação de informação, diagnóstico e definições para se chegar na identidade de marca que *não precisa* ser "genial" ou "inovadora", mas *precisa* ser o conceito de marca certo para aquela empresa.

FIGURA 2.5 Olhar ambiental da marca: a perspectiva interna, dos valores e propósito da empresa e da marca, e a perspectiva externa, com estudos sobre o público-alvo e as ofertas concorrentes

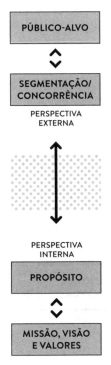

Fonte: elaborada pelo autor.

Missão, visão e valores, tópicos muito presentes nas áreas de gestão das organizações e recursos humanos, agem como um tipo de "propósito corporativo" e podem ser usados para que as marcas corporativas tenham uma expressão do que pretendem construir como corporação. Portanto, na simplificação feita para a construção desse modelo, um propósito é um elemento que dá significado à proposta de valor de determinado produto ou serviço. Missão, visão e valores dão significado a uma ideia de marca corporativa ou organizacional. O tópico do propósito e a ferramenta do Golden Circle, formulada por Simon Sinek, serão apresentados com maior profundidade em capítulos futuros.

Com isso, finaliza-se a breve discussão sobre o modelo de construção de marca estabelecido neste livro, que tenta integrar diversos tipos de definições empresariais ao redor da marca, gerando um processo de gestão a partir do branding.

Antes de se seguir com as demais definiões e ferramentas, é interessante discutir dois elementos após o entendimento desse modelo. O primeiro é como se dá a gestão de marcas ou branding. O segundo, como é construído o valor da marca ou brand equity. A Figura 2.6 destaca esses dois elementos.

FIGURA 2.6 Modelo integrado de branding destacando o processo de gestão de marcas e o local onde se encontra o valor da marca

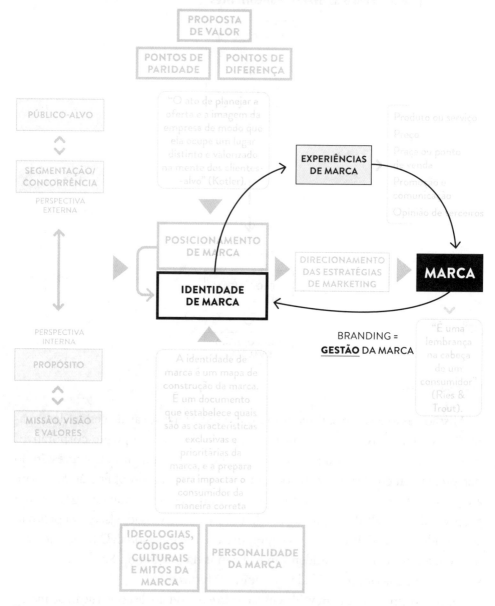

Fonte: elaborada pelo autor.

O branding se inicia pelo processo de entendimento das lembranças sobre a marca na cabeça do consumidor, por meio de pesquisa de mercado. Técnicas projetivas, de observação, qualitativas ou quantitativas podem trazer para o gestor de marcas quais são as lembranças que o público-alvo está retendo da marca. Essas

O PROCESSO DE CONSTRUÇÃO DA MARCA

lembranças, uma vez consolidadas, podem ser comparadas ao planejamento feito para a identidade de marca.

A identidade de marca é o objetivo da marca, é aquilo que ela quer construir. Portanto, ao comparar o resultado da lembrança com os objetivos da identidade de marca, será possível diagnosticar quais associações são desejadas e estão construídas, quais associações são desejadas e ainda não foram construídas, quais associações são indesejadas e estão sendo lembradas pelos consumidores. Com isso, é possível gerenciar as associações, focando-se em construir aquelas prioritárias que não foram lembradas, ao mesmo tempo em que se tenta eliminar as indesejadas.

A maneira de incluir ou excluir associações da marca é trabalhar de forma diferente com as experiências da marca nos pontos de contato. Dessa maneira, o gestor da marca pode alterar o produto, preço, praça ou promoção para enfatizar a identidade proposta. Esse processo contínuo de checagem da lembrança de marca e alteração dos pontos de contato para que a lembrança passe a representar a identidade é, efetivamente, o processo de gestão de marcas ou branding.

Já o valor da marca, ou brand equity, é a lembrança que o consumidor tem da marca. Se as lembranças forem intensas e positivas, permitirão que a marca tenha valor para aquele indivíduo, e esse valor será percebido pela escolha mais constante do consumidor por aquela marca, ou pela aceitação de pagamento de valores mais altos por ela em comparação com marcas similares. Se a marca for conhecida e tiver associações positivas lembradas pelo seu público-alvo, ela terá um alto valor de mercado.

Portanto, o esforço de gerar valor de marca, ou brand equity, é simplesmente o resultado da gestão de marcas, ou branding.

2.2
MARCAS: UM BREVE HISTÓRICO

Compreendendo-se o processo básico de formação da marca na cabeça dos consumidores e os diversos elementos envolvidos na criação dessa lembrança, com ênfase ao conjunto de elementos que devem ser gerenciados para que a marca seja construída de maneira adequada, é interessante aprofundar-se em como a marca se desenvolveu historicamente. O olhar histórico, ainda que breve, discutirá a maneira como a sociedade foi percebendo e interagindo com as marcas até os dias atuais.

Esse olhar é relevante porque ele traça o panorama do desenvolvimento da marca, deixando mais claras as expectativas que o consumidor contemporâneo tem sobre elas e como elas devem ser gerenciadas para alcançarem sucesso.

2.2.1 Origem do nome e funções rudimentares

A origem do nome "marca" é bastante conhecida. Vem da tradução do inglês *brand*, que por sua vez tem origem na palavra escandinava *brandr*, que significa "algo queimando", como uma tocha ou fogueira. Esse termo passou a ser usado como *brand* para o ato de "marcar o gado a ferro", prática comum nos Estados Unidos no momento da expansão do país rumo ao oeste.

A ideia de marcar o gado a ferro era simples: garantir que rebanhos de produtores diferentes não se misturassem e assegurar a propriedade de cada animal. A prática logo se tornou obrigatória, e os produtores de gado tinham de criar seus símbolos exclusivos para identificar seus animais. A Figura 2.7 mostra alguns desses símbolos.

FIGURA 2.7 Símbolos dos produtores de gado, usados para marcar seus animais

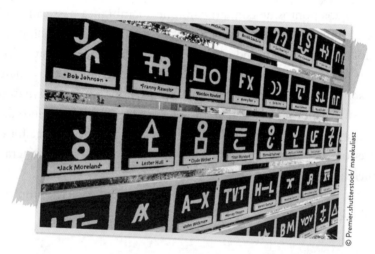

Os símbolos tinham a função de identificar cada um dos proprietários. Com o crescimento do número de produtores, foi necessário começar a registrar essas marcas em livros para que os novos produtores não usassem símbolos idênticos ou muito parecidos, o que inviabilizaria a identificação. Esse processo deu origem ao registro de marcas, tão comum nos dias de hoje.

Mesmo sem ter essa intenção originalmente, as marcas passaram a significar algo a mais para esses produtores de gado. Ao marcar os animais, além de protegê-los de roubos, também lhes atribuíam uma garantia de origem. A marca de um produtor podia significar uma certa qualidade de gado, um tipo de linhagem da criação, um tipo de alimento ao qual aquele gado tinha acesso durante o processo de engorda, o ambiente ao qual ele tinha sido exposto e até o risco de doenças que ele podia ter em função da região onde foi criado. Esse conjunto de características

O PROCESSO DE CONSTRUÇÃO DA MARCA

dava ao produtor certa qualidade e criava um termo de comparação entre os produtores que ajudava a precificar o animal. Esse processo foi o primeiro passo para a criação do que hoje chamamos de marca, e não é tão distante do que observamos no ambiente de consumo atual.

2.2.2 A Revolução Industrial e o surgimento da marca de produto

O segundo grande passo no desenvolvimento das marcas se deu no processo de incremento do consumo pela população, possibilitado pelas máquinas desenvolvidas durante a Revolução Industrial. Para entender como isso aconteceu, vale um breve olhar sobre o impacto dos processos industriais relativos ao consumo.

A Revolução Industrial é lembrada especialmente pelas evoluções no processo de fabricação de produtos, com a mecanização da indústria, o aumento da escala de produção e o consequente barateamento do acesso aos produtos. No entanto, houve uma série de outras alterações na maneira de se transportar e vender produtos que propiciaram o aumento exponencial do volume de circulação de mercadorias e a formação de uma sociedade de consumo como conhecemos hoje. Portanto, a sociedade de consumo só floresceu por intermédio da produção em massa, ocorrendo em conjunto com outros fenômenos, especificamente o transporte em massa e a venda em massa.

O transporte em massa é uma decorrência da mecanização da produção. Se produzo uma grande quantidade de produtos em determinada região, é improvável que os consumidores daquela região sejam capazes de consumir toda essa produção. Portanto, é preciso transportar esses produtos para outras regiões, para que eles atinjam novos consumidores. Para isso, foi necessário mecanizar o transporte, com a construção de trens e estradas de ferro, bem como portos e navios de grande capacidade de carga. Os produtos de uma fábrica podiam, dessa maneira, ser escoados e atingir grande número de consumidores.

No entanto, o processo de venda era bastante arcaico. O consumidor precisava ir até um armazém ou empório e solicitar ao vendedor a quantidade e o tipo de produtos de que necessitava. O vendedor, então, preparava o pacote e entregava ao consumidor. Esse processo consumia tempo e necessitava de um auxílio individual no processo de venda. Isso causava um incremento no preço final de venda.

Imagine, nos dias de hoje, entrar em um hipermercado e, em vez de andar pelas gôndolas escolhendo os produtos, entregar uma lista a um vendedor que faria isso por você. O número de funcionários teria de aumentar enormemente e esse custo de novos funcionários seria repassado aos produtos vendidos, inviabilizando a compra para alguns consumidores. Para mudar essa perspectiva, criou-se um sistema que, atualmente, é muito comum: o autosserviço.

O autosserviço foi uma maneira que o varejo encontrou para reduzir seus custos operacionais por meio da terceirização do trabalho de escolha e acondicionamento do produto para o consumidor. Ele permite que grandes volumes de produtos sejam vendidos com o mínimo de mão de obra, barateando o processo e possibilitando uma venda em massa.

O autosserviço é uma ferramenta tão poderosa de redução de custo de venda que passou a ser utilizado em todos os tipos de mercado. Iniciou-se com produtos alimentícios e de higiene nos supermercados e hoje abrange eletrônicos e eletrodomésticos, vestuário, sapatos, móveis e toda a sorte de produtos. Isso viabilizou preços menores e, por consequência, volumes maiores. Contudo, a organização de um ambiente de autosserviço transformou a marca em um elemento essencial para o mercado.

Para se vender com o autosserviço, é necessário que os produtos sejam acondicionados em embalagens individuais. Para que seja possível navegar entre as opções de produtos, as embalagens desses produtos devem ser claros elementos de comunicação.

FIGURA 2.8 Produtos a granel, nas lojas tradicionais, e produtos atuais, acondicionados em embalagens fracionadas, com informação suficiente para escolha sem auxílio do vendedor

Com os produtos entregues pelos fabricantes a granel, ficava com o atendente da loja a incumbência de identificar os produtos e comunicar seus diferenciais. Ao ficarem expostos na gôndola para serem pegos pelos consumidores, os produtos deveriam ser capazes de atuar como seus próprios veículos de comunicação por meio de seu nome, ícones e embalagens. Nesse contexto, a marca tornou-se essencial. Os produtos precisaram ganhar nomes para que os consumidores pudessem se relacionar com eles. Além disso, os publicitários da época incluíram mensagens nesses nomes e rótulos para que eles ficassem mais atraentes que seus concorrentes. Assim, a época de nomear os produtos pelo nome do produtor ficava para trás. As marcas agora deveriam representar benefícios para os consumidores.

FIGURA 2.9 Dois exemplos clássicos do desenvolvimento de embalagens: Sunlight e Quaker

O sabão Sunlight teve seu nome criado pela Levers Bros, atual Unilever, para que remetesse a um raio de sol, um desejo constante na fria e poluída Londres do início do século XIX. O raio de sol também traz uma sensação de limpeza e brancura, atributos interessantes para um sabão de lavar roupas. O nome e os atributos associados a ele diferenciavam o produto da concorrência e o tornavam mais atraente que as demais opções.

O mesmo era válido para a aveia Quaker, que se apropriava da imagem de um *quaker*, tipo de religião protestante que preza pela pureza moral, solidariedade e filantropia. Um grupo como esse trazia uma percepção positiva às aveias que produzia, e o nome ajudava a incorporar esses atributos ao produto.

Desse ponto em diante, as marcas se tornaram elemento essencial na comercialização de qualquer mercadoria no mercado de massa. A maneira como elas eram definidas e gerenciadas sofisticou-se até chegarmos ao nível atual de desenvolvimento.

2.3
BENEFÍCIOS SIMBÓLICOS DA MARCA: ORIGEM E IMPACTOS

A marca, atualmente, representa um conjunto de benefícios para o consumidor: os funcionais, os emocionais e os de autoexpressão (ou simbólicos). Portanto, uma das funções da marca é ser um instrumento de autoexpressão de seus consumidores. A origem dessa função é bastante antiga.

Desde que o ser humano se organizou em sociedade, certos papéis sociais começaram a ser definidos para conjuntos de indivíduos. Uma sociedade indígena, mesmo que não use comércio, nos dá a chance de observar como isso acontece e mostra a importância de símbolos para a distinção social dos indivíduos. De maneira bastante genérica e superficial, as comunidades indígenas são organizadas em seu líder político, seu líder espiritual, guerreiros e caçadores, coletores de alimentos, cuidadores de crianças, entre outros papéis. Para que se possa identificar o papel de cada um, são produzidos símbolos específicos para cada classe, como cocares, colares, pinturas corporais, armas e outros adereços cuja função, além de algum eventual uso funcional, é identificar e separar um grupo social de outro. A função desses elementos simbólicos, na nossa atual sociedade de consumo, é feita pelas marcas.

Essa "marca-símbolo" pode ser percebida em muitas comunidades e sociedades ancestrais. A coroa e o cetro de um rei, as indumentárias papais, os colares e as máscaras dos faraós egípcios, todos esses elementos são símbolos que conferem aos indivíduos certo status e poder, e determinam o local social que ocupam. Com a evolução da mercantilização e a possibilidade de mobilidade social por meio do consumo, os símbolos de prestígio deixam de ser herança de uma linhagem nobre e passam a ser passíveis de serem adquiridos no mercado de consumo.

Na nossa sociedade contemporânea, os grupos sociais são os mais diversos. Todos eles, no entanto, demandam certos símbolos para que se possa participar deles. Para integrar um grupo de corredores, é preciso ter o tênis e o vestuário correto. Para participar de um grupo de motoqueiros, o tipo de moto, os acessórios e equipamentos devem refletir a identidade daquele grupo. Para fazer parte de um grupo de acadêmicos, além do conhecimento e da formação, também se exige um conjunto de símbolos e comportamentos que justifiquem a presença de um indivíduo no grupo. Todos esses símbolos, sejam eles tangíveis, como uma peça de roupa, sejam intangíveis, como um título acadêmico, estão presentes no mercado de consumo.

Os atributos simbólicos das marcas acabam tendo papel central nas nossas relações pessoais. Para um adolescente, por exemplo, a imaturidade e a necessidade de autoafirmação o tornam mais suscetível à necessidade simbólica de consumo em comparação com um adulto. É mais fácil identificar a qual grupo o adolescente pertence com base nos produtos que consome e nas roupas que usa do que um grupo de pessoas maduras. Mas, mesmo nas pessoas maduras, os símbolos estão presentes.

FIGURA 2.10 Grupos de adolescentes: à esquerda, os *hipsters*; à direita, os *rolezeiros*, facilmente identificados pelas marcas que utilizam e pela maneira como usam essas marcas

As empresas e seus gestores passaram a entender que, em algumas situações, a necessidade simbólica dos indivíduos é superior às suas necessidades físicas. Em especial, em produtos de grande visibilidade social, como vestuário, acessórios, relógios, bolsas, calçados, automóveis, telefones celulares, os aspectos simbólicos costumam ser mais valorizados que as características funcionais presentes nos produtos. Frequentemente, os consumidores são incapazes de notar as diferenças funcionais de produtos e serviços, fazendo das características simbólicas o real fator diferenciador das marcas.

Karin Newman, pesquisadora da área de marketing da Middlesex University, faz uma interessante provocação que enfatiza a importância da construção do capital simbólico de uma marca:[1]

> Consumidores estão dispostos a pagar mais caro por uma marca particular mesmo quando testes cegos revelam que eles não conseguem perceber a diferença para sabonetes, gasolina, cerveja, refrigerante e cigarros. Portanto, ao invés de fazer um sabonete, gasolina, cerveja, refrigerante ou cigarro melhor, é mais fácil se criar uma proposta de marca melhor para um público-alvo diferente.

---

1 NEWMAN, K. The sorcerer's apprentice? Alchemy, seduction and confusion in modern marketing. *International Journal of Advertising*, n. 20, 2001.

As marcas contemporâneas, portanto, não deixaram de ser importantes elementos no processo de comunicação de atributos funcionais de um produto com o seu consumidor, como naqueles produtos vistos durante a Revolução Industrial. Mas hoje são muito mais que isso. Elas também se transformam em um símbolo de autoexpressão valorizado no mercado e que as ajuda a criar diferenciação e, por consequência, valor financeiro. Gerenciar marcas no contexto contemporâneo significa gerenciar tanto a "marca-produto" quanto a "marca-símbolo".

2.4
IMPACTOS DA MARCA NA SOCIEDADE

As marcas, além de elementos de identificação de produtos, tornam-se símbolos utilizados pelas pessoas para se autoexpressarem e participarem de grupos sociais. Com essas funções, as marcas deixam de estar restritas ao seu papel funcional e aos seus locais de consumo. Elas saem dos pontos de venda e passam a ser utilizadas em diversos contextos sociais, com ou sem o envolvimento do produto, que é a sua origem.

Por exemplo, é muito comum vermos o adesivo da Apple em carros. Contudo, o usuário do carro pode ter ou não um produto da Apple. O adesivo só o identifica como alguém que compartilha a mesma ideologia da marca Apple. O mesmo acontece com a marca Benetton. A Benetton foi pioneira em usar sua comunicação como meio de mobilizar as pessoas para certos comportamentos ideológicos. No entanto, essa mobilização pode acontecer de maneira independente do consumo de seus produtos. É possível fazer a mesma afirmação em relação à Dove. Pode-se admirar a marca, concordar com sua posição contra os estereótipos de beleza da sociedade e, ao mesmo tempo, não usar seus produtos.

FIGURA 2.11 Benetton, em prol da diversidade racial, e Dove, contra os estereótipos de beleza

O PROCESSO DE CONSTRUÇÃO DA MARCA

Andrea Semprini,[2] classifica essas marcas como "unidades autônomas de comunicação" em função do descolamento entre a ideologia de suas marcas e a função de seus produtos. Para o autor, em alguns casos, as marcas são estimuladas pelos consumidores a tomar certas posições sociais, as quais fazem com que elas se integrem melhor a certas culturas e grupos sociais. No entanto, muitas vezes as posições sociais das marcas têm pouca ou nenhuma relação com seus produtos. No exemplo da Benetton, o que faz uma grife de roupas ter credenciais para lutar contra a segregação racial? E mais que isso: como essa luta pode ajudar nos seus negócios?

Esse é um dilema que os gestores de marcas enfrentam nos dias atuais. A posição ideológica é valorizada pelos consumidores e, em alguns casos, até cobrada por eles. Ela aumenta a proximidade entre um consumidor e uma marca; entretanto, ela não necessariamente resulta em maior volume ou valor de vendas, uma função necessária para a gestão de marca. Como lidar com essa situação?

A ideia não é abandonar as relações ideológicas, mas criá-las de forma tão integrada às marcas e seus produtos que elas se tornem um diferencial para também ajudar nos negócios. Ao integrar a posição ideológica ao mercado em que a marca atua, ela ganha legitimidade, tendo possibilidade de desenvolver ações palpáveis a partir da ideologia e criar um impacto real para além da mera posição ideológica. Dessa forma, é possível trabalhar ideologias com maior chance de sucesso e impacto positivo nos negócios.

Essa relação ideológica adotada pelas marcas possibilita que elas transcendam a lógica de produtos para uma lógica de ideologias sociais. Semprini também afirma que, com a queda das grandes disputas ideológicas, as marcas parecem ocupar o lugar que antes era tomado pelas ideologias. Esse novo aspecto faz com que as técnicas de gestão de marcas não fiquem confinadas aos produtos, bens e serviços que as originaram. A lógica de marcas se expandiu para as mais diversas organizações.

Hoje, pessoas são gerenciadas como marcas. Basta olhar celebridades e esportistas que têm times de marketing à disposição para cuidar da maneira como suas marcas são trabalhadas. Países são marcas e usam técnicas de gestão de marcas para atrair mais negócios e turistas para seus territórios. Ideias são marcas e sua divulgação segue a lógica da gestão de marcas.

---

2   SEMPRINI, A. *A marca pós-moderna*: poder e fragilidade da marca na sociedade contemporânea. São Paulo: Estação das Letras, 2006.

FIGURA 2.12 Michael Jordan, um dos primeiros e até hoje principais exemplos da gestão de marcas aplicada a pessoas. À direita, propaganda sobre turismo no Peru

Com a expansão da lógica de marcas para diversos aspectos da sociedade, o uso desses elementos para a construção da identidade dos indivíduos-consumidores também aumentou consideravelmente. Se, no passado, apenas os produtos utilizados em contextos sociais envolviam uma carga simbólica relevante, hoje, pela possibilidade de exposição, especialmente em redes sociais, qualquer atividade humana ganha um capital simbólico e, por consequência, essa atividade pode ser gerenciada sob a óptica das marcas.

Assim, negócios que antes estavam distantes da lógica do consumo passaram a sofrer influência dele e de suas técnicas de gestão. A área educacional e a área médica são exemplos interessantes. No passado, ambas trabalhavam elementos de reputação e credibilidade e, ainda que esses elementos pudessem ser apropriados como símbolos de autoexpressão pelos seus frequentadores, seu alcance era limitado. Por exemplo, ao fazer o parto de um filho em determinado hospital, ainda que a família e os amigos próximos tivessem esse conhecimento, sua exposição social ficava restrita a esse pequeno grupo. Hoje, o parto parece requerer uma exposição midiática nas redes sociais e, em função disso, o local onde ele é realizado ganha relevância por se tornar um símbolo de status e poder.

As redes sociais permitiram às pessoas exporem uma série de momentos que antes ficavam restritos aos seus círculos mais íntimos, apropriando-se da simbologia de locais que antes não a possuíam, forçando sobre eles uma lógica de marcas.

Essa nova perspectiva é muito discutida nos trabalhos de Douglas Holt, professor e pesquisador de Harvard e Oxford. Ele entende que as marcas, para serem bem-sucedidas, devem ser integradas aos aspectos culturais do local onde estão presentes. Dessa maneira, se no Brasil o local em que a criança nasce se tornou símbolo de status, as maternidades devem se adaptar a esse aspecto cultural e trabalhar os aspectos simbólicos de suas marcas como maneira de construir sua reputação e competir no mercado.

O PROCESSO DE CONSTRUÇÃO DA MARCA

Entretanto, as marcas, pelas interações culturais às quais são submetidas, não conseguem dominar por completo as mensagens que querem passar. Apenas parte dessa mensagem é controlada pelos canais oficiais da marca. A maior parte das interações acontece de indivíduo para indivíduo, sem a participação ou gestão da marca. As marcas se tornam produto do seu meio e suas simbologias não são apenas aquelas estimuladas pelos gestores, mas também aquelas adquiridas espontaneamente nos locais em que ela está presente. Para Holt, as marcas são culturas que circulam na sociedade da mesma maneira que as histórias convencionais, sendo alteradas e moldadas por onde circulam.

No século XXI, a marca parece caminhar para o fim das suas estruturas fixas de criação e gestão. Ela parece estar mudando seu local de concepção das mesas do departamento de marketing para as ações dos consumidores. Scott Bedbury, publicitário conhecido por participar da criação de marcas como Nike e Starbucks, sugeriu uma definição inusitada:

> A marca é o somatório do bom, do ruim, do feio e do que não faz parte da estratégia. (...) As marcas absorvem conteúdo, imagens, sensações efêmeras. Tornam-se conceitos psicológicos na mente do público, que podem permanecer para sempre. Como tal, não se pode controlá-las por completo. No máximo, é possível orientá-las e influenciá-las.[3]

Esse é o novo paradigma das marcas contemporâneas. Ao mesmo tempo em que conquistam uma hegemonia simbólica nas relações sociais, elas são sequestradas pelos seus consumidores, que hoje têm o poder de fazer delas o que quiserem, em muitos casos ressignificando sua simbologia contra o próprio interesse da empresa. Se, por um lado, as marcas ganham poder, por outro, esse poder passa a ser distribuído entre as empresas fabricantes e os consumidores que se apropriam dela.

---

3 BEDBURY, S. *O novo mundo das marcas*. São Paulo: Elsevier, 2002.

CAPÍTULO 3

ELEMENTOS FORMADORES DO POSICIONAMENTO:

PÚBLICO-ALVO E ANÁLISE DA CONCORRÊNCIA

O processo de planejamento do posicionamento é uma maneira de consolidar a oferta de um bem ou serviço no mercado. É resultado de uma avaliação interna das potencialidades, capacidades e propósito da organização, junto a um olhar profundo sobre os elementos externos à empresa. Essa análise externa deve ser feita para que se possa levantar as possibilidades encontradas em dado mercado e alinhá-las às capacidades de entrega organizacionais. O posicionamento é um processo estratégico e de alto impacto. Seu resultado pode parecer singelo: uma frase. No entanto, essa frase deve ser a síntese de todo esse processo decisório que culmina com uma oferta a um consumidor.

O que normalmente é chamado de oferta é o conjunto de benefícios e custos que serão oferecidos por uma marca para um determinado público-alvo. A atratividade da oferta será entendida pelo público de acordo com a relevância percebida dos benefícios e a avaliação sobre as barreiras impostas pelos custos, que devem ser superadas para se ter acesso aos benefícios. Essa equação entregará o valor percebido. Esse valor, então, será comparado às ofertas dos produtos concorrentes. Se percebido como superior, será escolhido. Se for visto como inferior naquela situação, não será escolhido.

Posicionar é planejar os benefícios que serão enfatizados por possuírem a melhor chance de levar a uma percepção de valor. A visão do posicionamento é essencialmente competitiva, pois o valor é analisado de forma comparativa pelos clientes. Por isso, posicionar deve levar em conta o ambiente do mercado em que a marca irá concorrer. É comum haver produtos que representam um tipo de valor em um mercado e um valor diferente em outro. O Toyota Corolla é um exemplo: no Brasil, em razão da estruturação do mercado, é visto como um carro de nível superior, enquanto nos Estados Unidos, é um carro básico, que figura entre os modelos mais vendidos naquele país. Portanto, posicionar é também entender o mercado e encontrar o lugar certo para a inclusão de um produto ou serviço, ou uma brecha que possa ser aproveitada.

As maneiras de se encontrar brechas no mercado são diversas, mas acabam levando em consideração dois elementos fundamentais: o público-alvo e os concorrentes estabelecidos no segmento que se pretende disputar. Novos benefícios surgem a partir de novas funções, novas sensações ou novos simbolismos que podem ser entregues para um público que ainda não foi impactado por uma oferta da concorrência. Novos públicos surgem a partir de novas tendências culturais que podem passar a agrupar um conjunto de pessoas em hábitos, atitudes, comportamentos e estilos de vida específicos, os quais ainda não foram detectados pela concorrência. Por isso, a concorrência e o público-alvo são os elementos fundamentais do posicionamento.

Entender o público e a concorrência sob a óptica do branding no atual contexto de consumo é consideravelmente diferente de algumas definições e metodologias clássicas anteriores presentes na teoria de marketing. Ainda que elas sejam

ELEMENTOS FORMADORES DO POSICIONAMENTO

utilizadas como ponto de partida, é preciso adaptá-las à maneira de se consumir e se relacionar com marcas no século XXI. A seguir, será detalhada uma metodologia para definir público-alvo e analisar a concorrência, sempre com o objetivo de encontrar um lugar não ocupado, um gap de mercado, no qual um posicionamento poderá ser direcionado.

3.1
CARACTERÍSTICAS DO PÚBLICO-ALVO

Definir o público-alvo é escolher para quem a empresa vai construir sua proposta de valor. Numa visão de branding, é a partir desse público que o valor é definido e, como consequência, os 4Ps (produto, preço, praça e promoção) são planejados.

Para o branding, o público-alvo não precisa necessariamente restringir a atuação da empresa, mas sim direcionar seus esforços. Quando um público está bem desenhado, é possível identificar quais os melhores canais para falar com ele, quais benefícios ele prefere em detrimento de outros e como ele gostaria de ser abordado pela comunicação da empresa. Até mesmo a faixa de preço adequada para aquele conjunto de benefícios pode ser definida a partir de um público-alvo.

Uma descrição detalhada e assertiva do público também ajuda a direcionar os elementos de comunicação da marca, desde os canais de mídia, os apelos e metáforas visuais e verbais, até elementos mais específicos, como nome, logo, tom de voz, cores e formas. O tom da comunicação da marca deve ser adequado ao público que ela vai tentar seduzir.

O público-alvo, como direcionamento das ações da empresa, não precisa, automaticamente, restringir os consumidores do produto. Na verdade, um aspecto é a pessoa à qual se destinam os esforços; outro é a variedade de perfis de público que podem, por um ou outro benefício percebido, consumir efetivamente o produto. É claro que se espera que o público-alvo seja um consumidor do produto. Mas muitos outros tipos de consumidores também podem fazê-lo.

Num desenho de marca bem feito, o público-alvo consumirá o produto pela totalidade da sua proposta de valor. Ele é o perfil de pessoa que deve perceber valor no conjunto completo de benefícios planejados. E, caso algum benefício em específico não seja percebido, ele deveria ser retirado numa busca por redução de custos, por exemplo.

Mas existem consumidores que perceberão valor em um ou outro benefício individualmente. E isso pode ser suficiente para fazer com que eles se interessem pelo produto. Se o perfil desse consumidor não for conflitante com o cliente-alvo original, isso não é considerado um problema.

Existem consumidores frequentes e leais, mas que não fazem parte do conjunto definido como público-alvo. É importante compreender essa relação, pois alguns executivos entendem que, após a definição do mercado-alvo, somente aquele grupo consumirá o produto, o que leva a descrições pouco assertivas, muito amplas, por medo de negligenciar alguns potenciais consumidores. Isso é prejudicial ao processo de marcas, pois, para direcionar os esforços, quanto mais específico for o público, melhor. Públicos amplos levam a propostas de valor genéricas e, consequentemente, pouco convincentes. Públicos restritos levam a propostas de valor bem construídas, que atraem tanto esse núcleo de consumidores como outros que circulam ao redor dele. A Figura 3.1 representa um olhar gráfico para esse fato.

FIGURA 3.1 Atratividade do público-alvo a outros núcleos de consumidores

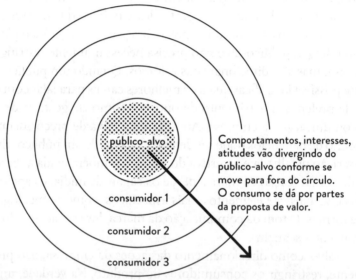

Fonte: elaborada pelo autor.

O círculo central representa o público-alvo do produto. Esse é o tipo de consumidor que compra o produto porque seus interesses, comportamentos, atitudes e desejos foram utilizados como ponto de partida do planejamento da marca. Esse público será definido pelos executivos como alvo de todos os pontos de contato: das características do produto ao patrocínio de eventos e à linguagem usada nas redes sociais.

Entretanto, pessoas com outros tipos de comportamentos, interesses e atitudes também irão, por um motivo ou outro, consumir esse produto. Elas podem estar mais próximas dos comportamentos e do perfil do público-alvo original ou até bem distante deles. Para as mais próximas, as próprias comunicações da marca podem influenciar seu processo de compra, pois os argumentos utilizados poderão, em grande parte, ser válidos para elas também. As mais distantes podem realizar a compra por outros motivos, desde mera conveniência até questões puramente funcionais. Não perceberão os benefícios emocionais e simbólicos, e serão, portanto, menos fiéis e conectados à marca. Mesmo assim, por questões funcionais, eles podem consumir grandes volumes da marca.

CASO 3.1

TODDYNHO

O Toddynho é uma das marcas de alimentos mais conhecidas do Brasil. Presente no Brasil com a marca Toddy desde 1933, o Toddynho foi lançado em 1982, com grande sucesso. Foi o primeiro produto achocolatado pronto para beber, inaugurando essa categoria mais conveniente e prática. Com suas metáforas de marca cativou as crianças, criando um mundo de aventuras e fantasia infantil capitaneadas por um personagem de mesmo nome do produto. Durante mais de 30 anos a marca se fez presente no universo infantil com propagandas, eventos, jogos, brincadeiras e, claro, o sabor de seus produtos. Para criar novidade e diferenciação para seu público-alvo, desenvolveu outros sabores tipicamente infantis, como brigadeiro, napolitano, chocolate branco e morango, que oportunamente são incluídos ou excluídos do portfóflio. Toda a comunicação da marca foi voltada para crianças ativas, próximas aos pais, que gostam de explorar e viver "novas aventuras" dentro do seu mundo infantil.

FIGURA 3.2 Personagem e propagandas do Toddynho desde seu lançamento seguem a mesma ideia de público-alvo

VEJA A PROPAGANDA "SÓ SE FOR TODDYNHO"!

Fonte: PORTAL PRESS. Toddynho lança versão `Levinho' em nova campanha digital. *Revista Press Advertising*. Porto Alegre: Athos, ago. 2018. Disponível em: http://revistapress.com.br/advertising/toddynho-lanca-versao-levinho-em-nova-campanha-digital/. Acesso em: ago 2019.

Mesmo sendo um produto tipicamente infantil, com todos os ícones, metáforas e códigos culturais presentes nesse universo, Toddynho vende grande parte de seus produtos para outros tipos de públicos, distantes do seu público-alvo tanto do ponto de vista demográfico como também atitudinal e comportamental.

Adolescentes recém-saídos da infância continuam tomando o produto sem prejuízo à sua busca por maturidade, pois o seu consumo também pelo público adulto o credencia a ser consumido por eles. Os adolescentes ainda estão acostumados com os sabores adocicados e com as características organolépticas do produto; mesmo que não se conectem mais com o personagem e a história, ainda possuem certo envolvimento com a marca pela convivência anterior e pelos elementos de comunicação. Traz uma sensação de familiaridade e conforto, ao mesmo tempo que entrega um sabor conhecido e agradável.

Outros possíveis consumidores, mais distantes do público-alvo original, são os pais de crianças pequenas, que acabam tendo o produto disponível em função de oferecerem aos seus filhos. Para eles, o Toddynho pode ser uma maneira conveniente, rápida e gostosa de complementar um café da manhã ou refeição à tarde e, por já estar presente no domicílio, torna-se uma escolha óbvia. Ainda que as motivações de consumo sejam muito diferentes entre a criança e seus pais, para aqueles que já estão envolvidos no universo infantil parece fazer sentido consumir o produto.

Existe ainda um público que não tem nenhum tipo de relação com o universo infantil de Toddynho: adultos que não têm filhos, não estão conectados com o ambiente infantil e não reconhecem seus ícones e apelos, mas mesmo assim consomem o produto. Nesse caso, as razões para o consumo estão calcadas nas possibilidades funcionais do produto: ele é gostoso, conveniente, acessível e sacia a fome. Acaba sendo uma opção rápida e fácil para um café da manhã no trânsito ou um lanche da tarde. Ainda que tenha outros concorrentes, como café, sucos e outros achocolatados com apelo mais adulto, o Toddynho é considerado melhor que as demais opções em virtude de suas características funcionais.

O consumo pelos adultos sem filhos não altera a estratégia de marca. O Toddynho não procura alterar sua linguagem ou embalagem ou incluir sabores mais "maduros", como chocolate meio amargo. Mesmo a versão com menos calorias preferiu usar o termo "levinho", tipicamente infantil, ao termo "light", comumente utilizado. A marca continua a abordar e trabalhar com os consumidores infantis, sem negligenciar o público adulto. A Pepsico continua a facilitar seu acesso ao produto, distribuindo-o em locais pouco infantis, como lojas de conveniência, postos de gasolina, bares e padarias. Essa ação, assim como o consumo por adultos, não prejudica o foco infantil do Toddyinho e, portanto, não representa prejuízo.

ELEMENTOS FORMADORES DO POSICIONAMENTO

CAPÍTULO 3

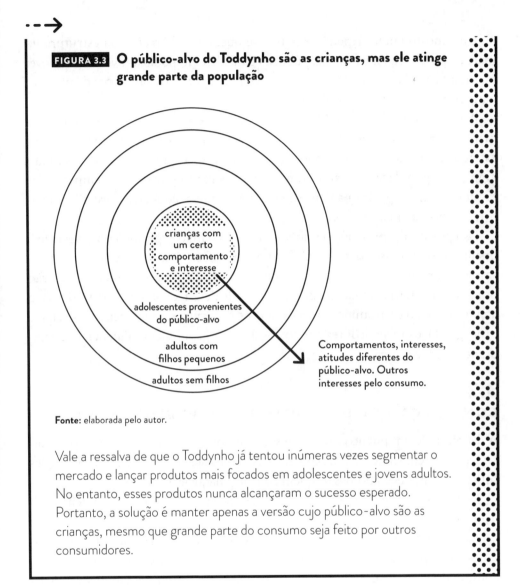

FIGURA 3.3 O público-alvo do Toddynho são as crianças, mas ele atinge grande parte da população

Fonte: elaborada pelo autor.

Vale a ressalva de que o Toddynho já tentou inúmeras vezes segmentar o mercado e lançar produtos mais focados em adolescentes e jovens adultos. No entanto, esses produtos nunca alcançaram o sucesso esperado. Portanto, a solução é manter apenas a versão cujo público-alvo são as crianças, mesmo que grande parte do consumo seja feito por outros consumidores.

O caso do Toddynho permite entender que o foco em um perfil de consumidor não exclui a compra por outros. Focar em um perfil específico permite o direcionamento de recursos escassos e a construção de um conjunto de marketing que tem maiores chances de fidelizar e encantar o consumidor-alvo. Se, no futuro, percebe-se que esse público já está fidelizado e que outras oportunidades se abrem com públicos diferentes, pode-se construir um conjunto de ações especificamente para esse novo público, valendo-se de estratégias de arquitetura de marcas. Dove fez isso ao focar no segmento de bebês e masculino. Sem deixar de lado o seu olhar para o grupo feminino, estendeu sua marca para esses novos públicos com uma proposta de valor específica para cada um.

Do exposto anteriormente, entende-se que, com alterações da estrutura da marca é possível atender outros públicos para além do público-alvo, como Dove; mas também há consumo do produto e da marca por outros públicos de maneira natural, como acontece com Toddynho.

A falta em detalhar o público-alvo é muito perigosa para a gestão de uma marca. A ausência de um foco de público leva ao desperdício de recursos, pois esforços de inovação, publicidade e vendas são dispersados em conjuntos muito amplos da população, gerando um menor resultado por recurso empenhado. Produtos sem um posicionamento definido e com mercado- alvo claro dificilmente terão sucesso no mercado.

Isso posto, sugere-se que o público-alvo seja o mais específico possível e que, finalizado o processo de se definir esse público, faça-se uma descrição que possa ser facilmente transmitida e entendida por todas as áreas que gerenciarão pontos de contato com ele, incluindo a área de desenvolvimento de produtos, o atendimento ao consumidor, os prestadores de serviços, as agências de design e propaganda, os revendedores e todos os demais que possam influenciar na lembrança sobre a marca.

3.2
CONSTRUÇÃO DA DEFINIÇÃO DE UM PÚBLICO-ALVO

A definição de um público-alvo deve surgir do olhar profundo sobre os comportamentos de consumo de um segmento. Isso significa a captação de informações sobre os hábitos e as atitudes de quem consome naquele mercado.

Em grandes empresas, é comum utilizar pesquisas *ad hoc*, ou seja, feitas sob demanda, para aprofundar o conhecimento da empresa sobre o consumo de dada categoria. Essas pesquisas tendem a ter fases qualitativas, nas quais hábitos, atitudes e comportamentos são levantados em contatos diretos com os potenciais consumidores, e quantitativas, nas quais se procura definir a quantidade de pessoas que dividem os mesmos hábitos e comportamentos. Ainda que hoje existam maneiras de se fazer pesquisas com outras metodologias, reduzindo os custos de captação das informações, é muito importante realizá-las com o apoio de profissionais competentes e experientes. Mesmo que o processo seja relativamente oneroso, seus custos são amplamente pagos pela redução de erros nas decisões tomadas a partir delas.

Para empresas que não conseguem arcar com o custo de pesquisadores profissionais, é importante que se faça algum tipo de captação de informações sobre o público-alvo, mesmo que não haja o rigor metodológico e as certezas estatísticas da condução por institutos especializados. Essas informações ajudarão a compor o arcabouço de conhecimento que levará a uma definição mais sofisticada sobre como empenhar os recursos da empresa. Nesse caso, é sempre bom termos claro que esse tipo de levantamento de informação mais informal possui um potencial conjunto de viéses de captação e de análise que são relevantes; assim, é necessário ter parcimônia nas decisões tomadas a partir dessas informações.

Uma maneira de entender o público-alvo e os demais consumidores sem a contratação de pesquisas *ad hoc* é conversar com as pessoas que estão no dia a dia do atendimento. Como tendem a falar com dezenas ou até centenas de pessoas que têm algum contato com o produto, elas são capazes de sintetizar comportamentos comuns. Essas pessoas podem ser de áreas comerciais de atendimento direto ao cliente ou consumidor (vendedores e prestadores de serviço), serviços de relacionamento com os clientes, gestores de redes sociais, promotores e representantes de vendas e mesmo membros do *trade*, como donos e atendentes de lojas que vendam os produtos. Conversar com essas pessoas com um roteiro estruturado pode trazer um conjunto de importantes informações qualitativas para formar uma ideia sobre o perfil do público-alvo. No mundo digital, pode-se ainda usar dados simples, como taxas de retornos de campanha, quantidade e perfil das pessoas que se engajam com a marca em redes sociais e avaliações das navegações nos sites.

Outras observações diretas também podem ser interessantes. As chamadas "vivências antropológicas", processo de acompanhar um conjunto de consumidores durante a compra e o uso de produtos ou serviços, podem proporcionar poderosos insights sobre a maneira como se envolvem e usam categorias específicas de produto. Isso pode ser feito presencialmente ou, dependendo do tipo de produto, até mesmo virtualmente, em redes sociais e grupos virtuais de consumidores.

Além desses dados qualitativos, pode-se tentar complementar essa observação com dados quantitativos. Bancos de dados de clientes, como aqueles presentes em softwares de gestão de relacionamento com o cliente (*Costumer Relationship Management* – CRM), ou até relatórios de faturamento também são ótimas fontes de informações quantitativas sobre seus consumidores. Outras fontes são o próprio Instituto Brasileiro de Geografia e Estatística (IBGE), que tem informações mais amplas, mas ainda válidas, sobre consumo e renda das famílias brasileiras. Existem também potenciais informações sobre o público-alvo em relatórios regulares de institutos de pesquisa e associações de indústrias.

Com essas informações em mãos, aumentam-se as chances de ter um processo mais produtivo de definição do público-alvo da marca. Essa definição deverá trazer não apenas os dados quantitativos e demográficos sobre os potenciais consumidores, mas também elementos comportamentais, que são de enorme eficiência para explicar os comportamentos de compra e consumo.

O Gráfico 3.1 relaciona as possibilidades de segmentação de um público-alvo e sua capacidade de prever comportamentos. É interessante entender esse gráfico porque ele estimula algumas maneiras mais eficientes de descrição de público-alvo.

GRÁFICO 3.1 Possibilidades de segmentação de um público-alvo e sua capacidade de prever comportamentos

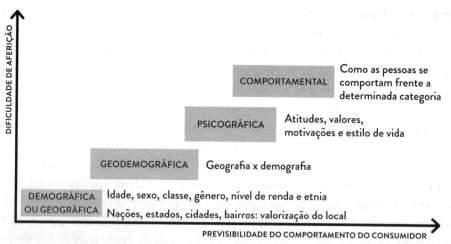

Fonte: KOTLER e KELLER, 2002; CRESCITELLI e SHIMP, 2012.

O gráfico mostra uma relação entre a facilidade ou dificuldade de aferir certas informações sobre o público-alvo e a possibilidade de explicar ou prever seu comportamento. Dados mais simples e fáceis de mensurar, como idade, sexo, nível de renda e etnia, nem sempre são eficientes para explicar comportamentos.

Esses dados eram muito usados no passado para definir o público-alvo, em razão da impossibilidade de obter dados melhores. Se não fosse possível identificar certos comportamentos, adotavam-se critérios mais simples. Hoje em dia, no entanto, existe um consenso de que esses critérios são pouco precisos.

Tome-se, por exemplo, um produto comum: tênis de corridas. Eles são usados tanto por homens quanto por mulheres, mais jovens e de mais idade, de alto e baixo poder aquisitivo, de todas as regiões do Brasil. Qualquer tentativa de classificar o público-alvo desse produto com dados demográficos ou geográficos pode resultar em perigosas e errôneas generalizações.

Os critérios segundo os quais se percebem as diferenças entre os potenciais públicos de tênis de corrida são seus comportamentos. Alguns o utilizam apenas pela estética, sem nenhuma pretensão de prática esportiva. Outros fazem caminhadas e exercícios leves. Alguns fazem corridas moderadas e participam de provas "festivas" aos finais de semana. Há ainda aqueles que de fato treinam e correm distâncias maiores, e o fazem com grande frequência. Esses são tipos de comportamentos que levam a certas necessidades específicas de produto, comunicação, preço e até mesmo local de venda. Explicam comportamentos e escolhas; portanto, são boas informações para constarem em uma descrição de público-alvo.

Atualmente, é possível identificar os comportamentos específicos de certos grupos, seja por novas técnicas de pesquisa ou pela abundância de dados de redes sociais e de consumo on-line. Descrever o público-alvo de maneira comportamental aumenta a precisão do posicionamento de marca e o alinhamento dos esforços de marketing. Portanto, ainda que todos os critérios apresentados no Gráfico 3.1 sejam importantes para alguns tipos de produtos ou serviços, um olhar mais atento às relações comportamentais é essencial para que se consiga definir adequadamente o público que se quer atingir.

Mas não se deve tentar descrever todas as características comportamentais do público-alvo. Pessoas são complexas, desempenham muitos papéis no seu dia a dia e têm diferentes necessidades de acordo com as situações que estão enfrentando em determinado momento. Uma marca acaba tendo um impacto relevante em apenas alguns momentos ou facetas daquela pessoa. Tentar descrever comportamentos para além do agora é inócuo e incrivelmente complexo. Por isso, é preciso focar no momento, ou micromomento, em que a marca terá relevância. Uma marca de tênis esportivos só é relevante no momento do esporte (ou do look esportivo, se esse for o seu recorte). Uma marca de joias de luxo só representará o consumidor no momento que pede o uso daquela joia. O Toddynho só é relevante para o seu público-alvo infantil no momento em que ele for apropriado para o seu consumo. Portanto, quando se está pensando no consumo de produtos esportivos de alguém, não é preciso discorrer sobre sua profissão, sua formação acadêmica ou seus interesses e ambições profissionais, porque nesses momentos a pessoa não estará pensando em produtos esportivos.

Por isso, cuidado com modelos pré-prontos que muitas vezes são encontrados em sites de internet para o preenchimento de público-alvo ou persona. Normalmente, esses modelos dão a entender que, para descrever um público--alvo ou persona, é preciso falar sobre características sociodemográficas (toda persona tem nome, idade, renda, profissão) e, em muitos casos, solicitam o preenchimento dessa amplitude de comportamentos e estilos do consumidor. Isso tende a induzir ao erro, a descrições desnecessárias e a informações irrelevantes que não irão impactar o processo de desenvolvimento da marca.

Após o levantamento dessas informações, é preciso fazer escolhas para chegar ao público-alvo. Essas definições devem criar um estereótipo do consumidor e levar em consideração tantos critérios quanto forem necessários para descrevê-lo. Como todos os critérios são potencialmente importantes, é preciso definir com cuidado os fatores que podem ser explorados para a caracterização do público-alvo. Para elucidar melhor, segue um exemplo da potencial definição do público-alvo do mercado de consumidores de vinho.

APROFUNDANDO A PRÁTICA

Consumidores de vinhos finos

1º passo – Um olhar comportamental para o mercado

Antes de tudo, é necessário olhar para o comportamento do mercado. Quem são os consumidores de vinhos finos? Que tipos de comportamentos diferentes eles podem ter para serem atraídos por uma ou outra oferta? Qual é o mix ideal de preços, regiões produtoras e tipos de uvas para acessar esse público? Que promoções são mais efetivas para determinados consumidores? É necessário ter canais ou apelos diferentes para diferentes públicos? Essas são questões importantíssimas para quem importa e distribui esse tipo de produto.

Durante muitos anos, foram utilizados apenas dados demográficos e geográficos para definir o consumidor de vinhos. Isso fez com que as importadoras e distribuidoras dessas bebidas se tornassem cópias umas das outras – afinal, se o público-alvo era único, não havia espaço para segmentos específicos de mercado. A grande vilã era a descrição do público-alvo: sempre homens, a partir de 35 anos, de classe A, casados, com filhos, moradores de grandes centros urbanos, que compravam vinhos com frequência de uma ou duas vezes por mês e procuravam rótulos prestigiosos ou que tivessem preços convidativos para suas regiões e safras.

Dessa forma, todas as importadoras disputavam na mesma arena: a tentativa de trazer rótulos conhecidos, de regiões renomadas, e negociar valores para oferecer eventuais promoções. Com isso, disputavam as mesmas vinícolas produtoras e, por consequência, davam a elas o poder de barganha nas negociações, reduzindo seus próprios lucros.

Na parte de comunicação, todas tentavam falar com o mesmo conjunto de consumidores, nos mesmos canais, inflacionando valores de mídia e repetindo mensagens idênticas. Também disputavam os mesmos consumidores para eventos muito similares. Além disso, ofereciam opções de vinhos muito parecidas para os consumidores, os quais, então, julgavam ter poder para barganhar descontos e maiores prazos de pagamento.

Pelas generalizações da descrição do público-alvo, transformou-se todo um mercado com alto potencial de diferenciação e rentabilidade em um oceano vermelho de disputa de preço, no qual o poder estava com os produtores e clientes, e não com as importadoras e distribuidoras.

O erro foi deixar de perceber que o consumidor de vinho é muito mais complexo do que indicavam as questões demográficas e geográficas. Ao melhorar a descrição do público, levando em consideração comportamentos, seria possível estabelecer novos tipos de posicionamento.

Analisando as generalizações, pode-se considerar que, ainda que a maioria dos compradores de vinhos sejam homens, é provável que haja um considerável percentual de mulheres que fazem a compra. Ocorre que, quando se considera a dualidade de uma descrição demográfica, decide-se pela maior fatia em detrimento da menor; com isso, deixa-se de atender plenamente um conjunto relevante do público.

Quando se leva em consideração uma faixa etária tão ampla como a de maiores de 35 anos, deixa-se de lado questões específicas como nível de disponibilidade de renda e até mesmo a experiência na compra e no consumo de vinhos. Ainda que a idade não seja um determinante, é mais comum que um público mais jovem, ainda que abastado, tenha um maior conjunto de despesas, como pagamentos de financiamento imobiliário ou despesas com educação dos filhos, tendo menor renda disponível para o consumo de vinhos. Já um público mais velho, próximo aos 60 anos, provavelmente já conseguiu quitar a maioria dessas despesas, tendo mais renda disponível para gastos supérfluos, como vinhos finos.

No que se refere à questão da experiência, um público que consuma vinhos com maior frequência e que já tenha consumido uma grande quantidade de diferentes rótulos provavelmente possui mais tranquilidade para fazer escolhas mais arrojadas, seja pagando mais caro por certas marcas e safras, seja conseguindo avaliar melhor uma promoção. Com isso, ele pode ser mais suscetível a um tipo de promoção que outro público, o qual, tendo menos experiência na escolha dos produtos, acaba sendo mais seduzido por grandes percentuais de descontos, por exemplo. A idade, aqui, pode ser um potencial indicativo de experiência, mas não definitivo, pois a experiência depende mais do tempo de consumo do vinho e do volume consumido do que simplesmente da idade.

Até mesmo a renda, um dado frio e de fácil medição, pode representar uma enorme diferença. Um consumidor de classe A engloba tanto pessoas no início da faixa, cuja renda familiar é de 22 mil reais, quanto faixas que ultrapassam os 80 mil reais. Em teoria, ambas são classe A, mas é claro que os gastos variam bastante nas duas faixas. Soma-se a isso a questão da renda disponível e entende-se que pouco do consumo pode ser explicado considerando apenas a renda.

A exposição mostra como são frágeis as definições demográficas, sobretudo em um contexto social no qual ninguém mais quer ser definido pela idade, condições sociais ou educacionais.

Com isso, um bom descritivo de público-alvo deveria levar em consideração os comportamentos dos consumidores com relação à categoria de produtos pretendida – afinal, é ali que está o interesse da marca.

Após olhar atentamente para o comportamento do mercado, é possível elaborar alguns perfis do público-alvo.

1º perfil: Consumidor de vinhos iniciante

Chico e Rose não casaram, mas já moram juntos há 3 anos. Rose sempre gostou de vinhos, mas nunca soube muito bem como escolher um. Já Chico nunca tinha se interessado muito, mas agora, por influência de Rose e também por fazerem mais programas "caseiros" com outros casais, o vinho passou a estar mais presente e ele começou a se interessar em entender melhor como escolher e comprar garrafas melhores.

O casal ainda não ganha muito, mas combinando-se as rendas dos dois e considerando-se o fato de não terem filhos, sobra um bom dinheiro no final do mês para gastar com viagens, passeios e outros consumos – como o vinho. Eles nunca compraram uma garrafa que custasse mais de 200 reais (talvez uma ou outra vez, em restaurantes e em momentos especiais), então sempre se preocupam em procurar bom custo-benefício. Ainda não conhecem bem os benefícios, mas os custos são sempre ponderados em relação a outros gastos que possam ter – 200 reais, por exemplo, é o valor da diária da pousada na praia onde gostam de ir. Por essa preocupação, eles aproveitam as promoções pela internet de sites especializados. Gostam da praticidade, dos descontos agressivos e do fato de as garrafas que escolhem ficarem salvas no seu perfil, pois assim eles se lembram daquelas que gostam mais para comprar outras vezes. Contudo, sempre estão dispostos a tentar marcas novas, desde que os descontos sejam bons. Por não conhecerem muito desse universo nem quererem gastar muito, sentem-se intimidados em frequentar lojas físicas, pois os produtos são mais caros, e a presença do vendedor e de consumidores especialistas os deixa um pouco inibidos. Quando se sentirem mais seguros, talvez possam começar a frequentar esses lugares; por enquanto, as ofertas que recebem pelas redes sociais já bastam para manter a adega (na verdade, uma parte do armário de cozinha) abastecida.

2º perfil: O novo consumidor de vinhos

Roberto herdou de seu pai o gosto pelo vinho. Mesmo antes de ter uma renda que bancasse boas garrafas, ele sempre conseguiu apreciar um bom vinho em família; com isso, foi aprendendo sobre marcas, regiões, países e tipos de uva. Agora que o vinho está "na moda", Roberto sempre é o indicado pelos amigos para escolher o vinho que vão tomar em reuniões e jantares. Ainda que com pouca frequência, Roberto eventualmente "faz umas loucuras" e acaba gastando 500 ou 600 reais em uma garrafa – um preço que não é muito caro perto do que já viu o pai gastar, mas o que julga ser uma extravagância considerando seus rendimentos. Ainda que tenha um bom salário, com a chegada do segundo filho as contas cresceram e ele ainda se preocupa em poupar para o futuro. Para balancear suas outras despesas com o consumo de vinho, ele aproveita seu conhecimento da categoria e acompanha muitos sites e clubes de vinho pela internet, sempre à procura de grandes barganhas de vinhos clássicos. Eventualmente, vai a uma loja com seu pai, mas não gosta, pois os preços são mais altos e eles acabam se empolgando e gastando mais do que acha que deveria. Por isso, ainda que gaste um valor médio acima de 150 reais por garrafa, quase sempre faz compras on-line e com descontos. Acha que as distribuidoras "tradicionais" ainda têm os melhores catálogos e acompanha seus preços e promoções em sites e grupos, mas já percebe que esses grandes vendedores on-line já começam a trazer rótulos que o deixam interessado.

3º perfil: Consumidor experiente e tradicional

Rubens gosta de vinho há muitos anos. Ele se lembra das dificuldades de comprar boas garrafas quando era mais jovem, pois o mercado do Brasil era fechado e os importados, quando apareciam, eram poucas opções de rótulos chilenos e argentinos. Entretanto, conseguiu aprender mais sobre a categoria conforme o mercado se abriu, sua renda cresceu e suas despesas diminuíram, liberando mais dinheiro para consumir vinhos. Com mais tempo hoje do que no passado, já que está reduzindo suas atividades profissionais, Rubens gosta muito de ir a lojas de vinhos e participar de encontros e degustações. Frequenta algumas lojas há tanto tempo que já conhece os gerentes e atendentes. Por isso, acha que é fácil comprar nelas, além de ser um bom passeio visitá-las regularmente. Sabe que pode pagar um pouco mais caro, mas não vê isso como um problema, pois os funcionários sempre guardam para ele garrafas especiais, difíceis de serem encontradas, e eventualmente dão a ele prioridade na hora de realizar promoções de estoques. Ainda que faça compras on-line, mais em função do estímulo de seus filhos e amigos, ainda gosta do contato pessoal dos vendedores. Compra até por telefone nas lojas que costuma frequentar, pois de vez em quando eles ligam com boas opções. Considera, porém, a ida pessoal essencial. Ainda que tome vinhos menos prestigiosos no dia a dia, em festas ou jantares procura sempre surpreender com rótulos clássicos e sofisticados das melhores regiões produtoras do planeta. Para isso, conta com a ajuda dos seus contatos nas lojas.

Os perfis de público usados como exemplo ressaltam que, em um mesmo público-alvo demográfico, podemos abrir três (ou mais) comportamentos diferentes de compra e consumo de vinhos. Cada um dos consumidores merece uma abordagem e um conjunto de marketing; consequentemente, posicionamento específico. Com o passar do tempo, isso acabou acontecendo no mercado. O primeiro grupo, de consumidores iniciantes, tem sido alvo de vendedores que oferecem barganhas on-line, com garrafas que custam a partir de 40 reais (como Wine.com e Evino).

O segundo é impactado por iniciativas de distribuidoras mais estabelecidas e com catálogos mais robustos, mas que querem expandir seu público, oferecer novidades e vinhos com promoções (como World Wine ou Mistral). Há, ainda, as tradicionais, que mantêm catálogos dos vinhos mais prestigiosos e tradicionais e possuem grandes redes de lojas próprias (como a Grand Cru e Expand). Esses três segmentos distintos conseguem ajustar suas estratégias a públicos distintos e, em razão disso, concorrem pouco entre si. Esses segmentos não poderiam ser descobertos sem o olhar comportamental.

ELEMENTOS FORMADORES DO POSICIONAMENTO

Após o levantamento de informações sobre potenciais públicos-alvo, é preciso fazer escolhas para se chegar às definições para a marca. Essas definições devem criar um estereótipo do consumidor, e levar em consideração tantos critérios quanto forem necessários para descrevê-lo. A seguir, vamos destacar os fatores possíveis de serem explorados para a descrição do público-alvo.

3.2.1 Fatores demográficos

Idade, sexo, estado civil, quantidade de filhos, classe social e outras informações que sejam relevantes para definir o consumidor. Não é necessário determinar exatamente a idade desse consumidor. Pode-se trabalhar com faixas como "jovens de 20 a 24 anos", sem filhos ou com filhos pequenos, ou qualquer outra maneira que seja interessante e real para descrevê-lo. O importante é que esses fatores realmente impactem o comportamento de consumo e sejam claros identificadores desse público-alvo.

3.2.2 Fatores geográficos

Local onde o público-alvo reside ou trabalha. Ainda são muito utilizados por alguns tipos de produtos que dependem de distribuição física, como lojas de varejo. Nesse caso, o local geográfico indica maior concentração do público e ajuda no sucesso de lançamentos de produtos ou serviços. Podem ser bairros, cidades ou países específicos, ou generalizações como "moradores de cidades com mais de 200 mil habitantes", "periferias das megalópoles" ou "áreas nobres urbanas", entre outros. Em muitos casos, no entanto, explicam pouco o comportamento de consumo, já que uma mesma região pode concentrar pessoas com comportamentos muito distintos.

3.2.3 Estilo de vida e comportamentos

O que esse consumidor faz da vida? Ele estuda, trabalha, estuda e trabalha? É muito atarefado e não tem tempo para o lazer? Prefere ficar sozinho lendo um livro a sair com seus amigos? Usa todo o tempo livre disponível para praticar esportes? É uma mãe que escolheu ficar mais em casa para estar sempre com seus filhos? Ou uma mãe mais atarefada que procura compensar sua ausência com atividades de lazer nos fins de semana? Quais estilos têm mais a ver com ele? Ele é aventureiro? Previdente? Preocupado? Esportista? Radical? Tentar definir como é o estilo de vida do consumidor e como ele interage com as pessoas ao seu redor é um aspecto fundamental para essa etapa, sempre localizando esses comportamentos no momento de ação da marca e categoria.

3.2.4 Atitudes e opiniões

O que o consumidor acha dos temas mais atuais? Ele tem envolvimento político? Usa suas redes sociais para falar bem ou mal de produtos? Tem uma postura mais ativa quanto ao dia a dia ou "deixa a vida o levar"? Ele se preocupa com o meio ambiente? O que ele pensa das questões políticas e sociais do Brasil? Ou prefere não se envolver nesses assuntos? Qual seu posicionamento sobre certas situações que afetam o dia a dia da empresa e categoria? Essas definições ajudam a alinhar assuntos que são polêmicos ou não, linguagem verbal e visual, e mesmo as características de produtos e serviços, dependendo do segmento.

3.2.5 Necessidades, desejos e motivações

O consumidor se sente realizado? De que ele precisa para se sentir realizado? Quais itens ele deseja? O que o faz sentir-se bem? Quais são suas aspirações? Ele prefere um carro novo ou gastar em festas com amigos? Ele procura conhecer lugares isolados do mundo ou prefere ir fazer compras em Miami? O que o motiva a sair de casa? A liquidação do shopping ou o dia de sol no parque? Esses elementos indicam quais são os itens importantes para esse consumidor sentir-se realizado e, com isso, é possível fazer ofertas mais atraentes para ele.

3.2.6 Comportamento de consumo

Como esse consumidor se comporta ao comprar produtos e serviços? Ele é impulsivo? Ele compara preços? Ele pede opiniões aos amigos ou via internet? Ele compra on-line ou prefere a loja física? Ele parcela no cartão ou prefere um desconto à vista? Ele vê o consumo como diversão ou só compra aquilo que precisa? Como ele compra a categoria específica do serviço ou produto oferecido? Ao finalizar essa etapa, o gestor de marcas consegue compreender que tipo de canal e promoções são mais eficientes para conquistar seu consumidor típico.

3.2.7 Necessidades do consumidor para a categoria

O que essa categoria representa para o consumidor? Ele tem alto ou baixo envolvimento com ela? Ela faz parte da sua personalidade ou o produto só é usado em virtude da sua função? Ele é um especialista e inovador ou é seguidor? Comenta sobre essa categoria no dia a dia ou ela não faz parte das suas preocupações diárias? Essas relações são importantes para que se entenda o papel que a marca pode ocupar na vida do consumidor e, com isso, qual valor essa marca pode estabelecer para ele. Aqui é importante manter o pensamento somente na categoria e no segmento em que o produto atuará.

ELEMENTOS FORMADORES DO POSICIONAMENTO

3.2.8 Relações pretendidas com a marca/categoria

Que tipo de interação com o consumidor deve ser buscado pela marca? Ela será referência no seu mercado? Ela deverá representar um papel simbólico para o consumidor, transformando-se em parte de sua personalidade no momento de consumo, ou será apenas algo acessório? Como a marca pretende fazer parte da vida do consumidor? Essa etapa relaciona o que foi dito antes com as pretensões da marca para com o consumidor.

Ainda que não seja obrigatório passar por todas as etapas para explicar o comportamento de consumo, dadas as diversas situações possíveis para diferentes produtos e serviços, é prudente avaliar cada um dos fatores do público-alvo antes de decidir como o perfil deve ser descrito. No entanto, não é preciso atentar para questões mais técnicas, como se determinada característica se enquadra melhor a um ou outro tópico. Para o gestor de marcas, o importante é conseguir descrever as principais características do consumidor, independentemente do tópico em que elas foram incluídas.

Esse consumidor, após ser descrito, deve poder ser imaginado pelos gestores da marca como se fosse uma pessoa. Ele deve ter comportamentos, costumes, preferências, gostos e qualquer outra informação que seja relevante para se chegar à construção de um personagem. Com essa descrição, é possível imaginar como o produto ou serviço fará parte da vida dele, quais papéis representará no seu dia a dia e como irá ajudá-lo em suas angústias e necessidades.

Ao conseguir descrever seu público-alvo com essa profundidade, praticamente todas as questões sobre como o produto ou serviço deve ser, qual a maneira mais eficiente de comunicar e como atingirá o consumidor podem ser inferidas, contribuindo para a definição do posicionamento e também de novas características dos produtos ou serviços, inovações, linguagem, mídia e outros pontos de contato da marca.

3.3
A DESCRIÇÃO DO PÚBLICO B2B

As empresas B2B têm, tanto quanto as empresas B2C, a necessidade de criar marcas bem estruturadas Nesse processo, as ferramentas utilizadas para o B2C também podem ser utilizadas para as empresas B2B. No entanto, é necessário fazer algumas adaptações para os contextos nos quais essas empresas atuam.

O público-alvo ajuda as empresas B2B em uma série de atividades: definir perfis para prospecção, ajustar o discurso comercial, identificar diferenciais de produtos ou serviços valorizados pelos clientes, individualizar preços e ofertas de produtos, recrutar e treinar vendedores para um certo perfil de relacionamento e gerenciar os pontos de contato de modo geral, como acontece para as empresas B2C.

Para descrever esse público específico, em vez de pensar no estereótipo de um consumidor, deve-se definir um estereótipo de empresa, o qual será o foco da marca. Além do estereótipo da empresa, que iremos detalhar, não é incomum que o B2B também trabalhe com um estereótipo da pessoa que é o decisor de compra de seus produtos dentro da empresa. Se esse for o caso, os mesmos critérios definidos para os consumidores B2C podem ser usados; a única alteração é que o momento em que essa pessoa será descrita é aquele em que ele está exercendo a sua atividade profissional, e não seus consumos pessoais.

A seguir, discutiremos os mesmos critérios usados anteriomente, mas adaptados para a realidade empresarial e para a descrição de um CNPJ, não um CPF.

3.3.1 Fatores demográficos

Faturamento da empresa, quantidade de funcionários, valor de despesas com tipos específicos de matéria-prima ou serviços, tipos de operações feitas pela empresa, nível de lucratividade, valor de investimentos em maquinários, publicidade, inovação, entre outros, são fatores que podem ser utilizados para descrever demograficamente uma empresa e, com base nisso, entender qual é o perfil de clientes para o qual a marca dedicará esforços. Os dados aqui coletados podem variar muito. Uma empresa de telefonia quer saber quantas linhas serão disponibilizadas aos funcionários, enquanto uma transportadora quer entender o volume e destino dos produtos transportados. Identificar essas variáveis é essencial na descrição do público-alvo B2B e nas definições de marca.

3.3.2 Fatores geográficos

É o local onde a empresa e seus escritórios estão situados, ou onde ela distribui ou tem presença com seus produtos ou serviços. Dependendo do tipo de serviço que será prestado, a óptica do fator geográfico pode ser uma ou outra.

3.3.3 Estilo de vida e comportamentos

Uma empresa não tem um "estilo de vida", mas tem um certo "jeito de ser e se comportar" que é inerente a ela, relacionados à cultura daquela empresa. Por exemplo, como ela trata seus funcionários? Procura envolvê-los com seu propósito ou oferece bônus e outras recompensas financeiras? De que maneira quer evoluir no mercado? Cortando custos ou criando inovações? Ela é líder do seu setor e aparece muito em reportagens ou é mais reservada? Como trata seus fornecedores? Procura sempre o melhor preço ou fecha parcerias de longo prazo e desenvolvimento mútuo? Ela é organizada? Centralizadora? Aberta? Contemporânea? Tecnológica? Tradicional? Tentar definir a visão da empresa quanto a um conjunto de variáveis é uma maneira de entender o valor que ela pode dar a um produto ou

ELEMENTOS FORMADORES DO POSICIONAMENTO

serviço, bem como o modo de melhor comunicar isso para ela, além de ajudar a focar em clientes que, de fato, podem dar valor a um diferencial específico.

3.3.4 Atitudes e opiniões

Essa empresa opina sobre temas gerais ou fica restrita ao seu segmento de atuação? Se dá opiniões, quais são elas? Sobre quais assuntos se sente confortável em falar e quais são suas posições sobre eles? Ela atua ativamente nessas posições ou é mais passiva para divulgá-las? Que ações a empresa tem realizado para melhorar o meio ambiente ou qual o seu impacto social nas comunidades em que está presente? Ela tem alguma fundação ligada às suas marcas? O que faz essa fundação? Quais causas ela pretende defender? No seu segmento de atuação, ela lidera discussões sobre políticas públicas, inovação, prestação de serviços ou é passiva em relação a isso? A forma como a empresa se porta diante de certas situações afeta a maneira como ela escolhe e trabalha com os seus fornecedores.

3.3.5 Necessidades, desejos e motivações

Quais são os principais objetivos dessas empresas? Crescer? Ser rentáveis? Aumentar fidelidade? Diminuir cancelamentos? Desafiar o líder? Seguir o líder? Focar em um nicho específico ou expandir seus consumidores? Que outros objetivos não atrelados aos resultados ela pode ter? Ser uma empresa mais sustentável? Mais humana? Cuidar melhor dos seus colaboradores? Essas informações são importantes para entender quais tipos de produtos, serviços e marcas mais se ajustam ao seu momento atual e qual sua relevância estratégica.

3.3.6 Comportamento de consumo

Como essa empresa se comporta ao comprar produtos e serviços? Ela é impulsiva e busca novidades? Sempre escolhe o menor preço? Consulta associações, outras empresas e consultores para fazer suas escolhas? Quem faz as escolhas? Qual o processo para o segmento de atuação da marca? Ao finalizar esta etapa, a empresa fornecedora consegue compreender que tipo de canal e promoções são mais eficientes para conquistar seu cliente específico.

3.3.7 Necessidades da categoria do produto ou serviço para a empresa

O que essa categoria representa para a empresa? É uma categoria fundamental para o sucesso do negócio ou é algo acessório? Ela fará parte da oferta da empresa para o cliente ou será apenas uma matéria-prima ou serviço com pouca visibilidade? É uma empresa especialista ou inovadora na categoria, ou é seguidora? Ela usa essa categoria no desenvolvimento de suas inovações? Essas relações são importantes para que se entenda o papel que a marca pode ocupar na vida do cliente e, com isso, qual valor essa marca pode estabelecer para ele. A Intel, por exemplo, tem um peso bastante diferente de um fornecedor de plástico para uma empresa de computadores. Entender a diferença entre elas é importante para essa etapa.

3.3.8 Relações pretendidas com a marca/categoria

Que tipo de interação com o cliente deve ser buscada pela marca? Ela será referência no seu mercado? Ela deverá representar um papel simbólico para o cliente, transformando-se em parte de sua personalidade no momento da venda do seu produto, ou é apenas algo acessório? Como a marca pretende fazer parte da vida do cliente? Essa etapa relaciona o que foi dito antes com as pretensões da marca para com o consumidor.

Os tópicos 3.2 e 3.3 buscaram destacar a importância de uma boa definição de público-alvo para o sucesso da marca, bem como entender qual o processo para definir adequadamente esse perfil de consumidor ou cliente. Agora que a marca conhece e entende seu consumidor, é possível identificar os concorrentes diretos ou indiretos que possam estar focando em públicos similares.

3.4
ANÁLISE DA CONCORRÊNCIA

Para a construção de um posicionamento é necessário, além de definir em profundidade o público-alvo, encontrar um diferencial que seja valorizado por ele. Para que esse diferencial seja encontrado, uma das etapas é estudar as ofertas da concorrência de maneira profunda e ampla, procurando benefícios valorizados e ainda não ofertados para aquele público.

A análise da concorrência, sob a óptica do branding, deve ser feita tanto com base no curto prazo, analisando-se os principais benefícios de produtos similares aos da marca e que a substituem no mercado atual, quanto no longo prazo, observando as possíveis migrações do consumidor para outros mercados substitutos.

Isso deve ser feito porque a marca é uma visão de longo prazo e o seu benefício não pode se tornar obsoleto caso o produto que vende seja substituído por outro. Ela deve ter uma visão de benefício para além do seu mercado de origem para se tornar perene. Os produtos podem ser alterados; a marca deve ser eterna.

O caso da IBM é um exemplo dessa evolução. O mercado em que ela atuava no passado, com mainframes e outras máquinas de processamento, como os PCs, hoje é apenas uma fração do seu negócio. A empresa tomou essa decisão porque entendeu que o valor do seu mercado não estava nos hardwares que vendia, mas

ELEMENTOS FORMADORES DO POSICIONAMENTO

nas soluções que oferecia para seus clientes que, à época, necessitavam de um hardware. Quando entendeu que o hardware não era mais essencial para prestar o serviço, ela se reinventou e passou a oferecer processamento, armazenagem e análise de dados sem vender as máquinas em si.

A marca IBM continua a ter a mesma percepção dos consumidores: é um parceiro experiente e robusto em soluções de gestão e processamento de dados. Antes, ela fazia isso com hardwares (mainframes, computadores e discos rígidos) e hoje faz com serviços (de processamento cognitivo, como o Watson, ou de armazenagem em nuvem). Sua concorrência deixou de ser fornecedores de hardware, como Dell, Acer e Lenovo, e passou a ser fornecedores de soluções computacionais, como Google (a atual Alphabet), Microsoft, Amazon Web Services, entre outras. Ela só conseguiu fazer essa evolução porque soube avaliar os concorrentes de longo prazo tão bem quanto os concorrentes de curto prazo.

3.4.1 Análise de concorrência no branding: uma visão de curto e longo prazo

Ao estudar marcas, sugere-se fazer a separação da visão entre concorrência de longo prazo e curto prazo, em vez da visão clássica da concorrência direta e indireta. Essa sugestão é válida porque a visão de concorrentes diretos e indiretos é mais adequada à análise de uma linha de produtos ou serviços. Como uma marca muitas vezes é composta de diversos tipos de produtos e serviços, o olhar de concorrência direta e indireta pode ser muito restrito e insuficiente.

Há ainda a questão da perspectiva de solução da marca, que é distinta da visão mais clássica de linha de produtos. A visão da concorrência direta costuma ser definida como aqueles produtos que substituem por completo o produto analisado nas mais diversas situações, ou seja, seriam parte de um mesmo mercado, com as mesmas características. Já a concorrência indireta substituiria o concorrente apenas em alguns momentos de consumo, podendo ser parte de um mercado diferente. Esse olhar supõe que todos os produtos de um mesmo mercado vendem a mesma "função"; portanto, os concorrentes primários viriam sempre de um mesmo mercado. Da mesma maneira, supõe que produtos e serviços de mercados distintos não resolvem o mesmo problema. Isso pode não ser verdadeiro quando se analisam as propostas de valor das marcas, as várias maneiras de se solucionar um problema e o complexo sistema simbólico das marcas atuais.

Os consumidores estão se acostumando a entender produtos e serviços como soluções. Por isso, a competição direta pode acontecer entre mercados e intramercados. Um produto pode substituir um serviço e vice-versa. Uma categoria ou indústria pode substituir a outra por trazer soluções diferentes para um mesmo problema.

Da mesma maneira, um produto que tem características similares pode não concorrer com outro se suas propostas de valor forem muito diferentes, especialmente se esse valor for emocional ou simbólico. A questão a se analisar é o que ameaça as vendas da marca hoje e o que pode ameaçar no futuro.

Sustenta-se que um olhar de curto ou longo prazo, com foco na visão de soluções, é o mais adequado para a análise de concorrência no branding.

CASO 3.2

OS *JOBS TO BE DONE* DE CLAYTON CHRISTENSEN

Como a proposta de valor de uma marca não fica restrita a um mercado específico, é importante definir qual é a tarefa pela qual o consumidor usa seus produtos e então entender qual é, de fato, o conjunto de concorrentes. Essa visão de *jobs to be done* foi detalhada por um pesquisador de Harvard, Clayton Christensen, e detalha, com curiosos exemplos, como as pessoas não estão preocupadas com as categorias de produtos, mas sim com o *job* ou "solução" que o produto ou serviço faz.

A ideia de Christensen é, em vez de pensar na categoria de produtos, considerar o que o consumidor está tentando resolver ao usar ou comprar aquele produto. Esse insight é poderoso porque leva a uma reflexão não olhando o produto ou o consumidor – as unidades comuns em análises de mercado – mas sim entendendo essa nova unidade de análise – a realização ou o objetivo que o consumidor procura quando faz uma escolha de consumo.

Christensen detalha no seu estudo a utilização, pelos consumidores americanos, do milk-shake de uma rede de fast food. Percebeu-se nesse estudo, com grande surpresa, que o produto – originalmente desenhado para ser uma sobremesa a ser consumida após o almoço – estava sendo consumido em grande volume pela manhã, entre 6h30 e 8h30. Os consumidores que compravam o produto nesse horário tinham algumas particularidades: compravam só o milk-shake, estavam sempre sozinhos e saíam imediatamente do restaurante após a compra, consumindo o produto na rua. Na verdade, segundo as observações do estudo, quase 50% dos milk-shakes estavam sendo vendidos dessa forma em alguns restaurantes da rede. Isso causou estranheza porque não era essa a "tarefa" que os milk-shakes foram feitos para resolver.

Ao se analisar a razão dessa compra, notou-se uma outra "tarefa" para a qual as pessoas estavam usando o milk-shake: ter um snack prático, que pudesse ser consumido no carro sem o perigo de sujar a roupa e que conseguisse matar a fome até a hora do almoço. Os milk-shakes faziam isso por serem densos, virem num copo com tampa e canudo e serem gostosos, bem com práticos de comprar e tomar. Além dessa "tarefa", o milk-shake ajudava o consumidor no cansativo trajeto até o trabalho. Nas palavras de Christensen, os consumidores diriam algo como: "tenho um caminho longo e chato até o trabalho e preciso de algo que possa me manter engajado enquanto eu dirijo. Ainda não estou com fome, mas sei que vou ficar com fome antes das 10h, então preciso de algo para comer que me mantenha satisfeito até essa hora". O milk-shake fazia esse "trabalho". Quais seriam os competidores dessa tarefa? Um café, mas que não manteria as pessoas satisfeitas até as 10h. Um *donut* ou *bagel*, mas poderia sujar suas roupas enquanto dirigiam. Alguns consumidores comiam uma banana, mas ela também não satisfazia e era consumida muito rapidamente, não fazendo companhia durante o caminho até o trabalho. Então, na opinião desse consumidor, o milk-shake tornava-se a melhor opção entre todos esses competidores.

Quando a rede de fast food conseguiu entender a tarefa que estava realizando, foi possível ajustar seu produto e sua comunicação e incrementar os resultados de vendas. Ao perceber que era necessário incorporar as características dos *donuts*, *bagels*, cafés e bananas no milk-shake que era vendido, foram feitas modificações no produto a fim de prepará-lo para brigar com esses concorrentes de curto prazo. Só é possível entender o contexto da concorrência compreendendo-se qual é o *job to be done* proposto pelos produtos e serviços.

O conceito de Christensen é interessante porque centraliza a ideia de substitutos imediatos para o produto em um trabalho, não em uma categoria. É isso que, de fato, os consumidores fazem. Ninguém pensa "preciso de um creme dental", mas sim que precisa "deixar a boca mais fresca" ou "cuidar da saúde bucal". Com isso, ele pode recorrer a diversas opções que podem estar em segmentos distintos.

Ao mesmo tempo, um produto pode não realizar apenas uma tarefa. O milk-shake usado por adultos para ser uma companhia que satisfaz a fome durante as manhãs acaba assumindo um outro "trabalho" quando é consumido à tarde por crianças. Nesse caso, o produto assume as duas tarefas ou então pode-se segmentar o mercado de milk-shakes para esses dois públicos-alvos e oferecer um produto específico para cada situação.

Fonte: CHRISTENSEN; COOK; HALL. Marketing malpractice, the cause and the cure. *Harvard Business Review*, dec. 2005.

3.4.1.1 Análise de concorrência de curto prazo

Para fazer uma análise de concorrência de curto prazo, é importante entender a solução, ou "trabalho", que a marca pretende oferecer e olhar para diversos mercados, entendendo onde existem produtos que ocupem o mesmo território. Isso faz com que a avaliação dos portfólios das marcas seja diferente, dependendo do posicionamento de cada uma.

Considere-se, por exemplo, a marca de cremes dentais Close Up, da Unilever. Sua proposta de marca é "quanto mais perto melhor", ou seja, uma convite à proximidade entre as pessoas, ao beijo e ao sorriso como interação pessoal, sempre lastreado no conceito de que a boca deve estar "fresca" para que a relação entre as pessoas seja facilitada. Close Up tem como principal benefício o poder da sua refrescância. O problema que ela pretende resolver é bastante distinto da Colgate, que promete uma boca mais saudável a partir de ativos específicos que eliminam problemas bucais. Então, ainda que a função das pastas de dentes seja similar e que elas sejam, portanto, concorrentes, a maneira como cada uma escolhe fazer sua oferta muda a perspectiva dessa concorrência.

O atributo da refrescância, foco da Close Up, é muito trabalhado no segmento de chicletes e confeitos, em especial pela marca Mentos. Essa marca está em um mercado distinto, mas concorre com a Close Up, pois as duas oferecem soluções para uma boca mais fresca. No entanto, a marca não concorre com a Colgate, já que as soluções propostas por ambas são muito distintas. A Mentos também não concorre com outras marcas do próprio mercado de chicletes, como a marca Bubbaloo. Afinal, a Bubbaloo é uma marca infantil, que oferece sabor de frutas e a possibilidade de fazer bolhas de chiclete, solução completamente distinta da oferta de Mentos.

Em uma visão clássica de concorrência, os concorrentes diretos seriam apenas Close Up e Colgate. Mentos seria um concorrente indireto, se tanto. No entanto, na realidade, os dois representam uma ameaça imediata à Close Up: um porque substitui o uso do creme dental, outro porque disputa a mesma solução de problemas, ou o mesmo posicionamento, na cabeça de um público-alvo.

Buscou-se, aqui, um exemplo em que fosse clara a contradição entre um concorrente direto e um concorrente de curto prazo. No entanto, a maioria das marcas deve ter uma sobreposição considerável entre um concorrente direto e um concorrente de curto prazo. É importante ressaltar que a visão de concorrência aqui explorada é muito particular para a análise de marcas. É evidente que, para uma análise de *trade marketing* ou de posicionamento de preço, a comparação deve ser feita com produtos do mesmo segmento que dividam processos de vendas similares.

ELEMENTOS FORMADORES DO POSICIONAMENTO

CASO 3.3

ANÁLISE DE CONCORRÊNCIA DE CURTO PRAZO DO MERCADO DE CREMES DENTAIS BRASILEIRO

Este quadro foi preparado observando-se as segmentações funcionais do mercado de cremes dentais e privilegiando-se marcas de diferentes empresas, no caso a Close Up, da Unilever; a Colgate, da Colgate-Palmolive; e a Oral B, da P&G. Ainda que resumida, esta breve análise consegue demonstrar como a visão da proposta da marca altera a maneira como as marcas gerenciam o seu portfólio e concorrem em um mercado específico. A visão é de curto prazo, pois não leva em consideração possíveis substitutos desse mercado, mas nem por isso ela deixa de ter um olhar mais amplo e estratégico para a movimentação das marcas em função da sua proposta de marca.

O Quadro 3.1 mostra uma visão clássica de concorrência direta, considerando-se três marcas e suas principais linhas de produto.

QUADRO 3.1 **Visão clássica de concorrência direta considerando as marcas de creme dental Close Up, Colgate e Oral B**

	Close up	Colgate	Oral B
Proposta de marca	Quanto mais perto, melhor	A marca número 1 em recomendação dos dentistas	Desenvolvida junto com dentistas para uma melhor saúde bucal
Refrescância			
Saúde			

	Close up	Colgate	Oral B
Clareamento			
Sensíveis			

Fonte: elaborado pelo autor.

Neste caso, analisou-se parte do portfólio de três marcas do mercado e incluiu-se uma visão resumida da sua proposta de marca. Percebe-se que as propostas de marca das empresas Oral B e Colgate são muito próximas entre si. Isso acontece em função de a Oral B ter escolhido desafiar a Colgate frontalmente, ou seja, oferecer uma proposta e um posicionamento similar à marca líder. Já a Close Up acaba focando um nicho de mercado que entende que a principal função de um creme dental é proporcionar frescor após a escovação dos dentes, facilitando o processo de "chegar mais perto" pelo resultado desse frescor. Dessa maneira, ela foge da concorrência frontal com a Colgate e acaba atuando em um flanco da marca.

Ainda que foque no mercado de refrescância, para ganhar escala, uma parte do portfólio da Close Up é voltada para saúde, mas ela não é prioritária no seu programa de marketing, não sendo foco de comunicações, campanhas e inovações. É apenas um complemento de portfólio. Já no segmento de refrescância, a marca procura estabelecer liderança com forte apelo de comunicação, inovação e um grupo de produtos mais extenso. Ela participa do mercado de branqueamento, por ser um mercado em crescimento e alinhado ao seu público-alvo, e usa apelos de "chegar mais perto" também nesse segmento, o que está alinhado ao seu posicionamento geral. A Close Up não participa do mercado de dentes sensíveis pois entende que não há relação entre esse segmento e seu posicionamento.

FIGURA 3.4 Campanhas da Oral B e Colgate apelam para a saúde bucal e a figura do dentista. Close Up se preocupa com a aproximação entre as pessoas e refrescância.

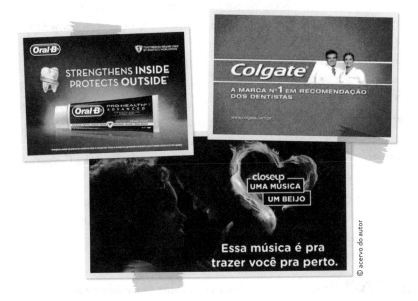

Como a Colgate é a líder de mercado, ela prefere não deixar a Close Up se estabelecer por completo nesse flanco de refrescância e, portanto, lança produtos que concorrem diretamente com a função de deixar o hálito fresco. No entanto, essa parte do portfólio de Colgate não é prioritária, pois sua função é apenas barrar o crescimento de um concorrente. É natural que os produtos de refrescância recebam menos investimentos e tenham um posicionamento mais distante do posicionamento central da marca.

A Colgate tem seu foco no segmento de saúde, no qual é desafiada principalmente pela Oral B, já que a Close Up participa desse segmento apenas complementando o portfólio. Ela mantém um portfólio no segmento de branqueamento, mas com posicionamento mais alinhado à perspectiva da saúde bucal, e também compete no segmento de dentes sensíveis, já que ele também tem relação com saúde.

Já a marca Oral B, pelo seu posicionamento, decidiu focar no mercado que tem maior aderência com a sua proposta, ou seja, o de saúde. Ela conta com um portfólio mais básico, mas também com propostas de branqueamento e cuidados de dentes sensíveis que estão relacionadas à saúde. Como ela trabalha a expertise do dentista como proposta central, o foco em refrescância faz pouco sentido. Como é uma marca menor que a líder, prefere nem dispender recursos com produtos nessa área.

Com isso, todas as marcas disputam o mercado de saúde, mas com foco menor da Close Up, e todas disputam o mercado de branqueamento, ainda que tenham preocupações com trabalhos distintos: para a Close Up, dentes brancos ajudam a chegar mais perto; para a Oral B e a Colgate, dentes brancos são reflexo da saúde bucal.

O mercado de "refrescância" é o foco da Close Up e, nesse caso, parece ser um mercado com pouca concorrência, já que a única concorrente, Colgate, tem o objetivo apenas de bloquear o flanco.

O mercado de dentes sensíveis é alvo de disputa de Oral B e Colgate, já que o segmento está alinhado à proposta das marcas.

Deixando de lado a análise de concorrência direta e passando a considerar a posição por benefício ou solução oferecida, outros produtos podem participar da análise, mesmo não estando presentes no mesmo mercado, como pode ser visto no Quadro 3.2.

QUADRO 3.2 **Posição por benefício ou solução oferecida pelas marcas Close UP, Colgate, Oral B e Mentos**

	Close up	Colgate	Oral B	Mentos
Proposta de marca	Quanto mais perto, melhor	A marca número 1 em recomendação dos dentistas	Desenvolvida junto com dentistas para uma melhor saúde bucal	Surpreenden-temente refrescante
Refrescância				
Saúde				
Clareamento				

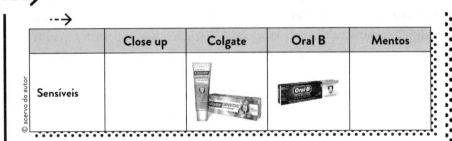

Fonte: elaborado pelo autor.

Mentos, ao oferecer uma boca mais fresca, concorre no curto prazo com a Close Up, já que as duas marcas fornecem benefícios similares. A Colgate e a Oral B não têm nenhuma preocupação com a marca Mentos; no entanto, para a Close Up, se Mentos ganhar relevância, o mercado de cremes dentais começará a parecer distante da refrescância, que é o principal atributo da marca Close Up. Isso irá enfraquecê-la, ainda que Mentos não possua um creme dental.

Embora feita com um portfólio reduzido e apenas três das marcas desse mercado, a título de exemplo, a análise de concorrência sob a óptica das marcas leva em consideração as propostas das marcas e as estratégias desse mercado, e não apenas uma lista de produtos e benefícios. Essa visão permite que as interações e disputas entre as marcas sejam percebidas e a dinâmica do mercado seja antecipada, facilitando o processo de evolução do portfólio e de escolhas estratégicas de pontos de contato.

3.4.1.2 Olhar para o longo prazo e o futuro dos mercados

Theodore Levitt, histórico pesquisador de administração, detalhou a dificuldade com a análise de longo prazo da concorrência no artigo considerado o mais influente do marketing até os dias atuais, denominado "Miopia em marketing".[1] Ainda que escrito na década de 1960, vemos continuamente empresas terem visões míopes de seus mercados e perderem incríveis possibilidades de evoluírem ou se defenderem de mercados e marcas substitutas.

O caso descrito no artigo original refere-se à indústria do petróleo e como ela teria sucumbido à indústria da energia elétrica se não fosse a popularização dos automóveis. Levitt destaca que, em dado momento, o petróleo era usado

---

1   LEVITT, T. Marketing myopia. *Harvard Business Review*, Boston, v. 38, n. 4, p. 45-56, 1960.

especialmente para iluminação, com as lâmpadas a querosene. Quando elas foram totalmente substituídas por lâmpadas elétricas, caso o petróleo não tivesse conseguido criar um novo uso para si (no caso, combustível para automóveis), teria sucumbido conjuntamente com as lâmpadas a querosene.

Como outros exemplos históricos temos a Olivetti, poderosa empresa líder na fabricação de máquinas de escrever, que foi substituída pelos computadores; a Kodak, maior empresa de equipamentos fotográficos do mundo, que faliu em função da ascensão das câmeras digitais; a indústria fonográfica e as poderosas gravadoras, como Sony, Warner e EMI, que hoje sofrem para sobreviver depois de perder o controle da distribuição da música pelo uso de arquivos digitais. Essas empresas têm em comum o fato de que, ainda que tenham sido capazes de superar seus concorrentes nos mesmos mercados, foram incapazes de antever as mudanças que substituíram seus mercados por outros com o mesmo benefício ou de olhar para os seus concorrentes de longo prazo.

O mundo digital e as inovações tecnológicas trazem crescentes desafios nesse sentido. O Uber desafia toda uma indústria de taxistas. O Hyperloop, de Elon Musk, promete desafiar toda uma indústria de trens e aviação comercial. O AirBnB ameaça a sobrevivência de alguns grupos hoteleiros. Toda uma quantidade de fintechs e as criptomoedas desafiam os bem estabelecidos bancos de varejo (e até o mercado financeiro como conhecemos hoje). As empresas que hoje estão no mercado de táxis, trens, aviação, hotéis e bancos devem se antecipar às mudanças que esses concorrentes estão trazendo (ou já trouxeram) para conseguirem se manter no mercado. Se hoje suas perdas são marginais, no futuro podem ser grandes o suficiente para que sejam substituídas. É melhor ser o agente de mudança do que estar no lugar daqueles que sofrem depois que a mudança acontece.

A substituição de um mercado por outro acontece porque, ainda que os produtos ou serviços sejam diferentes, o resultado do uso pode ser igual. Os consumidores compram benefícios e não produtos. Comparar apenas as especificações ou características de produtos e serviços é deixar de olhar para o futuro do benefício que a marca oferece.

Um exemplo interessante é a competição entre ganchos autoadesivos para pendurar quadros da 3M (e outras empresas) e as furadeiras da Bosch (e outras marcas). A análise é a seguinte: quando avaliamos a razão de o consumidor comprar uma furadeira, grande parte das suas necessidades corresponde a fazer furos na parede. A maioria dos furos na parede é usada para colocar parafusos e fixar quadros. Como os ganchos da 3M são autoadesivos e permitem pendurar quadros sem a necessidade de fazer o furo, entende-se que eles competem com furadeiras nesse uso específico. Evidentemente, eles não substituem a ferramenta em todas as situações e ela continua à venda no mercado. Contudo, é possível que o mercado de furadeiras tenha diminuído como um todo em função dessa e de outras soluções de colagem disponíveis hoje no mercado. A fim de evitar a miopia em marketing, deve-se entender que colas competem com furadeiras. Se os fabricantes de furadeiras tivessem antevisto essa situação, poderiam ter desenvolvido, eles mesmos, produtos substitutos aos seus.

As marcas, por serem estratégicas, devem envolver essa visão para sobreviver no longo prazo, pois muitos mercados tendem a desaparecer em decorrência de mudanças de comportamento ou avanços tecnológicos. Acompanhar essas tendências de mercados concorrentes é essencial para planejar uma boa marca e geri-la adequadamente.

Outro exemplo mais contemporâneo de reinvenção é a Netflix. Ainda que seja uma empresa recente, ela nasceu como uma locadora de DVDs que entregava em domicílio. No entanto, ela soube antever a alteração do mercado de distribuição de entretenimento e se reinventou como empresa de streaming, e hoje já se torna uma relevante produtora de conteúdo. Sua identidade principal, a de levar entretenimento a domicílio, continua sendo efetiva. Mas a maneira como ela leva esse entretenimento aos seus consumidores e como estrutura essas ofertas mudou consideravelmente. O exemplo da Netflix é interessante porque mostra como a análise de mercado e da concorrência no longo prazo pode gerar mudanças importantes para o crescimento ou manutenção das marcas. É claro que a concorrência direta da Netflix aumentou, com todos os grandes produtores de conteúdo oferecendo plataformas de streaming. Mas hoje a Netflix conseguiu se posicionar de tal forma que consegue competir com eles. Se ela tivesse mantido a sua ideia original de apenas distribuir conteúdo, fatalmente estaria em situação pior.

A marca deve ser capaz de sobreviver à obsolescência de seus produtos. Sob a óptica do branding estratégico, o produto ou serviço é apenas um dos pontos de contato. Eles podem evoluir e continuamente ser substituídos para que a marca continue sendo atraente no mercado.

3.4.2 Os objetivos da análise de concorrência com foco na marca

O processo de análise e o olhar para os benefícios propostos pelas marcas concorrentes deve, na verdade, permitir o entendimento de como se deve evoluir para manter os diferenciais da marca, ajudando a direcionar recursos de inovação e lançamento de produtos e serviços. Trata-se da maneira como a marca navegará para continuar a ter relevância e diferenciação em mercados que, muitas vezes, possuem muitas dezenas de concorrentes.

A análise da concorrência deve ter inteligência suficiente para que seja possível entender todas essas particularidades do mercado e, a partir disso, identificar qual é o papel da marca analisada naquele mercado e de onde podem vir os principais ataques da concorrência (de curto ou longo prazo) ao seu posicionamento ou proposta de valor de marca.

Ele deve levar em consideração, para a visão de longo prazo, a solução proposta pela marca e como velhos e novos concorrentes estão avançando para oferecer soluções similares. No curto prazo, deve-se levar em consideração produtos ou serviços que já estão no mercado e acabam convergindo para propostas similares às da marca. Nesse caso, a comparação de características ainda é relevante, em especial em mercados onde ainda existem diferenciações funcionais e tecnológicas.

O modelo a seguir procura conciliar essas visões e orientar a complexa tarefa de analisar a concorrência no atual contexto competitivo, mostrando os gaps que podem ser utilizados para o crescimento no mercado.

APROFUNDANDO A PRÁTICA

Ferramenta para analisar a concorrência

Ainda que seja ruim definir uma maneira única de analisar a concorrência, preferiu-se, nesse caso, sugerir uma ferramenta para realizar essa análise. No entanto, sugere-se que ela seja usada apenas como ponto de partida, pois, ao se iniciar a análise, outros elementos podem ser necessários. O gestor de marcas deve, portanto, modificar o que julgar necessário na ferramenta e adaptá-la ao seu mercado ou necessidade.

Preferimos tentar fazer uma análise que, de maneira sistematizada e visual, possa consolidar a maioria dos ângulos de concorrência citados. Ela também pode ser ajustada quanto ao tamanho das células ou número de concorrentes e produtos para o que

for necessário em dado mercado, ainda que seja importante destacar os principais concorrentes em vez de citar um grande número de concorrentes eventualmente pouco relevantes.

A Tabela 3.1 identifica os elementos a serem analisados na horizontal, ou seja, o perfil do consumidor que foi definido na fase de público-alvo de maneira resumida; o trabalho feito pelo produto, na abordagem de Christensen; a situação de consumo do produto; a proposta da marca, como identificamos no exemplo da Close Up; a posição competitiva (líder de mercado, desafiante, seguidor) e o interesse competitivo (ganhar mercado, abrir um flanco etc.) que a marca pode ter naquele mercado ou segmento.

ELEMENTOS FORMADORES DO POSICIONAMENTO

TABELA 3.1 Análise da concorrência

	Marca analisada	Concorrentes de curto prazo			Concorrentes de longo prazo		
		CONCORRENTE 1	CONCORRENTE 2	CONCORRENTE 3	CONCORRENTE OU MERCADO 1	CONCORRENTE OU MERCADO 2	CONCORRENTE OU MERCADO 3
Perfil do consumidor							
"Trabalho" feito pelo produto							
Situação de consumo							
Proposta da marca							
Posição e interesse competitivo							
Produtos / segmento 1							
Produtos / segmento 2							
Produtos / segmento 3							
Produtos / segmento ...							

Fonte: elaborada pelo autor.

A seguir, ainda na horizontal, inclui-se o portfólio ou os produtos e serviços que estão sendo usados para realizar o trabalho. Aqui pode-se ter um olhar do presente, com os produtos e serviços já oferecidos pela marca, e até aqueles que estão sendo oferecidos por algum concorrente de longo prazo e que a marca possa vir a desenvolver no futuro.

Na vertical, inclui-se a análise da marca analisada nos mesmos moldes das análises dos concorrentes de curto prazo, normalmente marcas ou partes do portfólio de marcas, e os concorrentes de longo prazo, que podem ser marcas específicas ou mercados como um todo que possam vir a substituir a marca analisada. É importante escolher concorrentes em pouco número e alta relevância, para que a análise fique consideravelmente focada naqueles que, de fato, são importantes para a marca.

A conclusão dessa análise deve indicar qual grupo de soluções o consumidor usa como referência para analisar a marca, o diferencial da marca e se esse diferencial é relevante perante as demais opções do mercado, em curto ou longo prazo. Caso a análise esteja sendo feita para uma nova marca, ela deverá mostrar qual brecha de mercado ainda não está sendo devidamente ocupada por nenhum dos concorrentes que pretendem oferecer o mesmo benefício para aquele público alvo.

CAPÍTULO 4

CONSTRUÇÃO DA PROPOSTA DE VALOR

A construção da proposta de valor é uma etapa importante para entender o conjunto de benefícios que serão oferecidos para os consumidores. A proposta de valor, do ponto de vista do planejamento de marca, faz com que o público-alvo se sinta atendido de diversas maneiras diferentes. Representa a oferta completa, o conjunto total de benefícios proporcionados pela marca.

Por isso, a proposta de valor traz integralidade e complexidade para os benefícios oferecidos, atingindo com intensidade tanto um público específico – aquele conjunto da população que foi escolhido para ser o foco da marca – quanto públicos adjacentes, que consumirão a marca interessados em parte dos benefícios presentes na oferta total.

A proposta de valor não deve elencar apenas os benefícios de um produto ou serviço, pois pode negligenciar parte importante do processo de compra: custos ou sacrifícios feitos pelos consumidores ao comprar e usar aquela oferta. Se custos forem negligenciados ou não mapeados, eles podem interferir no processo de compra e recompra, reduzindo a percepção de valor, a lealdade e causando rejeição ao uso de determinadas marcas. Não importa quão grandes possam ser os benefícios: se os custos para ter acesso a ele forem intransponíveis, a compra não será feita.

A relação de benefícios e sacrifícios é importante porque uma compra, mesmo a mais simples e corriqueira, leva em consideração uma complexa ponderação entre eles, junto com uma comparação das demais opções de mercado.

Por exemplo, a compra de um refrigerante pode ser feita várias vezes ao dia. É notório que o refrigerante oferece o prazer do sabor, um benefício de aumento do nível de energia e pode ser consumido em diversas situações sociais. No entanto, para ter acesso a ele, é necessário o deslocamento até um local de venda próximo, que pode ser distante apenas alguns metros, e fazer a compra, que tem um valor de, digamos, 5 reais. Se o custo (financeiro e de deslocamento) parecer aceitável em relação aos benefícios, a compra será feita. No entanto, se o interesse corresponder apenas a um aumento do nível de energia, é possível ter acesso a um copo de café disponível no escritório, sem a necessidade de deslocamento e pagamento. Nesse caso, ainda que se possa preferir os benefícios do refrigerante em relação aos do café, o custo financeiro e de acesso ao produto pode fazer com que a escolha se dê pelo café, não pelo refrigerante.

Por outro lado, é possível se deslocar até o local de compra do refrigerante e perceber que um suco natural está sendo vendido pelos mesmos 5 reais. Nesse caso, pondera-se o impacto na saúde que o consumo de refrigerantes possa ter, seu sabor, o quanto ele pode estar ou não gelado e se compara com o suco. Se, para aquele consumidor, naquele momento, o sabor for preponderante e ele preferir o refrigerante, ele pode deixar o suco de lado e escolher o refrigerante. No entanto, ele pode entender que os aspectos de saúde do suco somados ao seu sabor agradável são suficientes para que ele seja percebido como melhor e seja comprado no lugar do refrigerante. Além disso, se o suco custasse 7 em vez de 5 reais, talvez a escolha não fosse a mesma – o custo, e não o benefício, alterou a escolha.

Até mesmo em uma situação simples, com poucas variáveis, todas essas ponderações e microescolhas fazem parte de um processo de avaliação de valor. Portanto, é importante para a marca de refrigerantes entender em quais aspectos pode ser confrontada com outras opções (nesse caso, outros refrigerantes, sucos e café são concorrentes de curto prazo), quais são os custos e benefícios envolvidos e, por consequência, como ela pode argumentar a favor do seu consumo em cada momento de decisão. Trata-se de uma tarefa incrivelmente complexa, mesmo para um refrigerante. Para produtos cujo impacto na vida ou personalidade sejam maiores, a complexidade e quantidade de ponderações pode ser assustadoramente superior. Deixar de avaliar cada uma delas é não planejar corretamente a maneira como a marca será percebida no mercado.

Neste capítulo, discutiremos brevemente como surgiram as perspectivas de valor percebido na visão dos principais autores dessas teorias e sugerimos uma visão prática para a utilização da proposta de valor como ferramenta de planejamento de marca.

4.1
CONSTRUÇÃO DOS MODELOS DE VALOR PERCEBIDO

Para planejar uma proposta de valor, é preciso entender como os consumidores entendem valor. O exemplo de uma simples compra de refrigerante nos leva a entender o quão complexo pode ser o entendimento de valor para um consumidor. Diversos pesquisadores formularam teorias a esse respeito, e evoluções e novas discussões sobre processos de compras acontecem frequentemente.

O entendimento do valor percebido opõe dois tipos de valores: positivos e negativos. Todo produto envolve uma junção dos dois, avaliada pelos consumidores como uma equação na qual os dois lados são ponderados e comparados com a mesma equação de possíveis substitutos até a escolha final. Dessa maneira, o principal aspecto para aumentar o valor percebido é incrementar os benefícios percebidos ou reduzir os custos percebidos – ou, idealmente, fazer as duas coisas.

A simplicidade lógica dessa pequena equação esconde, inicialmente, perguntas cujas respostas são complexas: O que são benefícios? Quais os tipos de benefícios existentes? O que são custos? Quais os tipos de custos existentes?

Os primeiros pesquisadores que entenderam essa lógica de custos e benefícios eram aqueles que trabalhavam com serviços, como Valarie Zeithaml. Ele entendeu valor como a avaliação geral da *utilidade* de um produto com base na percepção do que se dá e do que se recebe. O termo *utilidade* foi destacado porque Zeithaml se preocupava principalmente com aspectos funcionais de um produto ou serviço. Portanto, nos seus estudos, entendeu que os produtos que ofereciam mais benefícios eram aqueles que tinham maior potencial de utilidade para os consumidores.

Pela sua visão utilitarista, Zeithaml chamou os benefícios dos produtos de "qualidade". Era a qualidade, então, a responsável por atribuir benefícios aos produtos. No entanto, a qualidade poderia vir de fatores intrínsecos ou extrínsecos ao produto, ou seja, a qualidade percebida em um produto não estava ligada apenas às suas características ou atributos. Ela poderia vir de outros fatores que estariam presentes para além do produto.

FIGURA 4.1 Modelo "meio-fim" relacionando preço, qualidade e valor

Fonte: ZEITHAML, V. A. Consumer perceptions of price, quality and value: a means-end model and synthesis of evidence. *Journal of Marketing*, [s.l.], v. 52, n. 3, p. 2-22, 1988.

Essa visão é interessante pois nos faz entender que o valor de um produto pode também estar além do produto. É possível perceber valor (ou qualidade) por meio do ponto de venda, do processo de compra, do atendimento durante a decisão ou do relacionamento pós-compra e uso.

Para a área de serviços, pode-se perceber mais ou menos qualidade em um hotel dependendo do clima, algo absolutamente fora do controle dos prestadores de serviços. Em se tratando de um hotel de praia onde a estadia foi ensolarada, é provável que a satisfação dos hóspedes com o hotel seja maior. Se em todo o período houve chuva intensa, a percepção de qualidade cai por um fator completamente externo ao serviço prestado pelo hotel.

Isso também se aplica a produtos. Muitas vezes, beber uma garrafa de vinho em um restaurante faz com que percebamos nela um valor superior, atribuindo-lhe inclusive um sabor mais agradável. Se uma garrafa da mesma marca e safra fosse comprada e consumida em casa, talvez a percepção de qualidade fosse menor, pois todo o ambiente do restaurante e do serviço dos garçons não pode ser reproduzido no ambiente doméstico, o que influencia a percepção de qualidade. Esses fatores são externos à marca do vinho.

Ainda que extrínsecos ao produto, os elementos externos relacionados à qualidade não são completamente impossíveis de serem gerenciados. Afinal, as marcas têm poder de decisão sobre para quem vendem. Com base nessa decisão, podem manipular essa qualidade externa. A marca Stella Artois, da Ambev, por exemplo, vende o seu chope apenas em restaurantes e bares de altíssima qualidade, cujos equipamentos, copos e procedimentos sigam aqueles padrões determinados pela marca. Com isso, ela consegue controlar não apenas as características do produto, mas também seu ritual de consumo, gerando uma percepção de valor superior pelo sabor do chope, mas também pela sensação proporcionada pelo serviço prestado ao se servir o copo de chope para o consumo.

Vale também uma reflexão sobre o que seria "qualidade" no mundo das marcas. No conceito de Zeithaml, qualidade é um atributo de maximização de utilidade. Quanto mais qualidade, maior o valor. David Aaker, ao descrever os ativos do brand equity, também utilizou o termo *qualidade percebida*. Nesse caso, a adição da palavra "percebida" vem do entendimento de que a qualidade que os consumidores podem aferir é somente aquela que eles podem perceber. Aaker também vê a qualidade como um elemento mais funcional e relacionado a atributos de uma marca ou categoria. Contudo, esses atributos não são os que propiciam melhor utilidade real, mas sim aqueles que levam a uma *percepção* de melhor utilidade.

Como qualquer elemento de percepção, a qualidade pode ser manipulada de acordo com a forma como é percebida pelas pessoas. Os exemplos dessa manipulação são muitos. Produtos de limpeza são avaliados pelos consumidores pela intensidade da sua fragrância, não pelo seu poder de limpeza, algo que é imperceptível a olho nu. Carros e motos são percebidos como mais ou menos potentes de acordo com o som que emitem – algo que deve mudar com os carros elétricos. Sabonetes, xampus e cremes dentais são avaliados pela quantidade de espuma que fazem. O cheiro, o som e a visão da espuma não são realmente relevantes para a qualidade real desses produtos, mas é assim que os consumidores conseguem usar seus sentidos para avaliar um produto ou serviço. Com isso, conclui-se que, se o consumidor não consegue perceber sensorialmente um benefício, ele se torna invisível e, por consequência, inócuo. Mais importante que incluir benefícios é agregar a capacidade de mostrar sensorialmente esses benefícios para os consumidores.

CASO 4.1

MANIPULAÇÃO DA PERCEPÇÃO SENSORIAL DA QUALIDADE: PESO EM FONES DE OUVIDO E ESPUMA EM PRODUTOS DE LIMPEZA

A relação de qualidade de um fone de ouvido é de difícil percepção. Um consumidor médio pode conseguir avaliar as diferenças entre um fone de baixa qualidade e outro de alta qualidade, mas pode ter dificuldade em identificar, entre fones de boa qualidade, quais são realmente melhores. A qualidade de um fone de ouvido é dada pela fidelidade, amplitude, timbres e outras nuances sonoras que são muito difíceis de serem avaliadas por um consumidor que não tenha treinamento musical. Assim, ao escolher fones de ouvido, os consumidores se apoiam em outras características de percepção.

Uma das características é o tamanho. Quanto maiores forem os fones, maior é a percepção de qualidade. Portanto, os fones intra-auriculares são percebidos como inferiores aos fones extra-auriculares. Logo, se um fabricante quiser transparecer qualidade para os seus fones, basta fazê-los maiores que os da concorrência.

FIGURA 4.2 Fones do tipo *head set*, extra-auriculares

FIGURA 4.3 Fones intra-auriculares

Outra maneira pela qual os consumidores entendem qualidade em fones de ouvido é o peso. É quase um contrassenso, mas é comum os consumidores relacionarem o peso de um produto à utilização de materiais mais nobres e, portanto, à melhor qualidade. Isso funciona para os mais diversos produtos, de canetas e relógios a telefones celulares. Os fones de ouvidos também estão sujeitos a essa lógica, mesmo sendo usados pendurados na cabeça. Então, uma característica que deveria ser menos desejada (o desconforto que um produto mais pesado causará) acaba sendo percebida como um fator que, supostamente, aumenta a qualidade.

Dessa maneira, se um fabricante de fones de ouvido quiser que seu produto seja percebido como de melhor qualidade, ele pode, simplesmente, aumentar seu peso. A maneira mais fácil e econômica de fazer isso é incluir pedaços de chumbo no interior dos fones. Essa foi a realidade encontrada em uma das marcas mais desejadas da atualidade: os fones da Beats by Dre, hoje pertencente à Apple.

FIGURA 4.4 **Fotos mostrando que cerca de um terço do peso dos fones de ouvido da marca Beats vem de pedaços de metal incluídos apenas para aumentar o peso do produto**

Fonte: HAHN, J. Beats By Dre headphones teardown finds metal parts included just to add weight. *Digital Trends*, 2015. Disponível em: https://www.digitaltrends.com/home-theater/beats-by-dre-headphones-teardown-finds-metal-parts-included-just-to-add-weight/. Acesso em: 20 mar. 2019.

Os produtos, em sua maioria feitos de plástico injetado, são leves e, portanto, percebidos como de baixa qualidade. Para melhorar a sensação de qualidade, o produto recebe pedaços de metal em sua montagem, aumentando seu peso. Como os consumidores médios são incapazes de perceber a real qualidade sonora do produto, esse tipo de manipulação sensorial leva os consumidores a perceberem os produtos como de melhor qualidade que produtos mais leves. Esse tipo de manipulação sensorial é feita pela maioria dos mercados, com o objetivo de incrementar a percepção de qualidade e, por consequência, de valor do produto, sem incrementos significativos no seu preço final.

FIGURA 4.5 Lauril sulfato de sódio (SLS), ingrediente adicionado a muitos produtos de limpeza para que eles produzam espuma

 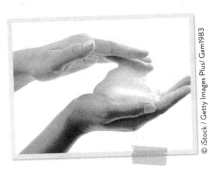

Uma manipulação que acontece há muitos anos com consumidores é a adição de espuma nos mais diversos produtos cuja função principal é a limpeza. O lauril sulfato de sódio (SLS) pode ser facilmente encontrado na lista de ingredientes de detergentes de roupa a sabonetes, de xampus a cremes dentais. Essa adição acontece por um hábito histórico: os sabões do século XVIII sofriam com a falta de pureza dos ingredientes que compunham sua formulação. Com isso, ao serem usados, tinham como subproduto a formação da espuma. No entanto, como a sujeira acabava "grudando" na espuma, os consumidores começaram a ter a impressão que ela era a responsável pela limpeza. Com isso, de um subproduto indesejado, ela tornou-se o símbolo da limpeza do produto.

Com a melhora dos processos químicos industriais, essas impurezas passaram a ser removidas das matérias-primas. O produto limpava melhor do que no passado, mas não produzia espuma. Os consumidores, que já tinham o hábito de entender a espuma como parte do processo de limpeza, rejeitaram sua ausência. Com isso, foi necessário adicionar um elemento químico cuja única função é fazer espuma para que os consumidores entendessem que o poder de limpeza continua presente.

Do ponto de vista da marca, a qualidade é um elemento alterado pela percepção. A percepção pode vir de elementos intrínsecos ou extrínsecos. Os intrínsecos são aqueles relacionados aos produtos (espuma para o sabão); extrínsecos são aqueles relacionados a elementos externos ao produto, como pontos de vendas e serviços.

Já exemplificamos que os elementos extrínsecos podem ser influenciados pelo processo e pelo ponto de venda, mas vale mencionar que também podem ser influenciados pela opinião de terceiros, sejam especialistas ou consumidores comuns.

Produtos que possuem uma avaliação de especialista, como um crítico de vinho, gastronômico ou de filmes e teatros, podem influenciar a percepção de qualidade. Muitos são até contratados pelas empresas para emitirem opiniões favoráveis aos seus produtos e, com isso, obter uma percepção de qualidade superior. Os consumidores também têm esse poder de influência. Se um grupo social emulado passa a consumir uma marca ou um tipo de produto, a marca ganha em percepção positiva e, eventualmente, na percepção de qualidade.

Ainda que o modelo de Zeithaml seja seminal e importante para detalharmos a proposta de valor, até mesmo pelo momento em que foi desenvolvido, ele atribui um peso muito grande aos aspectos funcionais dos produtos e serviços. Com a evolução dos estudos de marketing e marca, começou-se a perceber a incidência de outros tipos de benefícios que não estavam ligados à qualidade dos produtos ou serviços, mas levavam à percepção de valor. Esses valores são os emocionais ou simbólicos, muito relacionados à maneira como as marcas constroem sua imagem no mercado.

CASO 4.2

A DESCOBERTA DO APELO EMOCIONAL

Os apelos emocionais das marcas começaram a ser mais intensamente explorados pelas empresas e pelos acadêmicos da área especialmente a partir da década de 1980. O principal ponto dessa descoberta foi a sobreposição da teoria do consumo econômico, a qual ditava que o consumidor escolheria sempre o produto que lhe traria o melhor custo-benefício, pela ideia de que o consumo também era motivado pela busca de sensações, diversões e emoções.

Isso foi exemplificado na época pelos consumos que não teriam nenhuma "utilidade" para os consumidores, mas que ainda assim eram muito desejados, como a visita a um parque de diversões, a ida a um espetáculo de teatro ou show de música e o consumo de eventos esportivos. Nesse caso, o consumidor pagava um valor pelo ingresso, mas, quando retornava para sua casa, não levava nenhum produto. Ele pagava apenas pela sensação que ele sentia. Com a evolução desse pensamento, chegou-se à conclusão de que qualquer tipo de consumo pode estar associado a uma carga emocional.

O apelo emocional é o que faz as pessoas se sentirem mais seguras ao usar uma marca de carro em vez de outra, mais protegidas do suor quando estão usando uma marca de desodorante ou mais saciadas ao escolher um lanche em relação a outro. Muitas vezes, esses produtos não oferecem uma funcionalidade superior, mas as pessoas se sentem dessa maneira ao utilizar uma marca em vez de outra. Como os consumidores são incapazes de julgar tecnicamente a diferença de desempenho, acabam se pautando pela sensação que é passada pelas marcas.

O apelo emocional também evoluiu para tentar proporcionar sensações diferentes em uma mesma categoria de produto, dependendo da necessidade e do desejo do consumidor. Isso é utilizado como estratégia para remover a sensação de commodity de um setor e incrementar o uso desse produto em outras situações ou usos. Por exemplo, hoje em dia, é possível fazer a escolha de um sabonete – uma categoria com penetração próxima de 100% na população – de acordo com a sensação que ele me proporciona ao tomar banho. Pode-se escolher a sensação de hidratação (Dove), frescor (Natura Soul), beleza (Lux), conexão com a natureza (Palmolive Naturals) ou limpeza extrema (Protex).

As relações emocionais hoje em dia são exploradas por todos os tipos de produtos. Embora alguns apresentem um claro benefício emocional (como um parque de diversão), mesmo os produtos mais comoditizados (como o açúcar, mais especificamente a marca União) acabam se apropriando das relações emocionais para aumentar o valor de seus produtos e a intensidade das suas relações com os consumidores.

Holbrook foi um dos principais acadêmicos a consolidar esse conhecimento em modelos teóricos. Na sua visão, um consumidor teria uma série de potenciais benefícios ao adquirir um produto ou serviço. Eles seriam dos mais variados, desde aqueles mais ligados aos elementos funcionais, como a eficiência ou excelência do produto, até outros ligados a sensações ao se utilizar aquele produto, como espiritualidade, estética, entretenimento e ética, e elementos simbólicos relacionados a um valor de construção de personalidade, pois se tornam elementos de autoexpressão, como autoestima e status. Isso indica que, ao comprarmos um produto, não estamos comprando apenas a função daquele produto, mas sim um conjunto de benefícios que causam um impacto no bem-estar, por meio da sua função, mas também no nosso humor, pelas sensações que proporciona, e na nossa imagem projetada, em função do reconhecimento simbólico que as pessoas podem ter de um consumidor ao vê-lo usando um certo tipo de marca.

CONSTRUÇÃO DA PROPOSTA DE VALOR

FIGURA 4.6 Modelo hipotético do valor percebido de Holbrook

Fonte: HOLBROOK, M. B. Customer value: a framework for analysis and research. *Advances in Consumer Research* 23(1): 138-42, 1996.

CASO 4.3

AS REDES SOCIAIS E O FENÔMENO DO CONSUMO DA AUTOEXPRESSÃO

A popularização das redes sociais e a possibilidade da troca de mensagens, fotos e vídeos com uma grande quantidade de pessoas tem aumentado as possibilidades de autoexpressão por intermédio do consumo, trazendo a visão de um conjunto mais amplo de benefícios de marcas para uma série de negócios e atividades que antes não se utilizavam delas.

A autoexpressão é mais facilmente observável em produtos e serviços que podem ser utilizados em situações sociais. No entanto, as redes sociais aumentaram esse escopo para situações nas quais as pessoas não estão presentes, mas podem acompanhar o consumo virtualmente.

O caso mais emblemático desse tipo de comportamento são as viagens de turismo. Os usuários das redes sociais tendem a postar, em maior ou menor intensidade, os locais que estão visitando e as pessoas que os acompanham. Esses posts, ao serem vistos pelas demais pessoas, geram uma imagem que se associa à imagem do indivíduo que a postou, de modo que a viagem assuma um benefício de autoexpressão. Ao ver um amigo ou conhecido viajando para Miami, alguns tipos de pensamentos e associações ocorrem sobre essa pessoa. Se as fotos forem de uma comunidade rural no Vietnã, as associações serão completamente diferentes.

Com isso, algumas cidades e países têm feito um bom trabalho ao relacionar as características turísticas de seu país à autoexpressão dos turistas que o visitam. Um ótimo exemplo disso foi a Nova Zelândia, que conseguiu associar sua imagem a uma personalidade aventureira, radical e desafiadora. A África do Sul também tem feito um bom trabalho, exaltando o exotismo das suas paisagens, o amor pela natureza das savanas africanas, com certo glamour. A Tailândia também tem um apelo natural, com suas belíssimas praias, algumas ainda pouco visitadas, o que passa a sensação de exclusividade, e seus aspectos culturais únicos dispostos em seus templos e monumentos. Uma das precursoras desse movimento foi Nova York. Com a criação da campanha "I love NYC", conseguiu-se desenvolver a imagem de uma cidade excitante, cosmopolita e culturalmente vanguardista, o que atraiu pessoas que tinham o interesse de adicionar essas características à sua própria personalidade.

Com essas imagens consolidadas, os turistas acabam escolhendo os lugares com base no que acreditam que possa agregar mais às suas próprias personalidades, além de criar as sensações mais positivas.

As redes sociais, pela maneira como estão sendo utilizadas, acabam trazendo certo excesso à exposição e à tentativa de alguns consumidores mais afoitos por mostrar sua individualidade. Ultimamente, há pessoas postando visitas a hospitais ou laboratórios de análises clínicas de alto padrão, por exemplo, como maneira de demonstrar sua preocupação com a própria saúde, além do status de frequentar um serviço caro e exclusivo. Há também muitos posts sobre livros, filmes e peças de teatro que os usuários leram ou assistiram, a fim de agregar esses elementos de cultura à construção da sua personalidade. Existem outros tantos sobre restaurantes, bares e outros tipos de estabelecimentos que tendem a reforçar as personalidades dos seus frequentadores.

CONSTRUÇÃO DA PROPOSTA DE VALOR

CAPÍTULO 4

103

FIGURA 4.7 Imagens das campanhas criadas pela cidade de Nova York e pela Nova Zelândia com o intuito de valorizar os locais e atrair turistas

Isso leva a uma reflexão relevante por parte dos construtores de marcas, em especial do empreendedor, uma vez que o planejamento desse tipo de exposição deve ser levado em conta no momento da criação da marca. O estabelecimento ou produto deve gerar qual tipo de benefícios de autoexpressão para seus consumidores? Que imagens os consumidores estão agregando após o consumo da marca? Vale lembrar que, neste caso, não há certo ou errado nem melhor ou pior. Há, somente, o fato de que essa imagem projetada será definitiva para selecionar o tipo de consumidor que se sentirá mais impelido a frequentar ou consumir a marca.

O modelo de Holbrook trabalha dois conceitos como sendo aqueles que levam ao valor percebido. Um é tangível e funcional, que ele denomina *configuração do produto*. Essa configuração leva ao valor percebido, pois pode ser usada no processo de compra na comparação de dois produtos muito similares. Não há como negar que é importante para um produto ter características vistas como desejáveis pelos consumidores.

Essas características podem ser elementos de sabor, textura e cheiro para alimentos; viscosidade, cor e fragrância para produtos de higiene pessoal; motorização, bancos e equipamentos internos para carros; enfim, tudo aquilo que faz parte de um produto e pode ser comparado com outros produtos similares. Para serviços, isso também é presente; em um hotel, por exemplo, o tamanho de um quarto, as atrações que oferece, como piscina, quadras e campos, a qualidade da cama e dos acessórios de cama e banho; em um restaurante, a decoração do ambiente, a qualidade das cadeiras e utensílios, as inovações e a qualidade do cardápio servido. A questão é que esses elementos podem ser facilmente comparados e facilmente copiados.

Em um site de reservas de hotéis, esse tipo de informação pode ser utilizado para selecionar um conjunto de hotéis preferidos. No booking.com, site líder em reservas de hotéis, um consumidor pode escolher entre dezenas de critérios, incluindo a classificação do hotel (em estrelas), serviços de massagem, academia de ginástica, aluguel de bicicletas, recepção 24 horas, proximidade de pontos de interesse, vizinhança, oferta de wi-fi gratuito, estacionamento, traslado para o aeroporto, acessibilidade para deficientes físicos e comodidades, como ar condicionado, banheira, cozinha, TV a cabo ou banheira.

Além das características comparáveis ou de configuração, Holbrook entende que um produto ou serviço trabalha com uma certa expectativa de benefícios esperados pelos consumidores. Essa expectativa não se dá em razão das características do produto, mas sim de acordo com os benefícios que se espera receber. Muitas vezes, fazemos escolhas porque produtos ou serviços nos dão mais emoção, nos trazem mais alegria, nos proporcionam sensações diferentes e podem nos dar certo prestígio social. Os produtos não são consumidos apenas pela sua função, mas pelas sensações e simbolismos que podem trazer. Para Holbrook, esse é um relevante ponto de diferenciação de uma marca em grande parte dos mercados. Esses benefícios são intangíveis e dependem da percepção das pessoas, mas podem ser responsáveis pela maior parte do valor de um produto ou serviço.

CONSTRUÇÃO DA PROPOSTA DE VALOR

CASO 4.4

VALOR DO INTANGÍVEL: QUANDO A MAIOR PARTE DO VALOR VEM DE SENSAÇÕES E SIMBOLISMOS

Ainda que seja difícil provar objetivamente, podemos observar diversos exemplos de que o valor de um produto ou serviço está além das suas características físicas. A maior parte do valor pode vir de outros elementos, que são intangíveis e oferecem benefícios que não são funcionais. Para ilustrar como isso se dá em produtos e serviços, podem ser usados exemplos de carros de luxo e alimentação fora do lar.

OUTBACK STEAKHOUSE

Restaurantes podem apresentar enormes diferenças de preços. Essa diferença nem sempre está relacionada à sua função, ou seja, à qualidade do alimento ou um cardápio variado e saboroso. Quando pensamos em restaurantes, as propostas mais funcionais desse mercado são daqueles que comumente chamamos de "por quilo", os quais nos permitem escolher, entre muitas opções, o tipo de comida e a quantidade que será consumida. Esse tipo de restaurante concentra-se mais nas características do seu produto, o alimento, do que nas questões emocionais e simbólicas. Portanto, seu preço é diretamente ligado à qualidade do ambiente e da comida que ele pode proporcionar. Isso propicia uma comparação direta desses elementos e do seu preço. Quanto melhor a qualidade, maior o preço, e vice-versa. Isso limita, no entanto, o potencial de cobrança do restaurante, pois ele só traz um tipo de valor para o consumidor: o funcional. O valor médio de seu prato dificilmente é superior a 50 ou 60 reais por refeição.

Ao analisarmos outro tipo de restaurante, como o Outback Steakhouse, podemos imaginar outros tipos de benefícios. É claro que a comida é saborosa, mas seu cardápio muitas vezes traz menos variedade que um restaurante "por quilo". O Outback oferece outro conjunto de benefícios que levam a uma percepção de valor superior, e isso se reflete no seu preço.

Quando queremos celebrar uma data especial ou uma conquista profissional, um restaurante por quilo raramente é cogitado para essa celebração. Sua proposta funcional não combina com a simbologia de uma celebração. Mas o Outback combina. As sensações proporcionadas pelo ambiente do Outback e a imagem relacionada a momentos de diversão e convivência fazem dele um lugar ideal para festas e encontros. Com isso, seja uma celebração ou não, a sensação de estar no Outback é mais positiva que a sensação de estar em um restaurante por quilo, e isso traz valor para o consumo.

Ao mesmo tempo, para uma parcela da população, ir ao Outback é um fator que demonstra um certo status, pelo preço, localização e também pela sua imagem de marca projetada. Esses benefícios emocionais e de autoexpressão levam a conta do Outback a ser, quase sempre, acima dos 100 reais por pessoa, um valor ao menos 40% superior aos melhores restaurantes por quilo. Contudo, o custo financeiro adicional é superado pelos benefícios percebidos no Outback, e as filas na porta de suas unidades são provas disso. O aumento de lucratividade e faturamento é efeito das relações emocionais e simbólicas que ele estabelece, muito mais que o cardápio que oferece.

PORSCHE CAYANNE

Outro exemplo se dá por produtos automobilísticos cuja configuração de motor é idêntica, mas cuja carenagem e marca fazem preços praticados serem bastante distintos no mercado: a Volkswagen Touareg e a Porsche Cayenne.

Hoje integrantes do mesmo grupo automobilístico, as duas marcas passaram a dividir engenheiros, peças e processos de fabricação. Por isso, dependendo do modelo, as configurações mecânicas dos dois carros são idênticas. No entanto, seus preços são muito diferentes.

A Touareg é vendida no mercado americano por algo como 60 mil dólares, enquanto a Cayenne do mesmo modelo tem um preço de 110 mil dólares. Ainda que alguns itens internos e os acabamentos possam ser mais custosos para o Porsche, eles não explicariam um incremento de 80% no valor do carro.

A explicação passa pelos benefícios emocionais e de autoexpressão. A sensação de dirigir um Porsche, de esportividade, arrojo, intensidade e prazer, é maior que de dirigir um Volkswagen. Isso traz valor. Ao mesmo tempo, o status da marca Porsche é superior ao proporcionado pela marca Volkswagen. Essa relação emocional e de autoexpressão é precificada em cerca de 50 mil dólares, o que é percebido e aceito por quem consome a marca.

CONSTRUÇÃO DA PROPOSTA DE VALOR

FIGURA 4.8 Comparação entre os veículos Touareg (Volkswagen) e Cayenne (Porsche)

	 Volkswagen Touareg	 Porshe Cayenne
Engine type	Diesel Turbo F/Inj	Diesel Turbo F/Inj
Engine size	4,1 l	4,1 l
Cylinders	Diesel Turbo V8	Diesel Turbo V8
Max. torque	800 Nm @ 1.750 rpm	800 Nm @ 2.000 rpm
Max. power	250 kW @ 4.000 rpm	281 kW @ 3.750 rpm
Pwr: Wgt radio	110,4 W/kg	128 W/kg
Bore & stroke	83 x 95,5 mm	83 x 95,5 mm
Compression radio	16,4	16,4
Valve gear	Dual Overhead Cam	Dual Overhead Cam

Fonte: CARS US.NEWS. Disponível em: https://cars.usnews.com/cars-trucks/compare?trims=13189-385138_13343-387893_13416-385137_13431-390561. Acesso em: ago. 2019.

Essa diferença, explicitada por meio de marcas de produtos e serviços, pode ser vista em praticamente todas as demais categorias, com alguma variedade na sua intensidade, dependendo da atribuição de valor pelos consumidores. Se houver diferença percebida entre os produtos de uma categoria, alguma carga de valor emocional e simbólico certamente estará presente.

Além dos benefícios, é importante entender a percepção dos consumidores sobre custos ou sacrifícios para terem acesso aos benefícios do produto ou serviço, o que constitui a outra etapa da equação proposta pelo valor percebido.

Zeithaml e Holbrook têm uma visão mais genérica quanto aos custos que se paga para ter acesso a um produto ou serviço. Zeithaml diz que existem custos financeiros e não financeiros, mas não detalha cada um deles em seu modelo. Já Holbrook inclui, além do preço, o que chama de restrições orçamentárias, uma relação mais subjetiva com o preço financeiro para obter acesso a mercadorias e serviços.

Essa discussão é interessante pois o preço, ainda que seja um valor objetivo, pode ser relativizado de acordo com o poder de consumo de cada indivíduo. Gastar 200 reais por pessoa em um jantar pode ser uma grande extravagância para quem tem uma renda de classe C, mas é algo corriqueiro para famílias mais abastadas. O mesmo vale para outros consumos. Comprar um carro de 450 mil reais pode ser impensável para a maioria dos brasileiros, mas apenas uma fração de um salário mensal de um jogador de futebol de grande sucesso, por exemplo. Holbrook chama a atenção para uma visão subjetiva do valor financeiro das mercadorias, que é relevante para certas categorias, sobretudo aquelas que atendem pessoas de muitas e diferentes classes sociais.

Holbrook também inclui em seu modelo uma caixa de outros custos, que fazem menção, ainda que de maneira superficial, aos custos não financeiros percebidos pelos consumidores ao comprarem produtos.

Philip Kotler usa um modelo que traz um olhar um pouco mais profundo para a questão dos custos cobrados por um produto ou serviço em um modelo que ele denomina "determinantes do valor entregue para o cliente".

Kotler discute a amplitude de benefícios possíveis e cita os seguintes pontos:

- **valor da imagem:** ligado aos atributos simbólicos da marca;
- **valor do pessoal e dos serviços:** relacionado aos atributos intangíveis;
- **valor do produto:** ligado às características tangíveis.

Os conceitos usados, ainda que com terminologias diferentes, são similares aos conceitos discutidos por Zeithaml e Holbrook. O ganho do modelo está na profundidade da avaliação dos custos.

FIGURA 4.9 Determinantes do valor entregue para o cliente

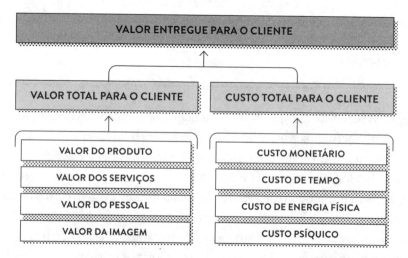

Fonte: KOTLER, P.; KELLER, K. L. *Administração de marketing*. 14. ed. São Paulo: Pearson, 2012.

CONSTRUÇÃO DA PROPOSTA DE VALOR

Para Kotler, os custos são diversos:

- **custos monetários:** relativos aos valores financeiros pagos para obter acesso a um produto, incluindo tanto custos de aquisição como manutenção ou mensalidades;
- **custos de tempo:** referentes ao processo de espera para se ter acesso ao benefício;
- **custos de energia física:** despendidos para locomoção até o local onde o produto ou serviço esteja sendo vendido ou utilizado;
- **custo psíquico:** custos psicológicos provenientes do uso de marcas inadequadas aos contextos sociais nos quais se está presente.

4.1.1 Custo monetário

O custo monetário é o mais facilmente percebido e o que tem maior facilidade de ser ajustado, pois depende apenas de uma decisão da empresa. No entanto, não podemos julgar que os consumidores analisem os preços dos produtos da mesma maneira. O primeiro fator são as relações de restrições orçamentárias, como explicitado por Holbrook, que podem gerar avaliações diferentes de um valor monetário por diferentes consumidores. Existe também a possibilidade de os consumidores imaginarem que o produto é caro e, em função disso, nem se preocuparem em saber seu valor real. A percepção do preço alto impede que o consumidor descubra o preço real.

Um caso interessante é o do chocolate Hershey's, quando do seu lançamento no mercado brasileiro, em 2005. Os gestores locais de marketing decidiram desenvolver uma embalagem utilizando o nome Hershey's em destaque, como as embalagens americanas. Para dar diferenciá-los na gôndola, a cor marrom original foi substituída por dourado e prateado. A ideia era projetar uma certa sofisticação e qualidade superior do chocolate com cores percebidas como mais premium que outras, além do brilho do dourado ou prateado ajudar a dar destaque nas gôndolas.

O lançamento não foi tão bem recebido quanto o planejado e logo a equipe de marketing começou a fazer pesquisas para entender o que estava acontecendo. Nas pesquisas, um item chamava a atenção: os consumidores declaravam que os chocolates eram mais caros que os concorrentes brasileiros e, em razão disso, não eram comprados. Isso foi recebido com estranheza pelos gestores, pois os preços dos produtos nas gôndolas eram mais baixos que os principais concorrentes Garoto, Nestlé e Lacta. Ao continuar a investigação, o time de marketing percebeu que, na verdade, o problema não era o preço, mas a percepção de preço. Ao ver um nome estrangeiro em uma embalagem dourada ou prateada, os tabletes eram automaticamente associados a produtos de preço alto e os consumidores não chegavam nem a analisar o preço na gôndola, imaginando que o produto seria caro e escolhendo as marcas com as quais já estavam acostumados. O preço, mesmo sendo um dado objetivo e de fácil comparação, também está sujeito à subjetividade e à percepção.

O mesmo acontece com carros de luxo das marcas Audi, BMW e Mercedes. A imagem projetada que se tem dessas marcas é que elas são muito caras e que seus carros têm preços inatingíveis. No entanto, muitas vezes, eles têm valores próximos aos carros do mesmo padrão das marcas Ford, GM ou Volkswagen. Pela percepção de preço alto, porém, os consumidores de carros de alto padrão das marcas Ford, GM e Volkswagen podem nem sequer cogitar entrar em uma concessionária ou pesquisar o preço dos carros da Audi, BMW e Mercedes. Para tentar reverter essa percepção, passou a ser comum a publicação de anúncios dessas marcas divulgando claramente o preço do carro para eliminar a percepção de um preço erroneamente muito superior.

FIGURA 4.10 Anúncios das marcas BMW e Audi com os preços dos modelos, para que o consumidor não imagine um preço maior ao que ele é de fato

4.1.2 Custo de energia física

O custo de energia física é o tempo para se realizar o processo de compra. Pode decorrer de uma deficiência na distribuição de produtos ou dificuldade de acesso a serviços que obrigue o consumidor a ir a um local mais distante para ter acesso ao produto. Pode-se considerar um custo de energia física um processo longo e burocrático que demande uma série de informações e documentos, como o processo de compra com uso de financiamento. Do ponto de vista do B2B, esse custo pode ser a energia que terá de ser gasta para convencer um cliente sobre a troca de um fornecedor, com diversas reuniões que consomem tempo do cliente, ou o tempo necessário para a implementação da troca de um fornecedor, com novos processos e a necessidade de treinamento dos colaboradores.

CONSTRUÇÃO DA PROPOSTA DE VALOR

4.1.3 Custo de tempo

Este custo refere-se ao tempo necessário para obter acesso ao benefício proposto pelo produto. Caso se compre uma furadeira para pendurar um quadro, há um tempo entre a compra da ferramenta e o processo de fazer o furo e colocar o parafuso. Se a compra for de um gancho autoadesivo da 3M, esse tempo é reduzido. Com uma compra on-line, o tempo de entrega deve ser considerado antes do uso do produto. Se é feita a compra de um curso de inglês ou de pós-graduação, o conhecimento só acontecerá ao final do curso e demandará tempo de estudo e preparação. Há produtos que "cobram" tempo considerável do consumidor, enquanto outros fazem dessa redução de tempo sua promessa básica de valor.

Outros casos acontecem quando o produto precisa de algum elemento adicional para ser utilizado: um carro necessita de uma licença para dirigir que aumenta os custos de tempo (neste caso, também com custos físicos e monetários), uma viagem pode depender da solicitação de um visto ou a matrícula em uma academia pode requerer a avaliação física de um médico.

4.1.4 Custo psíquico

O custo psíquico é o custo mental do processo de compra. Engloba os desgastes do processo de escolha e decisão de consumo, que podem ser consideráveis no caso de um produto representativo na renda ou no estilo de vida de um consumidor, como uma casa ou apartamento, um carro ou até a escolha da escola dos filhos. Aqui também estão presentes os custos psicológicos e sociais de uso de um produto inadequado para uma situação, como uma roupa social demais para um evento despojado, ou o uso de marcas que possam levar à sensação de vergonha ou insucesso por serem consideradas abaixo do estilo de vida daquele consumidor. Refrigerantes "tubaínas", roupas de marcas baratas, bebidas alcoólicas de marcas desconhecidas e carros de fabricantes desconhecidos são exemplos de produtos que podem impor um custo psicológico ao consumidor.

Os custos são diversos e devem ser mapeados para que a oferta a um consumidor possa ser construída de maneira adequada e o valor positivo da mercadoria ou serviço seja percebido da maneira mais fácil e rápida possível.

APROFUNDANDO A PRÁTICA

Método para planejamento da proposta de valor de um produto ou serviço

Os modelos de Kotler, Holbrook e Zeithaml, ainda que absolutamente relevantes para a literatura e importantes para o entendimento da percepção de valor do consumidor, acabam sendo complexos demais para o uso prático no planejamento de marcas. Portanto, é interessante, a partir deles, trabalhar uma simplificação para que uma ferramenta de proposta de valor seja factível de ser implementada no planejamento de marca.

De modo geral, podemos considerar três grandes benefícios para qualquer tipo de produto ou serviço: os funcionais, os emocionais e os simbólicos. Da mesma maneira, os custos podem ser sintetizados em três: os financeiros, de tempo ou acesso e os psicológicos.

Como resultado, o valor viria da percepção de cada um dos três benefícios subtraídos dos três custos. Se, ao final, o consumidor percebe que o que resta é positivo, pode ter interesse em realizar a compra. Se ele entender que, ao final, o resultado é negativo, pode se refrear de fazer o consumo.

Uma marca proporcionará os três benefícios e incorrerá nos três custos. A diferença é a intensidade em que ela trabalhará os benefícios e a

intensidade da percepção de cada custo pelo seu público-alvo. Dessa maneira, dependendo da marca e da maneira como ela é percebida, ela pode ser essencialmente funcional, mas ainda ter algum tipo de benefício emocional e simbólico, ou ser muito emocional, mas ainda ter de entregar o básico da função da sua categoria. Esse tipo de escolha é feito no processo de desenvolvimento do conjunto de diferenciação do posicionamento, no qual alguns benefícios podem ser usados apenas como paridade dos concorrentes e outros serão utilizados como fortes diferenciadores.

O planejamento ou levantamento dos possíveis custos também se faz relevante, pois eles serão percebidos independentemente de a empresa querer ou não. O levantamento dos custos leva a um melhor entendimento dele e à preparação de elementos do marketing mix que façam com que eles sejam menos percebidos pelos consumidores. Em alguns casos, conseguir reduzir algum tipo de custo se torna um benefício diferenciado no mercado.

A Figura 4.11 ilustra o modelo de elementos do planejamento do valor percebido.

FIGURA 4.11 Elementos do planejamento do valor percebido

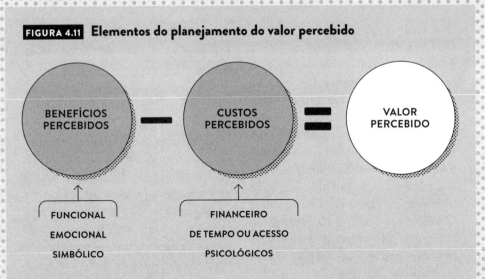

Fonte: elaborada pelo autor.

Benefícios funcionais

Os benefícios funcionais são os mais básicos e necessários que devem ser oferecidos pelos produtos e serviços. Isso acontece porque todo produto ou serviço deve, para satisfazer seu consumidor, realizar a função que se espera dele.

No atual contexto competitivo, para categorias já consolidadas, os benefícios funcionais tendem a ser mais um elemento de paridade do que de diferença. Nessas categorias, os avanços tecnológicos já atingiram um platô e, com isso, a diferenciação via atributo funcional pode ser mais difícil de ser percebida. É essencial, contudo, que essa paridade seja alcançada para que o produto possa disputar o mercado.

Mesmo nas categorias já desenvolvidas, alguns produtos e serviços continuam usando os benefícios funcionais com sucesso. Dessa maneira, ainda que os benefícios funcionais estejam ligados a categorias cuja tecnologia ainda se desenvolve rapidamente, é possível, se estrategicamente definido, lastrar o diferencial da marca em propostas funcionais.

Um diferencial calcado em benefícios funcionais tende a ser construído com mais facilidade, pois parte de um conceito lógico e que integra o uso do produto, podendo ser assimilado pelo público-alvo. Ao mesmo tempo, é de fácil reprodução pela concorrência, já que, em mercados cuja tecnologia não é uma barreira, atributos de produto podem ser facilmente copiados.

Uma proposta funcional é aquela que afirma que o produto é melhor que os concorrentes por desempenhar uma função com maior qualidade, rapidez ou eficiência. Ele tende a se basear em atributos e características e leva a uma comparação direta com outros tipos de produtos.

BRANDING

A Colgate é a marca líder em produtos de higiene bucal no Brasil. Seu produto de maior venda tem uma proposta bastante funcional: a Colgate Total 12. O número 12 indica que o creme dental protege a boca de 12 problemas bucais por até 12 horas. Veja que é fácil entender e assimilar o benefício do produto, afinal a mera exposição ao slogan nos permite compreender que a boca pode sofrer 12 problemas e a Colgate protege de todos eles. No entanto, o benefício também poderia ser copiado pelo concorrente, que diria que seu produto fornece os mesmos 12 benefícios, já que isso é tecnicamente verdade para uma boa quantidade de cremes dentais, ou mesmo tentaria superar a Colgate, oferecendo 13 ou 14 benefícios para uma boca saudável. Nesse caso, é apenas pela antiguidade da oferta da Colgate e pela credibilidade que construiu no mercado que a Colgate consegue manter esse benefício funcional como diferenciação da sua marca.

O iogurte Danone Activia também é um produto cujo elemento funcional é o principal argumento e diferencial. O Danone Activia promete, em poucas semanas, regularizar o funcionamento intestinal com seu consumo diário e diz que isso é possível pelo seu lactobacilo exclusivo, o "Dan Regularis". Ainda que outros iogurtes não pudessem usar o nome "Dan Regularis", existem outros tipos de lactobacilos que causam o mesmo efeito e, portanto, poderiam dizer que também proporcionam o mesmo resultado que o Danone Activia.

Contudo, a mesma lógica da Colgate explica a percepção de diferenciação do Activia.

O principal ponto para que o elemento funcional seja percebido e aceito pelos consumidores é a possibilidade de uma percepção clara dos benefícios, o que nem sempre é possível, ou a credibilidade da marca emissora da mensagem. Nesse caso, a Danone consegue fazer da sua promessa algo crível porque tem anos de liderança na categoria de iogurtes e é reconhecida por fazer produtos de qualidade. Com a confiança das pessoas, é mais fácil convencê-las a crerem no benefício proposto. O mesmo vale para Colgate Total 12. Nesses casos, a credibilidade do emissor se torna um fator que o protege da concorrência. Se uma marca desconhecida lançar um creme dental com 13 benefícios, dificilmente ela conseguirá se sobrepor à Colgate pela falta de crença das pessoas na superioridade funcional. O mesmo vale para a Danone. Mas é claro que, se a outra marca também tiver credibilidade, o argumento funcional pode ficar enfraquecido e o diferencial deixa de ser percebido, o que levaria a uma disputa mais intensa por preços.

Percebe-se então que a funcionalidade pode ser suficiente para manter a diferenciação e o poder de uma marca, mas corre-se o risco de haver algum tipo de desafio por parte das empresas concorrentes.

Benefícios emocionais

Os benefícios emocionais sempre estiveram associados ao consumo de produtos e serviços. No entanto, esse papel foi incrementado e estimulado pelas próprias comunicações das marcas nas últimas décadas.

Os benefícios emocionais estão intimamente ligados à sensação que o consumidor deve ter ao utilizar um produto ou serviço. Quando o consumidor utiliza um produto, além da solução de um problema ou necessidade por meio da função do produto, ele tem uma sensação que pode ser transmitida pelas comunicações da marca e passar a ser associada a ela. Se a sensação for consistente e percebida sempre que se usa o produto ou serviço, passa a ser vista como um benefício dele.

Desta maneira, podemos dizer que o valor do produto, aos olhos do consumidor, aumenta. Afinal, ele não paga apenas pela função em si, mas pela função adicionada à sensação que ele tem ao consumir o produto. Benefícios emocionais aumentam a percepção do valor de um produto ou serviço.

A sensação é o que leva consumidores a pagarem mais caro por carros da Porsche que entregam a mesma potência de um Volkswagen, ou pagar mais caro por um almoço do Outback quando podem encontrar o mesmo cardápio e sabor em outros restaurantes mais baratos. É o que faz consumidores pagarem altos valores pela sensação de usarem um terno Hugo Boss ou Hermenegildo Zegna do que um terno de boa qualidade e que custe uma fração do preço. A Porsche entrega uma sensação de emoção superior. O Outback entrega uma sensação de alegria superior. Hugo Boss ou Zegna entregam uma sensação de poder e bem-estar superior.

Ainda que esses produtos entreguem benefícios simbólicos de reconhecimento, sucesso ou status, abordamos aqui apenas as sensações dos consumidores, algo psicológico e hedônico. Em se tratando de benefícios emocionais, o relevante é a sensação, não a imagem projetada.

É comum usarmos as sensações positivas, como sentir-se mais inteligente, bem-sucedido, sensual ou atraente, como aquelas que levam à escolha dos consumidores. No entanto, elas não são as únicas. Sensações que evitam impressões negativas também são importantes. Afinal, insegurança, ansiedade, medo e angústia são sensações comuns quando são comprados certos tipos de produtos, e proporcionar segurança evita os efeitos negativos.

Fórmulas de nutrição infantil trabalham um pouco com esse conceito. Considere-se o Nan Supreme, da Nestlé, e o Enfamil, da Mead Johnson. As duas marcas são fabricadas por empresas respeitáveis e com alto nível de reputação, mas o Nan Supreme é vendido com preço superior ao Enfamil. Isso se dá em função da sensação de tranquilidade, segurança e carinho que o Nan Supreme entrega a mais que o Enfamil.

É fato que crianças recém-nascidas podem desenvolver alergias ou ter algum mal-estar em decorrência do consumo de alimentos, pois isso faz parte do processo natural de desenvolvimento. No entanto, para a mãe, esses fatores causam ansiedade e medo. Se a criança sofrer uma alergia pelo consumo do produto e este for de uma marca que ela julga ser inferior, como o Enfamil, a mãe pode atribuir a culpa pela alergia a si própria, que prejudicou a saúde do filho por usar um produto inferior. Se a mesma alergia ocorrer durante o consumo de Nan Supreme, ela entende que se trata apenas de um processo natural da criança. Assim, ela se isenta da culpa, pois, ainda que a alergia ocorra do mesmo jeito, a sensação que ela tem ao oferecer o produto da Nestlé é de que ela fez o melhor possível. O produto não entrega apenas nutrição infantil para a criança; entrega tranquilidade e segurança para a mãe.

O planejamento das sensações que serão vivenciadas pelos consumidores, ou que não serão experimentadas em razão do uso do produto, são essenciais para que essa oferta seja trabalhada em todos os pontos de contato e efetivamente percebida pelos consumidores.

Benefícios simbólicos

Os benefícios simbólicos permitem a um consumidor demonstrar facetas de sua personalidade para outras pessoas por meio do uso de determinadas marcas.

Ainda que a aquisição de produtos e serviços tenha sido usada desde o início da sociedade de consumo como meio de demonstrar pertencimento ou ascendência social, em razão da maior conectividade e possibilidades de exposição que o mundo de hoje

permite, esse benefício tem se expandido e ingressado em categorias das quais, até algumas décadas atrás, ele não fazia parte.

Com isso, as estratégias de marcas têm, cada vez mais, se apropriado de benefícios simbólicos para se diferenciar. As redes sociais e a conectividade via smartphone foram grandes impulsionadoras dessa tendência. Se, no passado, o consumidor interagia apenas com as pessoas que estavam ao seu redor, ao comprar ou usar as marcas, hoje é possível incluir uma foto ou declaração nas mais diversas redes sociais e impactar milhares de amigos e conhecidos.

O benefício simbólico cria uma relação íntima entre marca e consumidor. Ao utilizar a imagem projetada pela marca para adicionar um elemento à sua própria personalidade, a conexão entre o consumidor e a marca tende a ser intensa. Ao usar a marca, o consumidor está reverberando a marca e ela passa a fazer parte de sua própria identidade. Por essa razão, os consumidores tendem a ter maior envolvimento com marcas e categorias que utilizam para esse fim.

Os benefícios simbólicos devem estar inseridos em um contexto social para que tenham efeito. Eles não existem a não ser que outras pessoas vejam ou tenham conhecimento do consumo da marca pelo consumidor. As pessoas também devem compreender o que significa aquela marca para que o benefício social funcione. Sem o contexto e a lembrança social não pode haver benefício social.

CONSTRUÇÃO DA PROPOSTA DE VALOR

Portanto, é comum que produtos cujo uso ou consumo aconteça em situações sociais, como vestuários, acessórios, sapatos, bolsas, carros, telefones celulares e outros objetos, tenham maior carga simbólica que xampus, pastas de dente ou sabonetes, que são consumidos em foro íntimo. Os objetos usados em contextos sociais são aqueles planejados pelo consumidor para causar certo impacto no conjunto de pessoas que ele irá encontrar.

Ao mesmo tempo, se as pessoas daquele conjunto social não conhecerem a marca exposta, o efeito dela será nulo. Uma marca prestigiosa, desejada e relevante em um contexto pode ser desconhecida em outro. Nesse caso, ela acaba não tendo valor no local em que é desconhecida, pois as pessoas não lhe atribuem valor; não há, portanto, valor a ser transferido para o indivíduo que a está utilizando. Marcas devem ser conhecidas e reconhecidas para gerar o efeito social.

Quando essa construção social simbólica é feita, os simbolismos das marcas fluem naturalmente. Ao usar um tênis da Nike, por exemplo, demonstra-se uma certa conexão com esporte, superação de limites e contemporaneidade. Caso se utilize um tênis da marca Puma, demonstra-se uma esportividade associada a certo estilo despojado e fashion. Ao utilizar um tênis da Timberland, mostra-se apreço e interesse pela vida ao ar livre, de explorar novos caminhos e ter uma relação íntima com a natureza. As pessoas escolhem as marcas que

melhor se enquadram à sua própria personalidade e, por intermédio delas, demonstram o que são, ou o que querem ser, para as demais pessoas do seu círculo social.

Os simbolismos podem ser amplos, como os das marcas Nike, Puma e Timberland, ou bastante específicos, representando um conjunto social pequeno ou um nicho. Nesse caso, a amplitude da marca não tem influência no poder de conexão com o consumidor. Existem marcas que atingem apenas um pequeno grupo de pessoas e constroem relacionamentos intensos e significativos com elas por meio dos benefícios simbólicos.

As marcas, portanto, precisam planejar quais julgamentos serão feitos pelos membros de uma sociedade ao verem um consumidor usando a sua marca. Incluir essa etapa nos planejamentos da marca é essencial para direcionar corretamente quais consumidores são os desejados pela marca, onde eles devem fazer uso desse produto e qual imagem eles passarão ao utilizá-la em uma situação social.

Custos financeiros

Os custos financeiros são simples de se fazer e classificar, pois correspondem ao preço cobrado do consumidor ou cliente final para que ele tenha acesso ao produto. É interessante checar se a percepção de preço é idêntica ao preço real, para entender se o consumidor não julga que o produto custa mais caro ou mais barato do que efetivamente custa, como nos casos da marca Hershey's ou das marcas Audi, BMW e Mercedes. Isso também pode ser feito em comparação aos principais concorrentes ou substitutos, uma vez que o preço eventualmente varia dependendo do mercado ou da economia.

Custos de tempo ou acesso

Aqui estão contemplados os custos logísticos ou humanos de obter acesso ao produto, como o deslocamento até uma revenda específica para comprar o bem, a dificuldade de encontrá-lo no ponto de venda e o tempo de espera até a chegada da entrega em uma compra on-line, por exemplo.

Para serviços, esses custos relacionam-se ao acesso ao benefício principal, como filas para alugar um carro no aeroporto ou o tempo para fazer check-in no hotel. Filas em atrações de parques de diversões ou em restaurantes também podem ser consideradas custos, uma vez que há dispêndio de tempo para que se acesse o benefício planejado.

Nesse caso, a empresa deve se preparar para tentar reduzir esse custo de tempo ou transformar a espera em algo mais agradável. Empresas de bens de consumo procuram ampliar sua distribuição com a presença de distribuidores específicos e, com isso, estar presentes em todos os pontos de venda. As técnicas de *omnichannel* também são utilizadas para garantir acesso fácil e rápido aos produtos.

Na área de serviços, as locadoras de veículos passaram a usar sistemas eletrônicos e aplicativos para garantir acesso rápido e descomplicado para clientes fiéis já cadastrados, evitando que eles precisem refazer cadastros e apresentar documentos. Os parques de diversão criaram entretenimento para que as pessoas não se sentissem entediadas nas longas filas de seus brinquedos. Ao analisar e reconhecer o tempo que os consumidores levam para ter acesso aos benefícios, os gestores podem compreender melhor onde problemas podem surgir e tentar criar ações para reduzi-los.

Outros tempos de acesso ao benefício ocorrem quando é necessário completar diversas etapas para se ter acesso ao benefício. Isso é válido para financiamento de imóveis ou automóveis, assinatura de contratos de aluguéis e outras compras de maior complexidade. A redução desse tempo pode ajudar no fechamento de negócios. A Tecnisa recentemente unificou parte de seu sistema ao Banco Itaú, financiadora de seus imóveis. Com isso, um comprador interessado pode enviar apenas uma parte dos documentos e, em poucas horas, obter uma pré-aprovação de seu financiamento, facilitando o processo de negociação e venda das unidades. O site Quinto Andar também promete agilizar o contato com corretores para que se possa visitar imóveis rapidamente.

Outros serviços ainda têm uma relação um pouco mais complexa de tempo. Parte importante do produto é o seu processo, ou seja, o modo como os consumidores devem agir para ter acesso ao benefício. Em serviços de longo prazo e complexos,

CONSTRUÇÃO DA PROPOSTA DE VALOR

como educação, apenas uma fração dos custos pode ser considerada financeira, já que, além do valor da mensalidade, qualquer tipo de educação cobra um certo tempo de seus alunos em sala de aula e também em atividades fora da sala de aula. Diversas metodologias tentam reduzir esse tempo de dedicação, trabalhando metodologias inovadoras ou oferecendo educação a distância, reduzindo ao menos o tempo de deslocamento. O exemplo da Wise Up ilustra como esse custo de tempo de aprendizagem pode impactar a satisfação e os negócios.

A Wise Up é uma escola de inglês voltada para adultos que não dominam o inglês. Como qualquer curso voltado para adultos, a Wise Up entendia que, para ter sucesso, não poderia fazer um curso de longa duração como os infantis, que duram mais de 4 anos. Com isso, desenvolveu um método para que os alunos tivessem uma certa fluência em 18 meses.

O curso foi bem-sucedido, mas sempre teve grande taxa de desistência, especialmente entre os primeiros 3 ou 4 meses. Diversas hipóteses surgiram para justificar essa situação. A primeira delas foi financeira: os alunos não conseguiam pagar pela mensalidade e material e, com isso, precisavam desistir após algum tempo de curso. A segunda era uma preocupação com a qualidade: os alunos não gostavam do método, dos professores ou das instalações e decidiam suspender o curso. O terceiro, ainda mais grave: os alunos podiam entender que

o método não funcionava e, com isso, abandonavam o curso em seu início.

Os gestores da Wise Up recorreram a pesquisas de mercado. As conversas com os alunos que concluíram o curso foram muito positivas. Todos que fizeram o curso completo diziam ter gostado da metodologia, das instalações, de quase todos os professores, e julgavam-se satisfeitos com o nível de inglês que haviam adquirido. A qualidade do curso estava aprovada e não havia que se temer por ela.

Os alunos desistentes foram os que trouxeram parte da resposta. Poucos culparam a Wise Up por isso. Diziam que estavam sem tempo, que o trânsito para chegar até a escola atrapalhava e que não haviam conseguido dedicar-se o suficiente para acompanhar o curso adequadamente. Isso acendeu algumas luzes amarelas. Afinal, é obrigação da escola manter o engajamento dos alunos e, se eles deixavam de priorizar o inglês por algum motivo, a Wise Up teria de resolver a questão se tivesse interesse em reduzir os cancelamentos.

Um workshop entre os gestores e pesquisadores da Wise Up conseguiu fechar o diagnóstico. A equipe pedagógica conseguiu fazer uma correlação de dados internos que mostravam que os alunos menos disciplinados para fazer as tarefas tinham maior propensão a desistir. A equipe de conteúdo informou que, para fazer o curso adequadamente, seria necessária uma dedicação de aproximadamente 8 a 10 horas por semana. A equipe de vendas complementou dizendo que nunca havia informado essa necessidade aos alunos entrantes.

O diagnóstico estava formado: os alunos começavam a fazer o curso imaginando que o tempo dedicado às aulas seria suficiente para aprender inglês. No entanto, o método da Wise Up, para funcionar em 18 meses, dependia que as 3 horas de aula semanais fossem complementadas por pelo menos 5 horas de estudo fora da sala de aula. Quando eram confrontados com esse nível de dedicação, muitos não conseguiam acompanhar as aulas, pois tinham outras atividades profissionais e familiares que os impediam. Quando percebiam que seria impossível manter-se com as obrigações em dia, por volta de 3 a 4 meses de curso, cancelavam suas inscrições.

As soluções para diminuir os cancelamentos passavam por um novo treinamento para a equipe de vendas, que deveria informar o tempo de dedicação necessário para ajustar as expectativas dos alunos à realidade, e a criação de um curso mais extenso, para que aqueles alunos que não conseguissem todo o tempo disponível pudessem se dedicar menos horas por semana, por mais tempo. Foram também utilizados aplicativos e todo um conjunto de soluções digitais para facilitar o processo de estudo fora da sala de aula.

A partir do diagnóstico do custo de tempo, os processos da Wise Up poderiam ser alterados, novos serviços seriam oferecidos e a proposta de valor da marca seria melhorada.

Custos psicológicos

Os custos psicológicos estão ligados à sensação de vergonha e culpa associada ao consumo de um produto ou uma marca. Essas sensações vêm da percepção de inadequação social ou de derrota moral pela sedução do consumo.

A inadequação social em relação às marcas acontece quando o consumidor se expõe com uma marca ou produto em uma situação na qual essa marca é rejeitada e, com isso, ele se sente constrangido. É comum sentir isso quando se aparece vestido formalmente demais para um evento informal ou informalmente demais para um evento formal. Com marcas, isso acontece quando a marca utilizada não é valorizada naquele contexto, como usar uma marca popular em um contexto elitizado. Existem marcas que acabam se tornando inadequadas para um grande conjunto da população por serem taxadas de populares, inferiores ou de baixa qualidade. Nesse caso, as características do produto não importam, uma vez que a percepção já é negativa. Exemplos dessas marcas podem ser a Dolly ou a Kaiser. No passado, isso também acontecia com a marca de eletrônicos CCE, que era alvo de muitos comentários jocosos dos consumidores. Ternos da Colombo, roupas da C&A e tênis da Conga ou Kichute também já foram alvos de percepções negativas.

Outros produtos e marcas também podem trazer algum tipo de custo. Cursos de inglês para adultos, como os da Wise Up, podem impor um custo psicológico, pois parte das pessoas entende que o inglês deveria ser aprendido na infância e a necessidade de fazer o curso como adulto é percebida como um fato vergonhoso da sua formação. Produtos como o Danone Activia tiveram de fazer um profundo trabalho para eliminar custos psicológicos, pois seu uso era ligado a problemas de prisão de ventre e mau funcionamento intestinal. Comprar ou usar esses produtos na presença de outras pessoas significava admitir esse tipo de problema. Só com muitos anúncios e o endosso de celebridades "normalizando" o problema da prisão de ventre é que o produto passou a ser aceito e consumido em ocasiões sociais.

Todos os produtos e marcas são passíveis de problemas psicológicos, seja um produto de luxo, que pode passar a sensação de soberba, arrogância e desperdício, seja um produto popular, que passa a sensação de fracasso ou avareza. Saber estudar com profundidade as sensações e respostas psicológicas é importante para mapear esse custo.

O exercício de discussão e consolidação da proposta de valor é importante para consolidar a maneira como o público-alvo perceberá o conjunto de soluções proporcionadas por aquele produto. Uma marca pode solucionar um conjunto considerável de "problemas" de um consumidor ou, ao mesmo tempo, dar vazão a um conjunto de desejos. Entender a totalidade dos problemas e soluções é muito importante para planejar a maneira como a marca deve ser lembrada. Essa ferramenta deve ser usada com base no público-alvo do produto, que deve ser definido anteriormente, e no conjunto de concorrentes que oferecem benefícios similares para o público-alvo.

CAPÍTULO 5

DEFINIÇÃO DO POSICIONAMENTO

O posicionamento é a etapa final de uma sequência de desenvolvimentos que inclui a definição do público-alvo, a análise da concorrência e a construção da proposta de valor. A partir da proposta de valor, que expressa todos os tipos de custos e benefícios que podem ser imaginados para o produto, apontam-se alguns elementos que deverão se sobressair pelo potencial de se tornar diferenciais de superioridade em relação à oferta da concorrência. Estes serão utilizados para construir o posicionamento. O posicionamento estrutura a oferta feita a um cliente ou consumidor, parte importante da marca, mas não o seu todo. A marca também faz outros tipos de ofertas a outros tipos de stakeholders, como acionistas, colaboradores, fornecedores e outros que participam do ambiente de negócios da empresa. Mas, de qualquer maneira, ao consolidar o posicionamento, uma parte importante do conceito da marca estará estruturado.

A partir do posicionamento, pode-se definir os elementos táticos e operacionais da oferta da marca para os clientes, ou seja, as variáveis controláveis que integram o composto de marketing (produto, preço, praça e promoção) e que serão os pontos de contato entre a marca e o consumidor.

O posicionamento consolida a oferta em um benefício que deve ser valorizado pelo público-alvo e diferenciado da concorrência. É, portanto, o resultado do entendimento de uma necessidade do consumidor com a possibilidade de fornecer algo que ainda não é entregue de maneira adequada por nenhum dos concorrentes. Essa sequência indica uma perspectiva lógica em que há um público e uma concorrência fixa e definida. Isso nem sempre acontece na prática, pois é possível fazer ajustes no público-alvo e na concorrência a partir da capacidade da empresa oferecer ou não diferenciais determinados pelo posicionamento.

O recorte da concorrência e a definição do público-alvo são feitos do ponto de vista da empresa. Portanto, pode-se ajustar o recorte do público-alvo para que ele fique mais alinhado à diferenciação proposta pela marca. Com o ajuste do público-alvo, a concorrência também pode sofrer diferentes ajustes em sua análise como forma de "re"entender a oferta que ela faz para o público-alvo. Portanto, mais que um processo linear, a definição de um posicionamento é um processo de idas e vindas, com diferentes ajustes até que os três elementos – o público-alvo, a concorrência e o posicionamento – estejam alinhados e o ponto de diferenciação proposto pela marca esteja claro e efetivo.

O modelo à esquerda, visto na Figura 5.1, representa esse modelo teórico, no qual se começa o desenvolvimento de uma marca a partir da definição do público-alvo. O público-alvo indica um recorte da concorrência, que influencia o diferencial do posicionamento. O posicionamento é então consolidado, tendo como objetivo conquistar o público-alvo original, completando o ciclo. Ainda que válido e teoricamente correto, na prática as relações são mais fluidas; existe um processo de ajuste e acomodação de cada um desses elementos de acordo com a evolução das decisões sobre cada um deles.

FIGURA 5.1 Modelo teórico, à esquerda, e modelo mais real, à direita, da maneira como é construído o posicionamento

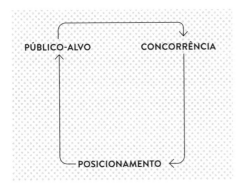
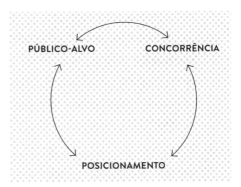

Fonte: elaborada pelo autor.

Na fase de planejamento de uma marca, é importante o processo de ajuste e refino de cada um dos elementos presentes no posicionamento. Portanto, o desenho à direita é uma representação gráfica mais fidedigna de como se dá esse processo na realidade.

O posicionamento é um momento de síntese de todas as análises e definições anteriores, a fim de eliminar excessos e desalinhamentos, e fazer escolhas que levem a um foco que possa ser desdobrado para todos os pontos de contato da marca. Por isso, ainda que não haja produção de novas informações ou definições nessa etapa, ela é um momento de reflexão sobre todos os processos anteriores para se fazer escolhas e se chegar em algo muito específico e focado, que normalmente pode ser representado por uma frase.

Essa frase, denominada *declaração do posicionamento*, tende a seguir uma fórmula padronizada de redação, justamente para abarcar elementos do público-alvo, da concorrência e do conjunto de diferenciação. Ela deve trazer uma descrição sucinta do público-alvo, a categoria em que pretende concorrer, os pontos de paridade e seus pontos de diferenciação, além de alguns benefícios emocionais e simbólicos relevantes.

A título de ilustração da dinâmica de construção de declarações do posicionamento, podem ser citados os seguintes exemplos:

- **Apple:** para pessoas conectadas e que buscam facilitar sua vida com o uso da tecnologia, a Apple oferece equipamentos de uso pessoal de alta tecnologia, inovadores, com ótimo design e usabilidade e que preparem os usuários para os desafios do mundo contemporâneo e os deixem conectados com uma empresa que continuamente desafia o status quo.

- **Dove (portfólio feminino):** para mulheres que discordam dos padrões de beleza impostos pela mídia, a Dove oferece produtos de higiene pessoal e beleza com hidratação superior, a fim de que elas se sintam confortáveis com a própria beleza e aumentem sua autoestima.

- **Starbucks:** para pessoas urbanas e contemporâneas, a Starbucks oferece cafés, lanches e *snacks* em um local confortável e acolhedor, para que você tenha uma experiência rica e contemporânea de convivência através do consumo de café.

Percebe-se que as frases foram feitas para seguir um certo padrão, e não para se transformar em slogans ou materiais de comunicação. Esse padrão é importante porque ajuda as mais diversas áreas da empresa a entenderem o que a marca significa e planejarem seus contatos para representar isso.

O modelo dos exemplos se baseia no seguinte padrão: para as pessoas que compõem o *meu público-alvo*, a minha marca oferece alguns *pontos de diferenciação* num mercado que tem determinados *pontos de paridade*, fazendo com que as pessoas *sintam certas sensações e simbolismos* ao usar a marca.

Para chegar a essa fase, é preciso ter feito todas as definições de público-alvo e concorrência, além de ter consolidado por completo a proposta de valor. A frase colhe elementos dessas definições, os seleciona e prioriza para que se encaixem na frase, em um exercício de síntese que é muito mais fácil na teoria do que na prática.

O modelo indica que é preciso definir quais seriam os pontos de paridade e quais seriam os pontos de diferenciação da marca, um conceito inicialmente definido por Kevin Keller e que será detalhado a seguir.

5.1
PONTOS DE PARIDADE E PONTOS DE DIFERENÇA

A partir das definições da proposta de valor, é possível olhar para todos os benefícios e custos de um produto ou serviço e entender onde devem ser similares à concorrência e onde existem possibilidades de usar um benefício ou a redução de um custo como diferencial para captar consumidores.

Uma marca, para participar de um mercado, precisa entregar um conjunto de benefícios que a credencie a competir com as demais marcas do segmento. Caso

DEFINIÇÃO DO POSICIONAMENTO

ela não entregue, os consumidores podem entender que ela não tem o valor que julgam necessário para ser escolhida. A marca, no entanto, não precisa entregar superioridade em todo esse conjunto de benefícios. Ela pode apenas alinhar os benefícios oferecidos por ela aos benefícios das demais marcas.

Ser superior em todos os tipos de benefícios, além de praticamente impossível, seria extremamente custoso. O excesso de benefícios poderia também impedir os consumidores de entenderem a promessa central da marca. Dessa maneira, por uma questão de lógica competitiva, uma marca deverá ter um conjunto de benefícios similares aos entregues pelos concorrentes para credenciá-la a competir com eles. Além disso, será necessária uma pequena quantidade de benefícios valorizados pelo público-alvo em que seja percebida como superior – o seu conjunto de diferenciais. Assim, ela dosa melhor seus investimentos e comunica com mais assertividade para seus consumidores.

Se ela entregar apenas paridade, não haverá outra opção para conquistar consumidores senão disputar por preço. Portanto, ela deve eleger, dentre os benefícios valorizados pelo seu público-alvo, alguns em que ela seja claramente superior aos seus concorrentes.

5.1.1 Pontos de diferença

Para Keller, os pontos de diferença são atributos ou benefícios que os consumidores associam fortemente a uma marca, avaliam positivamente e acreditam não poder encontrar com a mesma intensidade em uma marca concorrente. A definição é um ponto importante, pois indica que o ponto de diferença pode partir de qualquer benefício da marca, seja ele funcional, emocional ou simbólico.

Ela também faz uma distinção entre a diferenciação e a exclusividade. Um ponto de diferenciação deve ser um benefício que os consumidores acreditam não poder encontrar com a mesma *intensidade* em uma marca concorrente. Esse princípio leva em consideração a possibilidade de os competidores copiarem os pontos de diferenciação de uma marca. Caso ela tenha conquistado esse espaço na cabeça dos consumidores, ela continuará sendo associada àquele benefício. Danone Activia é um exemplo. Outros produtos procuraram dizer que ofereciam o mesmo benefício de regulação intestinal, mas os consumidores não entenderam a proposta dos concorrentes como crível e continuaram a perceber o Activia como aquela marca que tinha maior entrega no atributo.

O mesmo vale para outros mercados. A marca Rexona, da Unilever, é líder de mercado em desodorantes. Como líder, apropriou-se do benefício mais desejado e relevante da categoria: a proteção. Ainda que todos os outros concorrentes digam que oferecem a mesma proteção do Rexona – e inclusive tentem mostrar superioridade, alegando que protegem por mais horas que o Rexona – a maioria dos consumidores ainda entende que a marca é a que oferece a melhor proteção, sempre reforçada pelo slogan "Rexona não te abandona".

FIGURA 5.2 Embalagens de desodorantes vendidos no Brasil: Rexona continua a ser percebido como aquele que entrega a melhor proteção

Ainda que todos os concorrentes incluam em sua embalagem o argumento de que "protegem por até 48 horas", Rexona consegue sustentar seu diferencial. A marca conseguiu construir credibilidade com essa promessa e o consumidor passou a acreditar mais nela que nas demais. Para continuar mantendo essa posição no futuro, ela precisa continuar a defendê-la em suas ações de produto e comunicação.

Por isso, quando novas marcas entram no mercado, é comum que elas procurem encontrar um ponto de diferença que seja distinto dos já utilizados por outras marcas. Escolher um mesmo ponto de diferença de outra marca já estabelecida pode levar à percepção de que o benefício não é real ou é inferior ao da marca já estabelecida.

Existem alguns critérios para serem privilegiados na escolha de um ponto de diferenciação. O primeiro deles é a *atratividade*. Se o diferencial não for atraente e valorizado pelo público-alvo, ele até pode ser diferenciado, mas essa diferenciação será inócua. A marca será percebida como diferente, mas não convencerá os consumidores a trocarem suas escolhas atuais por ela. Para ser atraente, um diferencial deve ser relevante e importante, distinto dos outros do mercado e percebido como superior pelo público-alvo.

Outro critério é o da *credibilidade*. Se a marca não conseguir fazer com que as pessoas acreditem que ela pode entregar aquele diferencial, a oferta não será comprada, pois será julgada mentirosa ou exagerada. Mesmo que ela entregue tecnicamente o diferencial do ponto de vista funcional, se os consumidores não perceberem como verdade, não farão a compra.

Um terceiro critério é a capacidade que o ponto de diferenciação tem de ser *percebido*. Isso não se refere apenas à parte técnica, mas à percepção de diferenciação pelo consumidor. Benefícios que estão "camuflados" ou são "invisíveis" têm mais dificuldade de serem percebidos. Um produto de limpeza que é mais forte e elimina mais bactérias não pode comprovar seu desempenho. Uma geladeira que gasta menos energia também tem dificuldade de provar que gasta menos. Mesmo que testes de laboratório indiquem, o consumidor não consegue "ver" o benefício. No entanto, um novo design ou um painel eletrônico são facilmente percebidos e agregam valor a uma geladeira.

Por fim, um ponto de diferenciação deve ter a capacidade de ser *sustentável*. Isso significa que ele deve ser capaz de sustentar movimentações dos concorrentes, que tentarão desacreditá-lo ou copiá-lo uma vez colocado no mercado. Aqui também não se discute um elemento tecnológico ou científico, mas sim um processo de argumentação que tenha credibilidade e que possa, por qualquer motivo, ser fortemente conectado à marca.

A Tabela 5.1 ilustra alguns pontos de diferenciação de marcas conhecidas no mercado, junto a uma classificação que indica se são benefícios funcionais, emocionais ou sociais.

TABELA 5.1 **Pontos de diferenciação de marcas conhecidas no mercado**

Marca	Ponto de diferenciação	Tipo de benefício da diferenciação
Mercedes Benz	Sofisticação e requinte	Emocional e simbólico
BMW	Esportividade e arrojo	Emocional e simbólico
Rexona	Proteção ao suor por período prolongado	Funcional
Axe	Fragrâncias que seduzem	Emocional
Coca-Cola	Momentos de felicidade	Emocional
Sucos Natural One	Sucos naturais e integrais	Funcional
Dove	Autoestima e valorização da beleza real	Emocional
Nívea	Melhor hidratação em qualquer situação	Funcional
Hotéis Ibis	Conforto e acesso	Funcional
Hotéis Ritz Carlton	Sofisticação e serviços superiores	Funcional e simbólico
Burger King	Sabor e saciedade	Funcional
Outback	Momentos especiais	Emocional

Fonte: elaborada pelo autor.

A Tabela 5.1 agrupa marcas de diferentes segmentos para intensificar a comparação entre elas. O ponto de diferenciação não é o todo da oferta para o cliente, mas o que deve ser mais fortemente trabalhado nos pontos de contato da marca, e representa o lugar escolhido na cabeça do consumidor para a marca se estabelecer. Pode ser emocional ou simbólico e, para isso, precisa ter ferramentas para construir essa sensação ou simbologia na cabeça dos consumidores.

5.1.2 Pontos de paridade

Os pontos de paridade, segundo Keller, são associações não necessariamente exclusivas da marca, que podem ser compartilhadas por outras marcas. Portanto, nesse tópico, são abordados os elementos que as marcas dividem em seu mercado, seja por razões competitivas, seja para se adequar ao esperado pelo consumidor de uma categoria.

Os pontos de paridade da categoria são associações planejadas para negar os pontos de diferença dos concorrentes, feitas por razões competitivas e como base de sustentação para a construção de diferenciais. Eles são relevantes pois, segundo o autor, são as associações que os consumidores veem como necessárias para que a oferta seja legítima e crível dentro de uma certa categoria de produtos.

A definição de onde virá a fonte de negócios (do inglês *source of business*, correntemente usado em empresas) é baseada na possibilidade de trazer pontos de paridade com esse mercado do qual se pretende "roubar" consumidores. Caso os consumidores passem a perceber aquele produto como um substituto daquele mercado, eles irão categorizá-lo mentalmente na mesma categoria e considerá-lo uma opção quando tiverem necessidade.

O Uber surgiu como um aplicativo de "caronas pagas", no qual um motorista não profissional que estava indo para uma região para onde um passageiro também estaria se deslocando poderia levá-lo para diminuir o impacto ambiental e dividir o custo da viagem. Ele obteve relativo sucesso entre jovens engajados de São Francisco. No entanto, quando foi deslocado para ser percebido como um substituto do táxi, acessou um *source of business* muito maior. Para isso, precisou trazer certos pontos de paridade – motoristas dedicados e grande volume de carros disponíveis. Ainda que a funcionalidade do aplicativo permanecesse a mesma, a mudança dos pontos de paridade fez com que os passageiros percebessem o aplicativo no mesmo mercado que os táxis e, sempre que precisavam desse tipo de transporte, o Uber era lembrado. Como o Uber tinha benefícios claros e críveis – carros novos, motoristas simpáticos e outros elementos de cortesia – ele rapidamente se sobrepôs ao mercado de táxis e se tornou um fenômeno global.

A marca Netflix passou por um processo similar. Enquanto estava presente apenas nos computadores, era comparada a outros serviços de streaming do

DEFINIÇÃO DO POSICIONAMENTO

mercado, inclusive aos piratas, que entregavam conteúdo sem cobrar por ele. Quando surgiu como um botão no controle remoto das SmartTVs, passou a ser categorizada pelos consumidores como um canal de TV e não como um serviço de streaming. Isso fez com que ela conseguisse enfatizar o seu diferencial: entregar programação no momento que o consumidor desejava, não em horários predeterminados.

CASO 5.1

NETFLIX: PARIDADES QUE SUSTENTAM A DIFERENCIAÇÃO

A Netflix é um fenômeno mundial e seu sucesso no Brasil é evidente. No ano de 2016, a Netflix se tornou, em termos de faturamento, o segundo canal de televisão do Brasil, superando o SBT e ficando atrás apenas da Rede Globo.

No entanto, poucos se lembram da origem da Netflix. Ela começou como concorrente da Blockbuster, a maior rede de locadoras do mundo, com a última loja fechada em 2014. Para competir com essa gigante, a Netflix criou um diferencial: disponibilizou seu catálogo on-line. Seus clientes podiam escolher os filmes on-line e ela fazia a entrega na casa do cliente, no dia desejado. Depois, passava para recolher o filme. Esse diferencial trabalhava muito no processo de redução de custo de tempo, pois o cliente não precisava se deslocar até a loja. Como era um benefício interessante, a Netflix prosperou e encontrou seu lugar em um nicho de mercado.

Quando a internet de banda larga começou a ser uma realidade, ela entendeu que não precisava mais entregar a mídia (o DVD) na casa do cliente. Ela poderia fazer a transmissão por streaming para os clientes que alugavam seus filmes. O serviço continuou a ser um sucesso e o número de clientes continuava a subir. Contudo, ela estava longe dos números atuais. O que aconteceu para a Netflix dar um salto de ser um serviço de filmes do estado americano da Califórnia para se tornar uma gigante global de distribuição de conteúdo?

Muitos atribuem esse crescimento ao fato de conseguir entregar o conteúdo via streaming e, portanto, estar disponível na hora que o consumidor quiser assistir. Este, sem dúvida, é um bom diferencial, mas com relação a quais concorrentes? Qualquer tipo de serviço com base na internet consegue ter o mesmo tipo de característica: YouTube,

Hulu, Vimeo, muitos dos quais disponibilizam conteúdo sem custos. Até mesmo sites de streaming piratas estão disponíveis na internet, com catálogos de filmes novíssimos e sem cobrança de preço, ainda que operem na ilegalidade.

Qual diferença motivou o sucesso da Netflix? Ela pode ser explicada pela construção de um ponto de paridade com os canais de TV quando negociaram para incluir o botão Netflix em controles remotos de SmartTVs de muitos fabricantes. Esse botão Netflix, por mais simples que seja, retirou a Netflix da concorrência por outros sistemas de streaming e a colocou concorrendo com canais de TV. Afinal, bastava apertar o botão Netflix para ter acesso ao conteúdo, assim como bastava apertar o botão para ter acesso ao canal de TV da Warner, Sony, Telecine ou qualquer outro. O botão Netflix incluiu a marca em outro conjunto mental dos consumidores.

FIGURA 5.3 **Controle remoto da Philips com o botão Netflix**

© Premier.shutterstock/Jarretera

Se o vídeo *on demand* não é um diferencial na comparação entre Netflix e outros canais de streaming, esse benefício se torna absolutamente sedutor quando o termo de comparação são os canais tradicionais, em que o consumidor deve se adequar ao horário do canal e não o contrário. A possibilidade de ver um filme ou série no horário desejado, de maneira fácil e rápida, somente apertando um botão, em vez de ligar o computador à TV com um cabo HDMI, fez com que os custos de tempo ou acesso para assistir à Netflix fossem bastante reduzidos e seu diferencial de iniciar o programa no momento de desejo do consumidor, ressaltado.

O serviço se popularizou junto aos novos proprietários de SmartTVs e a Netflix cresceu em ritmo exponencial, deixando para trás outros serviços similares e conquistando uma base de clientes e faturamento que permitiu uma expansão geográfica rápida e a possibilidade de investir em conteúdo original, tornando-se o fenômeno que é hoje. Uma vitória do ponto de paridade do botão, que fez a Netflix deixar de ser comparada com um serviço de streaming do computador e começar a ser vista como um canal de TV.

Os pontos de paridade, portanto, acabam por ajudar a identificar em qual mercado a marca deseja concorrer, ajudando os consumidores a entenderem seu uso e quais marcas deve substituir. Esse ponto é muito importante, pois se o consumidor não conseguir alojar a marca em um mercado, ela acabará esquecida.

O consumidor, no atual contexto de consumo e concorrência, conta com um grande conjunto de opções para quase tudo. Por isso, se não ficar muito claro para ele o que deve parar de usar para testar a nova marca, ele não se preocupará em fazer essa definição por si próprio.

Esse também é um erro comum das empresas. Ao não definir exatamente quando o consumidor deve usar aquele produto para que ele tenha mais "liberdade" para decidir, a empresa está condenando a marca ao fracasso.

Clayton Christensen, autor do conceito de *jobs to be done*, dá um exemplo que deixa claros os perigos de dar "liberdade" para o consumidor decidir quando ele quer comprar ou usar o produto. Segundo pesquisa de Christensen, a Unilever desenvolveu uma sopa de micro-ondas que podia ser preparada rapidamente (bastava esquentar água em uma caneca no micro-ondas e despejar o conteúdo do envelope) e proporcionava uma certa saciedade, mas não deixava as pessoas empanturradas. Ela poderia ser consumida na mesa de trabalho e ajudava o consumidor a fazer uma pausa no dia a dia corrido durante o tempo necessário para ir até o local, prepará-la e consumi-la. Ela foi chamada de Soupy Snax. Os resultados de lançamento, na Índia, foram medíocres.

FIGURA 5.4 Knorr Soupy Snax, sopa de preparo imediato lançada pela Unilever no mercado indiano

Os consumidores não entenderam qual era a função da sopa ou qual produto ela deveria substituir. Como na Índia é comum tomar "caldos" quentes em diversas situações e durante várias horas do dia, os consumidores não sabiam como deveriam usar aquele produto em casa ou no trabalho: pela manhã, depois do almoço ou à noite, antes de dormir. Dependendo da situação, a sopa instantânea se tornava um produto pouco atraente. Por exemplo, no período da manhã e no fim da noite, os consumidores estavam em casa e podiam ter acesso a um produto caseiro. Além de a sopa já ser um alimento preparado regularmente, pois faz parte da cultura indiana, uma sopa caseira, feita com ingredientes naturais, era mais gostosa e saudável, e potencialmente mais barata. Ou seja, o Soupy Snax era uma opção cara e pior.

Com a dificuldade de atribuir um uso para o produto, os pontenciais consumidores simplesmente o ignoraram. Depois de um tempo, com a identificação de que os consumidores não estavam encontrando um momento ideal para o consumo do produto, um gestor da marca resolveu renomear o produto para Soupy Snax 4pm. Com a indicação clara de que o momento do consumo era no meio da tarde, compreendeu-se para qual situação o produto era ideal. Às 4h da tarde, os consumidores não tinham acesso à sopa feita em casa. Ao mesmo tempo, precisavam de um snack para se sustentarem até o horário do jantar. Nessa faixa de horário, a conveniência do Soupy Snax fazia sentido, pois bastava água quente para o preparo do produto.

Ele passou a disputar essa faixa de mercado e conseguiu conquistar mais destaque, aumentando suas vendas.

Os pontos de paridade servem para detalhar o momento de consumo do produto e quais outros produtos ele pode substituir. Se a marca for destinada a

DEFINIÇÃO DO POSICIONAMENTO

substituir produtos em um mesmo mercado, tem-se uma concorrência regular, como estamos acostumados a analisar. Contudo, a marca pode ser feita para disputar entre mercados[1] e, com isso, ter um diferencial que funciona de maneira mais intensa, justamente porque ela foge das características comuns aos concorrentes que estão resolvendo aquele problema.

O Soupy Snax 4pm fez isso ao concorrer com biscoitos, barras de cereais ou o café que era consumido nesse momento específico. A Netflix fez isso ao se colocar como um sistema de streaming no meio dos canais de TV. Posicionar-se entre mercados pode ajudar a encontrar um nicho de mercado pouco explorado, enfatizar elementos de diferenciação e ser um elemento que leve ao sucesso da construção de uma marca e dos negócios. Com isso em mente, os pontos de paridade podem ser essenciais para o planejamento de uma marca de sucesso e demandam análise profunda e fundamentada.

Ao se definir os pontos de paridade e os pontos de diferença, já tendo planejado e alinhado o público-alvo e a concorrência, torna-se muito mais simples fechar a síntese da declaração do posicionamento, que é uma das etapas mais fundamentais do processo de desenvolvimento de uma marca.

Há, ainda, outras ferramentas que podem auxiliar no processo de alinhamento e ajuste dos benefícios que estão presentes no posicionamento, bem como comparar graficamente o posicionamento da marca com seus concorrentes. Essas ferramentas são o laddering e o mapa perceptual.

5.2
LADDERING

O laddering é uma ferramenta bastante utilizada no processo de criação de marcas. Derivado de palavra *ladder* (escada), é uma progressão de benefícios em degraus, partindo dos atributos e benefícios mais racionais e palpáveis até os benefícios mais abstratos, que focam nas necessidades de estima e autorrealização dos consumidores.

As funções do laddering podem variar de acordo com o posicionamento da marca. Para as marcas que exploram benefícios de estima e realização, o laddering oferece um "lastro" racional para que os consumidores passem a aceitar os benefícios mais abstratos. O lastro racional tende a ser mais fácil de ser percebido e ajuda na criação de credibilidade para que as diferenciações emocionais e simbólicas sejam percebidas como críveis pelos consumidores.

---

1   A concorrência entre mercados acontece quando, por uma ocasião específica de consumo, produtos de diferentes mercados atuam na mesma necessidade, e são concorrentes mesmo não estando na mesma categoria.

Para as marcas que exploram benefícios funcionais, também é necessário ter um indicativo de qual é o propósito maior da marca. Essa é uma maneira de intensificar as relações entre consumidores e marcas. Consumidores não criam relacionamento com funções, mas sim com atitudes e propósitos presentes na personalidade da marca. Portanto, é importante que a marca tenha essas relações desenhadas, mesmo que elas sejam utilizadas de maneira secundária.

O laddering é, portanto, um exercício que mostra as relações entre os diversos tipos de benefícios de uma marca. Ele os alinha e faz com que sejam questionadas a sua relevância e adequação dentro da estratégia completa de benefícios da marca.

Essa ferramenta também pode ser utilizada para aprofundar os significados da marca assim que o consumidor entender os benefícios básicos. Como a construção dos conceitos mais emocionais tende a ocorrer tardiamente em relação aos conceitos funcionais, o laddering proporciona uma sensação de progressão da marca em que cada degrau subido pelo consumidor aumenta seu nível de relacionamento com a marca. Nesse sentido, o laddering pode ser utilizado como um elemento de planejamento da evolução da marca na medida em que ela intensifica seu relacionamento com os consumidores, das etapas mais racionais às conexões mais emocionais.

A maneira de se construir o laddering é seguir uma sequência lógica que se inicia por um atributo de produto, passa por benefícios funcionais, benefícios emocionais e, finalmente, os valores pessoais e duradouros da marca. Para garantir a progressão correta e a ligação entre os benefícios, deve haver uma relação de causa e consequência. Os benefícios em degraus superiores da escada são consequência dos benefícios inferiores, e os benefícios inferiores são a causa dos benefícios imediatamente posteriores.

As etapas do laddering podem ser definidas como a fase de atributos, benefícios funcionais, benefícios emocionais e valores duradouros.

A primeira fase, de atributos, é a que dá o lastro à subida da escada e deve conter uma característica, ingrediente ou elemento fisicamente presente na entrega do produto ou serviço. Alguns são bastante claros, como um quarto de creme hidratante de Dove. Outros são características inerentes à categoria de produtos, mas podem ser percebidos mais fortemente em alguns produtos específicos, como os lactobacilos vivos em um pote de Yakult. Algumas marcas ainda preferem nomear os elementos presentes com algum nome patenteável, para criar certa exclusividade, como o "Dan Regularis" do Danone Activia. As maneiras como as marcas chegarão a esse atributo são diversas, mas o importante é que se encontre algo palpável e facilmente perceptível pelo público-alvo. Aqui mais uma vez nos apoiamos em marcas que são massivamente conhecidas, mas é claro que essa entrega de atributos pode acontecer nos mais diferentes tipos de mercado, no B2B ou B2C.

DEFINIÇÃO DO POSICIONAMENTO

Eles não precisam necessariamente ser um ingrediente, mas algo que faz parte da concepção do produto ou serviço. Grifes de roupa internacionais se apoiam no nome de seus estilistas. Parques de diversão se estruturam a partir de personagens já conhecidos. Escritórios de advocacia se credenciam pelo currículos dos sócios.

Após encontrar esse elemento percebido como presente no produto ou serviço, é necessário explicar para o consumidor o que ele ganha com aquele benefício, ou seja, por que a presença daquele atributo leva o produto a ter um resultado superior aos seus concorrentes. O Dove tem um quarto de creme hidratante e não resseca a pele como um sabonete comum, portanto deixa a pele mais hidratada. O Yakult possui lactobacilos que ajudam a reparar a flora intestinal, portanto garante bem-estar. O "Dan Regularis" ajuda a regular as funções intestinais. Caso o gestor sinta a necessidade de deixar mais claro o que o consumidor recebe como vantagem em cada uma das etapas, ele pode adicionar mais benefícios funcionais ou emocionais de acordo com essa necessidade, como a Dove, que utilizou duas etapas de benefícios funcionais nesse exemplo fictício construído para ilustrar o livro.

CASO 5.2

A CONSTRUÇÃO DO SIGNIFICADO DA MARCA DOVE

Dove, da Unilever, é uma das marcas em que podemos identificar claramente o uso da ferramenta do laddering. Ela consegue, há anos, ser uma das marcas globais que mais se aproxima emocionalmente de seu público-alvo. Suas propagandas voltadas para a autoestima das mulheres, geralmente feitas de maneira viral, impactam profundamente milhões de pessoas e a tornam uma das marcas mais amadas pelos consumidores.

A marca não conseguiu essa reputação e afeto da noite para o dia. Ela seguiu um processo para construir suas relações com os consumidores por meio de benefícios emocionais, usando o laddering para dar o lastro funcional às suas promessas emocionais.

No início, a Dove vendia apenas sabonetes cujo princípio básico era oferecer hidratação superior por meio de um atributo claro: a inclusão de "um quarto de creme hidratante" na formulação do produto. No entanto, esse atributo não é suficiente para que o consumidor entenda o que ele ganha por estar consumindo esse produto em detrimento de outros. É preciso informá-lo por que um sabonete com um quarto de creme hidratante é melhor que os sabonetes tradicionais.

A Dove fez isso mostrando o quanto a pele fica melhor de ser tocada se estiver hidratada, em vez de ressecada, com os clássicos comerciais que mostram os outros sabonetes ressecados e partidos ou com um pedaço de papel, recortado no formato de uma representação humana, que se degrada mais rapidamente ao ser colocado em contato com uma barra de sabonete comum em comparação com outro colocado em contato com Dove. O texto que acompanha as imagens é o slogan "Só Dove tem um quarto de creme hidratante e não resseca a pele como um sabonete comum".

Nesse ponto, a Dove começou a diferenciar-se fortemente de seus principais concorrentes. O discurso comum desse mercado é que as pessoas, em especial as mulheres, fiquem mais hidratadas para se tornar mais atraentes para o outro. A mulher fica com a pele mais hidratada para que ela possa conquistar o pretendente ou relacionar-se melhor com o marido. A mãe quer ficar com a pele mais hidratada para poder abraçar seus filhos de maneira mais gostosa. O benefício sempre é utilizado para agradar o próximo. A Dove faz diferente. Ela prefere explorar o benefício da hidratação voltada para o próprio bem-estar da mulher, ou seja, deixando ela mais confortável ao toque para que ela mesma se sinta melhor. Seus comerciais, quando exploram esse tipo de apelo, sempre mostram uma mulher ou um grupo de mulheres tocando a própria pele, acariciando o próprio rosto e, com isso, demonstrando o benefício de uma maneira muito íntima e pessoal.

O laddering da marca Dove é: sabonete com um quarto de creme hidratante (*atributo de produto*), deixa a pele mais macia (*benefícios funcionais*), mais confortável ao toque (*benefícios funcionais*), valoriza minha beleza (*benefícios emocionais*) e tudo isso melhora a autoestima (*valor pessoal e duradouro*).

Esse posicionamento não era explorado com muita intensidade por outras marcas no passado e até hoje é associado mais fortemente à marca Dove. A partir do benefício de ordem mais emocional, ele consegue subir o último degrau da escada do laddering: valores pessoais e duradouros.

Esse último estágio é o propósito da Dove de aumentar a autoestima da mulher, independentemente do seu tipo de beleza – a valorização da "beleza real". Com esse propósito bem comunicado, mas ainda mantendo seus benefícios de produto – ser uma marca que entrega hidratação superior – a marca consegue se unir emocionalmente com seus consumidores e entregar diferenciais.

A próxima etapa é a transformação de benefícios funcionais em benefícios emocionais. Essa etapa costuma ser a que mais demanda reflexão por parte do gestor, pois o benefício deve remeter às sensações que o consumidor terá ao usar o produto. Para Dove, isso ficou definido como a sensação de conforto ao tocar a própria pele. Para Activia, é a sensação de não se sentir "estufada" pela prisão de ventre. Já para Yakult, a sensação de satisfação para a mãe ao proporcionar mais saúde para seus filhos.

A última etapa do laddering é transformar as sensações em valores. Esta também pode ser uma fase complicada em alguns casos, já que devemos tentar extrapolar a função do produto para algum propósito maior e, em muitos casos, pode haver exagero na concepção desse benefício, conforme exposto de maneira cômica pelo cartunista Tom Fishburne na Figura 5.5.

FIGURA 5.5 Extrapolação da concepção do laddering

Fonte: FISHBURNE, T. Brand laddering. In: MARKETOONIST. [s.l.]: Marketoonist, 2012. Disponível em: <http://tomfishburne.com/2012/06/brand-laddering.html>. Acesso em: 17 fev. 2023.

É importante que a marca tenha um propósito. No entanto, esse propósito deve ser coerente com a proposta funcional da marca e com o impacto que ela pode ter na vida das pessoas. Para não extrapolar, como mostra a Figura 5.5, a marca deve buscar algo que consiga seduzir o consumidor e que seja relevante no momento de uso específico do produto. Mesmo a marca Dove, que, com muito esforço e uma grande verba de mídia, consegue propagar seus esforços de aumentar a autoestima das mulheres, por vezes é criticada por especialistas e consumidores por se propor a resolver algo tão complexo quanto a autoestima feminina com produtos de higiene pessoal.

Dessa maneira, é bom para a marca ter uma visão mais ampla de como contribui para a sociedade. Essa visão deve ter uma relação com a realidade do seu mercado e do envolvimento que o consumidor tem com ela. Exemplificando com uma das marcas que temos discutido, a Yakult pode esperar ser uma marca cujo propósito é melhorar o bem-estar das pessoas a partir do seu sistema digestivo. Contudo, se prometesse algo como "a evolução da saúde humana", isso soaria exagerado e, assim, seria desconectado da promessa central da marca.

5.3
MAPAS PERCEPTUAIS

Outro elemento que ajuda no desenvolvimento do posicionamento são os mapas perceptuais. Eles ajudam na visualização de aspectos específicos do posicionamento e podem mostrar onde se quer chegar.

Um mapa perceptual pode ser feito de maneira qualitativa interna, qualitativa externa ou quantitativa externa. Internamente, os gestores e outros colaboradores envolvidos com a marca podem definir os critérios de classificação, entre aqueles que são relevantes no mercado, e definir em conjunto a posição no gráfico em que percebem a marca e os concorrentes. Essa visão trará um viés interno, mas ainda assim é válida em momentos de reavaliação de ações e contatos de marca.

Para propiciar um olhar externo, seja qualitativo ou quantitativo, é necessário o uso de técnicas específicas de pesquisa, as quais devem ser feitas com o apoio de um instituto de pesquisa. Para fazer esse mapa com a opinião qualitativa dos consumidores, é interessante trabalhar entrevistas em profundidade ou grupos focais, nos quais a discussão é moderada por um especialista e ele traz um certo consenso de mercado entre os participantes sobre a localização das marcas em suas lembranças. Nesse caso, a própria visão das marcas concorrentes pode ser sugerida pelos consumidores, o que em si pode trazer uma perspectiva interessante de relação entre categorias ou marcas que são consideradas concorrentes e que ainda não foram mapeadas pela empresa.

No caso de se fazer uma pesquisa quantitativa, é necessária a preparação de um questionário com os principais atributos e associações do mercado e da marca a ser estudada e seus concorrentes. Nesse caso, a lista de concorrentes deve ser feita de antemão. O grupo de consumidores é então solicitado a avaliar comparativamente as marcas nos itens definidos em Escala Likert. Posteriormente, esses resultados são plotados em forma de gráfico.

As Figuras 5.6 a 5.8 mostram alguns exemplos de mapas perceptuais.

DEFINIÇÃO DO POSICIONAMENTO

FIGURA 5.6 Exemplo de mapa perceptual quantitativo externo, com os percentuais de lembrança e concordância aos critérios preestabelecidos

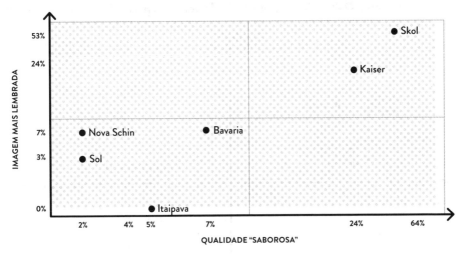

Fonte: elaborada pelo autor. Meramente ilustrativo.

FIGURA 5.7 Exemplo de mapa perceptual qualitativo

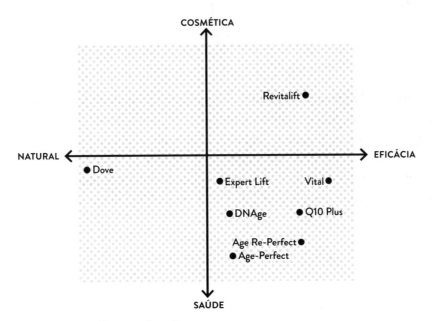

Fonte: elaborada pelo autor. Meramente ilustrativo.

FIGURA 5.8 Mapa perceptual mostrando o objetivo de a marca ser percebida como tendo "mais cortesia", por meio do uso da seta indicando a posição que a marca Delta Air Lines gostaria de ocupar a partir da sua posição atual

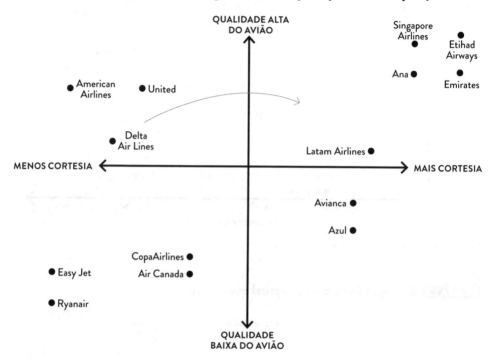

Fonte: elaborada pelo autor. Meramente ilustrativo.

O segredo do mapa perceptual é escolher corretamente as dimensões que são as mais relevantes para os consumidores. Caso o produto seja muito complexo e múltiplas dimensões precisem ser analisadas, é possível fazer mais de um mapa perceptual de cada mercado, considerando as variáveis.

O mapa perceptual tem como objetivo transformar um material que, muitas vezes, é conceitual e complexo em algo mais visual e fácil de ser analisado.

APROFUNDANDO A PRÁTICA
Um template para o laddering

Um formato para se construir o laddering é bastante simples, afinal, deve apenas mostrar graficamente a progressão dos atributos aos valores. O gestor responsável pelo exercício deve fazer esse encadeamento com a preocupação de elaborar um texto curto, de fácil entendimento e, principalmente, coerente.

É possível aumentar a quantidade de benefícios funcionais ou emocionais caso se julgue necessário explicar a progressão do benefício de maneira mais detalhada. No entanto, não é interessante fazer muitas etapas, pois, se isso for preciso, é provável que haja muita complexidade nos benefícios ou que eles não estejam se relacionando bem entre si.

Outro ponto de atenção é a maneira como os benefícios serão redigidos. Identificar os benefícios é apenas parte da solução; é preciso também redigir de maneira clara e assertiva, como se procurou fazer no exemplo da Dove.

FIGURA 5.9 Template para o laddering

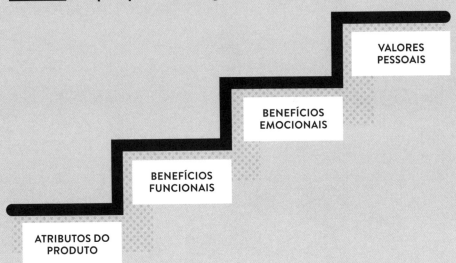

Fonte: BHASIN, H. What is brand ladder and how to use it for brand building? *Marketing91*, dez. 2017. Disponível em: <https://www.marketing91.com/brand-ladder>. Acesso em: set. 2019.

CAPÍTULO 6

A CONSTRUÇÃO DO SIGNIFICADO DAS MARCAS

O posicionamento é a etapa das escolhas. É o momento em que as diversas possibilidades, que se abrem quando se entende o público-alvo, são refinadas e focadas em um conjunto coeso de benefícios. É a síntese dos elementos principais a serem construídos pela marca. Esse momento pode ser simbolizado por um funil, no qual as muitas possibilidades se tornam um foco de desenvolvimento, como na Figura 6.1.

FIGURA 6.1 O posicionamento da marca pode ser simbolizado por um funil

Fonte: elaborada pelo autor.

O poder de síntese do posicionamento é muito relevante para organizar os esforços de toda a empresa em direção a um mesmo objetivo. No entanto, ele pode ser sucinto demais para orientar de maneira ideal todos os processos originados pelo posicionamento. Deve-se fazer, a partir desse foco original, uma difusão de orientações e iniciativas para que fique claro como o posicionamento irá alterar cada uma das ações da empresa.

Esses desdobramentos dependem do tipo de negócio da empresa. Empresas de serviços podem ter grandes preocupações com atendimento e treinamento de funcionários. Empresas de produtos tecnológicos podem ter grandes preocupações com a inovação. Grupos de produtos premium ou de luxo buscarão diferenciação e grandes marcas de massa desejarão maior produtividade para tentar reduzir custos e facilitar o acesso para o consumidor. Assim, o tipo de desdobramento irá variar de acordo com o mercado e a marca, tendo impacto nas táticas de cada área do negócio, onde se incluem as decisões sobre o composto de marketing (produto, preço, praça e promoção). A Figura 6.2 é complementada com os elementos que são definidos a partir do posicionamento da marca.

FIGURA 6.2 Elementos definidos a partir do posicionamento da marca

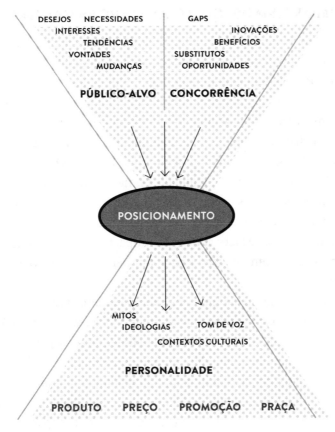

Fonte: elaborada pelo autor.

Antes de se chegar às decisões do composto de marketing, existe um conjunto ainda conceitual de decisões que deverão ser tomadas pelo time estratégico de marca. São decisões que têm como objetivo dar profundidade e granularidade à proposta de marca. De um posicionamento específico se abrem possibilidades de personalidade e de um olhar cultural para como a marca deve interagir no seu ambiente de consumo e uso, desenvolvendo a maneira como a marca deve se comportar nos pontos de contato. É o momento em que o conceito da marca ganha uma alma.

Para, a partir do posicionamento, dar características humanas à marca, será discutido o desenvolvimento da personalidade de marca, a escolha de ideologias, o desenvolvimento dos mitos da marca e a definição do tom de voz. Esses elementos começam a compor uma marca complexa para que ela possa orientar corretamente as decisões empresariais e conectar-se de maneira íntima com seu público-alvo.

6.1

ANTROPOMORFISMOS: COMO AS MARCAS GANHAM VIDA

As marcas adquirem significados pela relação que estabelecem com seus consumidores e público-alvo. Isso ocorre, entre outras maneiras, por meio do processo de antropomorfismo. Esse processo é comum à condição humana e, no caso das marcas, pode ser feito de maneira natural pelos consumidores, conforme eles se relacionam com os produtos e as marcas no seu dia a dia.

O antropomorfismo é o processo de atribuir características ou aspectos humanos a animais, objetos, elementos da natureza e outros presentes na realidade em geral. Os produtos, como parte da realidade humana, sofrem também um processo de antropomorfização. Isso costuma ser feito para que as relações entre esses produtos (e animais, objetos e elementos da natureza) e os humanos se intensifiquem. É uma maneira de se fazer com que o impacto desses elementos seja maior na vida das pessoas e, como consequência, também seja maior o valor de estima que atribuímos a eles.

Os animais de estimação são grandes exemplos desse processo. Em um sítio, por exemplo, um humano tem vários animais à disposição, mas há uma clara distinção entre eles. Os animais usados para alimentação, sejam galinhas, vacas, porcos ou cabras, não têm nome. Não se brinca com eles. Não há preocupação com seu bem-estar, exceto se isso impactar na produção à qual estão destinados. Já o animal de estimação, nesse mesmo lugar, recebe um nome. O dono conversa com ele, preocupa-se com seu bem-estar e é permitido a ele participar de certas situações quase como um humano. Se ele reclama, o dono se preocupa e tenta entender seu desejo. O dono o leva passear, compra brinquedos e, eventualmente, até o veste reproduzindo as roupas de um ser humano.

Essa distinção humaniza e aproxima o animal de estimação e afasta o animal que será sacrificado ou vendido para se tornar alimento. Afastar-se do animal que será sacrificado é uma defesa psicológica para que não se tenha o peso da culpa pelo sacrifício dele.

Para que serve um animal de estimação? Sua única função é fazer companhia. A interação é algo essencial para o bem-estar humano e, na impossibilidade de se relacionar com outro humano, essa interação pode ser substituída pela relação com um animal de estimação. Para incrementar essa relação, o animal é antropomorfizado. Ele recebe um nome, um estilo, uma rotina e, muitas vezes, é tratado como um membro da família. Como consequência, as relações entre o animal e o dono se intensificam e ocorre o efeito desejado da companhia.

A CONSTRUÇÃO DO SIGNIFICADO DAS MARCAS

CAPÍTULO 6

149

FIGURA 6.3 Animais antropomorfizados são bastante comuns e apontam tendência de crescimento

O animal de estimação desenvolve uma relação tão intensa com o dono que chega a ser tratado como filho ou irmão. Quando um desses animais morre, a sensação de perda e luto se assemelha à de um ser humano. Com objetos e marcas antropomorfizadas, algo similar acontece.

> **CASO 6.1**
>
> **ANTROPOMORFIZAÇÃO DE OBJETOS NO FILME "O NÁUFRAGO"**
>
> Quanto maior a sensação de isolamento social ou a necessidade de se ter relações humanas, mais intenso é o efeito da antropomorfização. O filme *O náufrago* traz uma situação em seu enredo que auxilia na compreensão do conceito.
>
> O personagem de Tom Hanks é um homem que sobrevive a um acidente aéreo e passa décadas sozinho em uma ilha, sem contato com qualquer outra pessoa. Em dado momento, seu isolamento é tão grande que ele elege um objeto – uma bola de vôlei – e a antropomorfiza, chamando-a de Wilson e conversando com ela regularmente. Ele faz isso como uma defesa psicológica ao isolamento, para ter a sensação de convivência humana. A relação se intensifica de tal maneira que a cena em que "Wilson" é levado por uma onda faz com que o personagem principal pule na água para tentar salvá-lo e chore copiosamente quando percebe que não conseguirá recuperá-lo. A cena mostra que, para o personagem, a perda do objeto é sentida como a perda de um ser vivo. Guardadas as devidas proporções, relações similares são percebidas entre marcas e produtos e seus usuários.

Adolescentes dão nomes às suas bicicletas. Homens dão nomes aos seus automóveis. Algumas mulheres tratam bolsas com carinho e dedicação. Pais delegam parte da nutrição de seus filhos a marcas de alimentos que julgam competentes. Esportistas entendem que determinado tênis ou equipamento é parceiro na conquista de resultados. Quando certas marcas estabelecem relações análogas às relações humanas com seus consumidores, elas proporcionam uma relação mais intensa, que leva à construção de valor.

As pessoas antropomorfizam as marcas pois buscam dar aos objetos maior familiaridade, fazendo o não humano parecer mais humano. Elas confiam e obtêm maior comodidade quando usam essas marcas. Elas diminuem as incertezas provenientes de um mundo ambíguo e complexo buscando a redução de riscos por meio dessa proximidade imaginária.

Ainda que esse fenômeno aconteça naturalmente, as marcas podem sugerir certas posturas que fazem o processo de antropomorfização acontecer mais rapidamente e de maneira mais homogênea e controlada. A marca Michelin, por intermédio de um personagem, cria a personalidade de uma marca confiável, próxima e preocupada com a saúde dos viajantes dos automóveis. A marca Johnnie Walker, com a figura de John Walker, primeiro dono da marca, estampada no seu logo, mostra uma história ancestral de preocupação e cuidado na produção do uísque. Até mesmo a marca Pantene se apropria de uma figura externa, Gisele Bündchen, para dotar sua marca de uma personalidade de sucesso, beleza, glamour e conectada à moda. A imagem da marca fica atrelada a esses personagens ou histórias e o antropomorfismo é facilitado.

FIGURA 6.4 Exemplos de sugestões de antropomorfização que algumas marcas fazem aos seus consumidores

A CONSTRUÇÃO DO SIGNIFICADO DAS MARCAS

6.2
UM BREVE OLHAR SOBRE A VIDA DAS MARCAS NA SOCIOLOGIA E ANTROPOLOGIA

A própria história de produção e consumo das marcas pode criar elementos de personalidade. Autores da sociologia, como Igor Kopytoff, Arjun Appadurai e Pierre Bourdieu, discutem como uma marca pode adquirir vida a partir da sua história de produção e consumo, e posteriormente revenda e reúso, até seu descarte.

Kopytoff[1] constrói seu raciocínio em função de um estudo que fez com a etnia Sukus, no Zaire, e o uso que davam às suas tendas. As tendas passam por diferentes usos durante seu ciclo de vida: primeiro, são habitadas por um casal. Depois, sucessivamente, tornam-se hospedagem para visitantes, a casa de uma viúva, um local de diversão para jovens, uma cozinha, até se transformarem em um local para se manter cabras e galinhas. Oferecer a um hóspede uma tenda que é uma cozinha diz algo sobre o status do hóspede, caso haja outras tendas para se oferecer, ou sobre a riqueza do anfitrião, caso não haja outros locais disponíveis para usar de hospedaria. Nesse caso, percebemos uma relação social e simbólica de acordo com a história da mercadoria. Afinal, a tenda oferecida pode qualificar seu dono e seu hóspede. A história da tenda constrói o valor dela.

A história do objeto pode ser individual, como uma joia herdada por diferentes membros de uma família, que passa a ter um simbolismo muito superior ao seu valor financeiro, ou uma casa, que é construída por um conjunto de pessoas com um propósito específico e depois é reconfigurada à medida que esse imóvel é vendido e ajustado a novas necessidades, mas mantendo a história de suas alterações. Essa história pode aumentar ou reduzir o valor de uma mercadoria, dependendo de qual é a história e da possibilidade de o bem continuar a exercer a sua função.

De maneira similar, isso acontece com as marcas de consumo em nossa sociedade contemporânea. Podemos traçar o paralelo entre uma tenda nova e uma marca de prestígio e uma tenda velha e uma marca de pouco prestígio. Oferecer um produto considerado de baixo prestígio para um hóspede mostra pouco apreço por ele ou que a casa tem poucos recursos para oferecer. Nesse caso, a história da mercadoria não foi adquirida durante a história do objeto, como as tendas dos Sukus, mas sim em função da lembrança que a marca conseguiu estabelecer naquele grupo social. Ela foi construída pela sua imagem projetada, como uma grande história de todos os produtos já feitos e consumidos sob a marca.

---

1 KOPYTOFF, I. The cultural biography of things: commoditization as a process. In: Arjun Appadurai (ed.). The social life of things. *Commodities in cultural perspective.* Cambridge: University Press, 1986.

É comum vermos essas histórias sendo contadas em propagandas e outros meios de comunicação, abordando a história do seu fundador ou da região em que o produto é produzido. Qualquer uso ou história pode dotar a marca de uma personalidade e, com isso, dotar a marca de valor.

Essa criação da personalidade da marca e a forma como ela é disseminada na sociedade tem uma interessante perspectiva na visão de um antropólogo que estuda as relações de consumo: Grant McCraken. Segundo McCraken,[2] o mundo é culturalmente constituído. Ele possui ideologias e histórias próprias, que são resultado de organizações sociais criadas para que as pessoas possam interagir e conviver. Nesse mundo constituído, as marcas vão buscar as ideologias que tenham uma relação com seu propósito para integrá-las à sua personalidade. Portanto, McCraken entende que qualquer história individual de marca está lastreada em um aspecto ideológico cultural. Essa visão está em consonância com Kopytoff, pois as tendas dos Sukus só adquirem essa simbologia porque são culturalmente constituídas.

Para captar esses aspectos culturais e integrá-los à sua personalidade, as marcas terão de usar elementos que transmitem significado. No estudo original de McCracken, esses elementos são a publicidade e a moda. No contexto atual, outro conjunto de elementos pode fazer o mesmo papel, como a cultura pop, os influenciadores e as celebridades, os memes e outros transmissores de mensagens das marcas.

Isso dotará a marca de produto ou serviço de um conjunto de características que estão de acordo com o mundo cultural constituído e detalham o espaço que ela procurará ocupar nele. Os consumidores comprarão os produtos cujas características culturais e simbólicas se adequem à sua personalidade (ou à faceta de personalidade que pretendem explorar naquele momento) e passarão a se apropriar desses símbolos por meio da posse da marca (comprar ou usar uma marca), da troca da marca (presentear ou receber um presente), dos cuidados pessoais (como utilizar aquelas marcas para compor a imagem pessoal) e de rituais de desapropriação (como ressignificar um produto comprado usado ou desapropriar o significado de um bem que será vendido). A Figura 6.5 mostra a movimentação do significado.

---

2   McCRAKEN, G. D. *Culture and consumption II*: markets, meaning, and brand management. Indiana: University Press, 2005.

FIGURA 6.5 Esquema de transmissão de significado de McCraken sobre como as marcas de bens de consumo ganham significado cultural

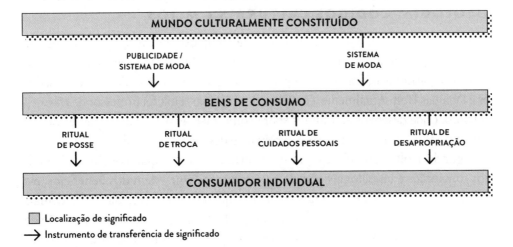

Fonte: McCRAKEN, G. Cultura e consumo: uma explicação teórica da estrutura e do movimento do significado cultural dos bens de consumo. *RAE-Clássicos*, jan.-mar., 2007.

O artigo de McCracken, ainda que tenha sido feito em outro momento, tornou-se um clássico porque, independentemente da maneira como as mídias são utilizadas hoje, elas acabam por seguir o mesmo processo ilustrado na Figura 6.5. A marca, ainda que possa ser uma entidade incrivelmente poderosa em função do seu poder de comunicação, não consegue criar um significado que já não esteja presente na cultura. Portanto, mais que criar uma cultura, ela se adequa à cultura local. Quando ela consegue criar um mercado consumidor, a cultura que representa foi aceita por aquele conjunto de pessoas. No entanto, a marca não é a origem da cultura. As ideologias já estão presentes no meio em que as marcas vivem; o que se pode é se envolver e potencializar certas ideologias. Como objetos inanimados que são, as marcas não têm vida própria. Elas dependem de um grupo social, ou de seus consumidores, para dotá-las de vida.

Ainda que de maneira breve, procurou-se destacar o processo de significação que ocorre nas marcas por meio do antropomorfismo e da história dos produtos e suas marcas. Essa etapa traz uma certa junção entre as questões das marcas e da sociologia, mas se faz essencial porque a sociedade é o mundo em que a marca vive. Sem entendê-la minimamente, não se consegue construir marcas fortes e engajadoras.

6.3
ESTRATÉGIA DE BRANDING CULTURAL: DEFINIÇÃO DE IDEOLOGIA, CÓDIGOS CULTURAIS E MITOS

O processo de dotar a marca de significado é complexo e nem sempre acontece de maneira organizada. No entanto, pesquisadores foram capazes de estudar marcas ícones e, a partir delas, entender seu processo de construção. Um desses pesquisadores é Douglas Holt. Atualmente, consultor de empresas, Holt foi professor de Harvard e Oxford, onde desenvolveu estudos sobre como marcas se tornam ícones e como a cultura pode ser um elemento estratégico para o desenvolvimento de marcas.

Segundo Holt,[3] uma marca tem uma certa essência, a qual contém os benefícios funcionais e emocionais que ela pretende construir. Além dos benefícios, ela tem algumas associações mentais essenciais que devem diferenciá-la das demais marcas do mercado. Com outra terminologia, Holt acaba por definir uma visão de posicionamento e proposta de valor. Segundo o autor, os benefícios e as associações mentais poderiam fazer com que uma marca obtivesse sucesso no mercado, mas não a transformariam em uma "marca ícone".

Uma marca ícone é aquela cujas lembranças e impacto transcendem as marcas "normais". Ela se torna uma grande referência e passa a representar culturas e costumes. Ela desempenha, no universo cultural simbólico, um papel similar a ícones sociais, como celebridades, políticos, empreendedores e esportistas de renome.

Ícones sociais, sejam eles reais ou personagens criados, como John Wayne, JFK, Michael Jordan, Rambo, Elvis Presley, Pelé e Steve Jobs, tornam-se relevantes e impactam a sociedade porque acabam sendo símbolos de um movimento, uma cultura, uma ideia que está presente na sociedade e da qual eles conseguem se apropriar ou simbolizar.

JFK é um ícone pois personificou a visão norte-americana de democracia, liberdade e vitória sobre as correntes ideológicas contrárias. John Wayne representou a visão do homem bruto, corajoso, desbravador, que promoveu o avanço da civilização americana pelo seu vasto território. Pelé representa a genialidade, criatividade e superação de um Brasil que começava a ser conhecido pelo mundo. Michael Jordan tornou-se ícone de uma geração que venceu a pobreza, a discriminação e a marginalidade para se tornar vitoriosa por meio do esporte. Elvis foi o símbolo da liberação sexual, da fusão de ritmos brancos e negros, de uma corrente de contracultura jovem que culminou no *rock'n'roll*. Steve Jobs é o símbolo do empreendedor que consegue lutar e vencer as grandes corporações com criatividade e desafiando o status quo. Todas

---

3 HOLT, D. B. *How consumers consume:* a typology of consumption practices. Journal of Consumer Research, n. 22, 1995.

A CONSTRUÇÃO DO SIGNIFICADO DAS MARCAS

essas pessoas tornam-se ícones culturais porque passam a representar uma época, uma sensação, uma ideia. Enquanto celebridades têm seu auge e depois desaparecem, ícones culturais permanecem vivos e conectados a um momento da história.

Holt destaca o que é um ícone cultural para dizer que marcas ícones podem ocupar lugares semelhantes na sociedade. Elas são diferentes de marcas "normais", pois não apenas representam um posicionamento ou identidade, mas passam a representar certas ideias, certos princípios e, por consequência, certos grupos sociais.

A Figura 6.6 mostra a relação entre ícones culturais, marcas ícones e marcas de identidade.

FIGURA 6.6 Quadro de Holt que mostra a interpelação entre ícones culturais, marcas ícones e marcas que possuem apenas uma identidade estabelecida

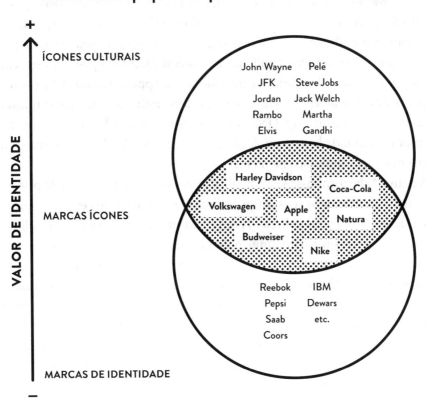

Fonte: HOLT, D. *How brands become icons*: the origins of cultural branding. *Harvard Business Press*, 2004.

Assim como os ícones culturais, as marcas culturais são muito mais relevantes pelas ideias que representam e sensações que estimulam do que pelas características funcionais de seus produtos. Elas podem até ser copiadas pelos concorrentes, mas estes jamais serão capazes de ocupar o ambiente social destinado a ela pelas pessoas.

A Harley Davidson pode não produzir as motocicletas mais potentes ou estáveis, mas seu design e o ronco do seu motor, junto com seu logo e outros elementos visuais, são ícones que representam um grupo social, os *bikers*. Essa representação icônica deve-se ao fato de a marca ter sido a primeira a dar vazão à transgressão e busca da liberdade através das estradas, representando um grupo social. Esse grupo incrementou seu papel social com o passar dos anos e tornou-se presente em diversos países e cidades do mundo. Para participar desse grupo, é imprescindível usar a marca e suas motocicletas, acessórios e peças de vestuário.

A Apple, desde sua fundação, representou um grupo de jovens visionários que entendiam que podiam mudar o mundo pelo uso da tecnologia. A marca, original do Vale do Silício, ajudou a fazer daquela região a referência global em tecnologia e inovação. Junto com aqueles que de fato estão fazendo novos produtos tecnológicos, há um conjunto de jovens (ou nem tão jovens assim) que admiram e emulam esse estilo de vida, incorporando a tecnologia ao seu dia a dia para se manterem mais conectados, facilitarem as tarefas e também poderem ser, em sua área de atuação, mas disruptivos e inovadores. A Apple, mais que fabricar produtos para esse estilo de vida, tornou-se ícone desse estilo de vida. Ainda que outros fabricantes, como Samsung, Dell, Sony e outros, possam fazer produtos que tenham tanta usabilidade ou tecnologia quanto a marca Apple, jamais conseguirão ocupar esse lugar simbólico na mente das pessoas.

A marca Nike tornou-se símbolo de superação pelo esporte. Ela dá poder para as pessoas desafiarem os seus próprios limites e os limites dos esportes que praticam. Esse limite foi sendo alterado com o passar do tempo, pois era um limite de desempenho e passou a ser o limite individual de cada atleta, levando em consideração suas limitações físicas – inclusive usando atletas com deficiências como porta-vozes. Contudo, a Nike sempre defendeu que era o esforço individual que levava à quebra de barreiras. A marca passou a ser um ícone porque se tornou um símbolo do "faça você mesmo", "supere-se", "só depende de você", que se traduziu na expressão "Just Do It". Outras marcas fazem produtos esportivos e alcançam grande sucesso vendendo esses produtos. Algumas até conseguem um destaque de estilo, como Puma, ou em um esporte específico, como Asics. Mas só a Nike transmite a sensação da ideologia do "Just Do It".

Essas marcas se tornam ícones porque conseguem extrapolar, com a ideologia que representam, os produtos que fabricam. Elas se tornam *unidades autônomas de comunicação*, em um termo cunhado por Andrea Semprini.[4] Elas acabam tendo uma

---

4   SEMPRINI, A. *A marca pós-moderna*: poder e fragilidade da marca na sociedade contemporânea. São Paulo: Estação das Letras, 2006.

vida própria para além dos seus produtos, pontos de venda e até função de produto. Como os ícones culturais transcendem sua condição humana, as marcas ícones transcendem a condição de produtos para se tornarem representantes de ideologias.

Como essas marcas surgem? Por que Nike, Apple e Harley Davidson se tornaram ícones e seus concorrentes não? Holt argumenta que elas conseguiram encontrar uma contradição aguda na sociedade – um processo de transformação cultural que estava latente, do qual elas conseguiram se apropriar. No caso da Harley Davidson, a busca da liberdade contra o conformismo e a racionalidade do mercado de trabalho da década de 1950 nos Estados Unidos. Para a Nike, a opressão e falta de perspectivas de um grupo que só poderia atingir o sucesso a partir do seu próprio desejo e esforço individual. Para a Apple, a visão de que a inovação tecnológica viria de fora das grandes corporações e o empoderamento do indivíduo empreendedor que luta contra as gigantes estabelecidas. Essas são as chamadas ideologias presentes em um conjunto social, que costumam ter origem em uma pequena tendência de grupos isolados e vão se tornando hegemônicas a partir da sua captação por outros grupos sociais. Nesse caso, a ideologia cresce e a marca, por representar a ideologia, cresce conjuntamente.

Ao representar essa ideologia, a marca também faz seus próprios esforços para torná-la mais relevante e impactante. Então, ainda que a origem das ideologias seja, de certa maneira, social, a marca, por meio das ferramentas de marketing, pode fomentar o crescimento da ideologia e, com isso, aumentar seu impacto social.

As marcas então constroem "mitos de identidade", tornando-se porta-vozes desses desejos e ansiedades sociais. Elas canalizam e potencializam as relações ideológicas, enquanto se apropriam delas; imbricam suas identidades às ideologias. Nesse momento, o posicionamento da marca passa a representar algo além de um produto ou serviço. Ele representa uma ideia e um grupo social.

Com isso, elas conseguem participar das ações rituais dos membros dos grupos sociais que defendem a ideologia. Lutar pela liberdade é andar com uma motocicleta Harley Davidson. Usar a tecnologia a favor da criatividade e inovação é usar produtos da Apple. Lutar contra a opressão social desafiando os próprios limites do corpo e do esporte é usar equipamentos esportivos da Nike.

Ao tornar-se parte do ritual daquela ideologia, a marca passa a fazer parte daquele grupo, como se o grupo não pudesse existir sem a presença dela. Quando essa relação é intensificada, a marca muitas vezes se torna não apenas participante do processo, mas o principal fato gerador daquela ruptura social. Usar Apple é ser criativo e inovador. Usar Nike é desafiar os próprios limites. Andar de Harley Davidson é ser livre. As marcas se tornam ativistas daquela ideologia. Podem se tornar líderes daquela ruptura social.

Esses exemplos estão presentes nas próprias comunicações da marca. A Apple tem dois comerciais icônicos que mostram isso, o "1984" e o "Think Different". No primeiro, ela é o elemento que luta contra o status quo. No segundo, ela se iguala ao patamar de grandes ícones humanos, como Einstein, Gandhi e Picasso. Mais que soar arrogante, ela acaba se tornando líder de um movimento.

Veja o vídeo "1984"
Fonte: PHINX. Big brother: um dos mais lendários comerciais da Apple com direção de Ridley Scott. MWZ Brasil, abr. 2017. Disponível em: <https://www.youtube.com/watch?v=dAJRvgVOD_M>. Acesso em: fev. 2023.

Veja o vídeo "Think Different"
Fonte: TBWA/CHIAT/DAY. Think different. Vídeos motivacionais, mar. 2016. Disponível em: <https://www.youtube.com/watch?v=9P_vg_uGBkE>. Acesso em: fev. 2023.

A construção da marca ícone, para Holt, passa por alguns passos:

- **A ideologia:** o primeiro é encontrar uma ideologia que rompa com a ortodoxia cultural vigente. Isso é importante porque é provável que as ideologias vigentes já tenham certos rituais e marcas associadas a ela. Lutar nas ideologias existentes é tentar disputar associações e sensações com marcas que já estão estabelecidas e que possuem a lealdade da maioria dos consumidores. A ideologia deve estar alinhada ao propósito da empresa e aos seus valores intrínsecos. É preciso efetivamente participar da ideologia e concordar com ela, não apenas tentar se apropriar de algo que pareça que terá sucesso.

- **Os códigos culturais:** a segunda etapa é o uso ou apropriação de códigos culturais da ideologia. São os ícones eventualmente já presentes na cultura que possam ser usados ou apropriados como elementos de comunicação da marca. Podem ser celebridades, atividades, eventos e personagens. São estilos de tratamento verbal, uso de textos e imagens, comportamentos e atitudes. Trata-se de construir uma maneira de expor a marca que esteja alinhada e seja aceita pelo grupo social-alvo.

- **Os mitos:** a terceira etapa consiste em envolver e, por meio de tentativas, expandir e liderar essa ideologia. Para que isso seja possível, é preciso desenvolver rituais de uso da marca alinhados aos comportamentos ideológicos daquele conjunto social e construir histórias de vida e experiências de convivência com aquele grupo social. Trata-se de participar de eventos e situações que construam a identidade desse movimento, viver situações e criar histórias

A CONSTRUÇÃO DO SIGNIFICADO DAS MARCAS

conjuntas com os consumidores que sejam transmissoras dessa ideologia. É o momento em que se passa a liderar o movimento.

A construção de uma marca cultural é complexa, pois, assim como em outras frentes, a marca e organização têm pouco controle sobre a maneira como o processo será feito e percebido pelos consumidores. Envolver-se em uma ideologia é ser aceito por um grupo social. Por qualquer motivo, a marca pode ser negada por aqueles consumidores e talvez não consiga levar a cabo a estratégia de branding cultural.

Outro fator de insucesso é a própria ideologia tornar-se muito pequena ou desaparecer. Apple, Nike e Harley Davidson foram bem-sucedidas porque se envolveram com ideologias que se tornaram perenes. Todavia, mesmo nos casos dessas três marcas, a presença da Apple e Nike é consideravelmente maior que a da Harley Davidson. A ideologia das duas primeiras tornou-se representativa de um grupo muito grande de pessoas e influenciou diversos grupos sociais. Já a Harley Davidson ficou restrita a um grupo que, ainda que grande e global, constitui um nicho que parece diminuir. Há outros casos de marcas que desapareceram porque as ideologias que defendiam deixaram de ser relevantes.

CASO 6.2

EXEMPLO DA CONSTRUÇÃO DE MITOS, IDEOLOGIAS E CÓDIGOS CULTURAIS DA NIKE

A Figura 6.7 mostra um exemplo do próprio Douglas Holt sobre a construção da marca Nike. Segundo o autor, a ideologia da qual a marca se apropriou foi a força de vontade combativa individual. Essa ideologia pauta que você é o responsável individual por tornar-se bem-sucedido e atingir seus objetivos. Para as pessoas que pensam de maneira similar, a marca oferece seus benefícios, que são produtos que entregam ótimo desempenho, alta qualidade e designs inovadores, participando dos sucessos e do atingimento de benefícios esportivos dos consumidores.

Além dos produtos, a marca precisa se imbuir de códigos culturais de pessoas que tenham a mesma ideologia. Ela entende que um grupo crescente e que participava da ideologia eram os jovens negros pobres, moradores de conjuntos habitacionais e que jogavam basquete em quadras rústicas e abertas, com piso de cimento e correntes no lugar de redes dos aros. Foi aqui que a Nike encontrou um grande símbolo para ela – Michael Jordan. O atleta, com um jogo físico e vigoroso, liderou uma grande fase do seu time, o Chicago Bulls, e com isso superou, pelo seu talento individual, a difícil realidade da juventude negra americana nos anos 1990.

FIGURA 6.7 Inovação cultural da Nike

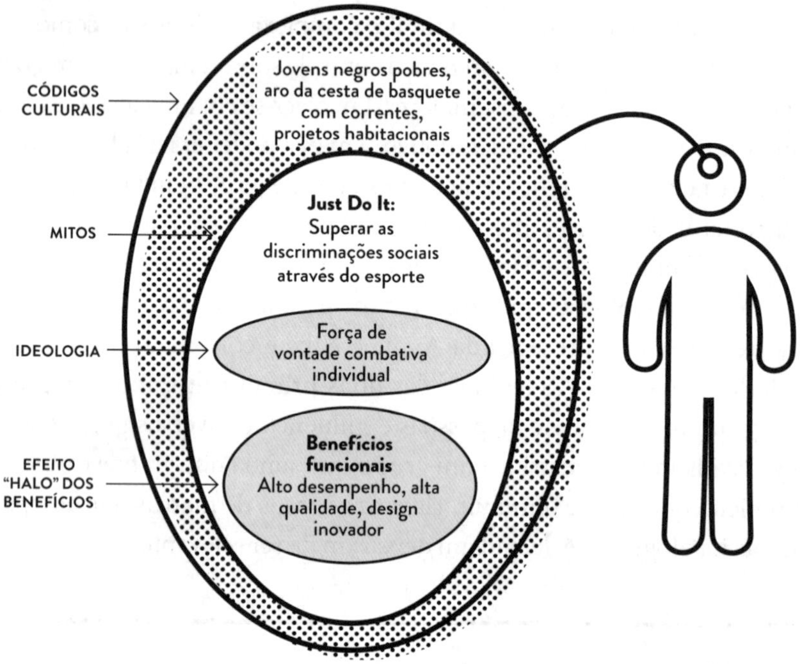

CÓDIGOS CULTURAIS →
Jovens negros pobres, aro da cesta de basquete com correntes, projetos habitacionais

MITOS →
Just Do It:
Superar as discriminações sociais através do esporte

IDEOLOGIA →
Força de vontade combativa individual

EFEITO "HALO" DOS BENEFÍCIOS →
Benefícios funcionais
Alto desempenho, alta qualidade, design inovador

Fonte: HOLT, D.; CAMERON, D. *Cultural strategy*. London: Oxford, 2010.

Para mostrar que tanto Jordan quanto a Nike faziam parte desse mundo, muitas propagandas da época retratavam Jordan em quadras de basquete de periferia, nos chamados *housing projects*, deixando claro sua peculiar arquitetura nos fundos das fotos. As correntes substituindo as redes dos aros também eram acessórios tradicionais nesses locais, já que era inacessível repor com facilidade as redes de nylon tradicionais. Jordan muitas vezes era retratado com uma camiseta básica embaixo da camisa de basquete. Isso acontecia porque as camisetas básicas eram baratas e as camisas de basquete, mais caras. Os jovens de periferia usavam as duas sobrepostas para que a sua camisa de basquete desgastasse menos, durando mais tempo. Usando os códigos específicos dos garotos de periferia, a marca Nike construía o seu simbolismo de superação, que era válido tanto para esses jovens como para tantos outros jovens mais abastados mas que também admiravam a força individual e o sucesso de Jordan e outros patrocinados da Nike.

A CONSTRUÇÃO DO SIGNIFICADO DAS MARCAS

FIGURA 6.8 *Housing projects* nos EUA com suas quadras rústicas a céu aberto

A marca passou a fazer parte desse universo e criou o mito do "Just Do It", para superar as discriminações sociais através do sucesso no esporte. Ao continuamente estar presente nesse grupo ideológico, a marca conseguiu se destacar e, eventualmente, liderar esse movimento, especialmente quando passou a ser capaz de espalhar essa ideologia ao redor do mundo.

Fonte: adaptado de HOLT, D.; CAMERON, D. *Cultural strategy*. London: Oxford, 2010.

6.4
PERSONALIDADE DA MARCA

Além da definição da ideologia, dos códigos culturais e dos mitos, para que a marca consiga construir um envolvimento cultural, ela deve arquitetar uma imagem antropomórfica conectada à ideologia à qual deseja pertencer. Por isso, a construção da personalidade de marca é estratégica e deve estar alinhada às definições do branding cultural.

Essa imagem antropomórfica é construída quando os consumidores percebem que uma marca tem características humanas. Essas características podem ser demográficas, como masculina ou feminina, rica ou pobre, jovem ou velha, mas também é importante destacar características ligadas a comportamentos, valores e estilos de vida. Ainda que seja muito comum dotar as marcas de características demográficas, atribuir-lhes características similares à personalidade humana faz com que elas intensifiquem seu potencial de criar relações com consumidores.

A personalidade de marca, conforme discutido no início do capítulo, sempre esteve presente na percepção dos consumidores sobre certos produtos e serviços.

Entretanto, somente no final dos anos 1990 ela começou a ser estudada com profundidade pelos acadêmicos de marketing. Para construir as bases práticas para definição da personalidade, é interessante entendermos a perspectiva de duas pesquisadoras especializadas em personalidade de marca: Suzan Fournier e Jennifer Aaker.

Fournier analisou a personalidade de marca sob o ponto de vista do relacionamento estabelecido entre as pessoas e as marcas. Resultaria daí a visão sobre a personalidade da marca e, por consequência, a própria imagem da marca. Jennifer Aaker trouxe uma visão psicográfica da personalidade da marca, partindo de estudos sobre a psicologia humana para definir como se dá a percepção da personalidade das marcas. Fournier, com um olhar mais qualitativo, e Aaker, com uma visão quantitativa, constroem uma boa base para entender e construir a personalidade da marca.

6.4.1 Dimensões da personalidade da marca e impactos culturais na sua percepção

Aaker[5] entende personalidade de marca como o conjunto de características humanas associadas às marcas. A psicologia entende que as características humanas podem ser definidas a partir de cinco grandes traços: neuroticismo, extroversão, abertura a experiências, amabilidade (ou simpatia) e conscienciosidade. Esses traços foram desenvolvidos a partir de uma sequência de estudos psicológicos aplicados em questionários quantitativos que perguntavam sobre atitudes, percepções e comportamentos das pessoas quando confrontadas com situações hipotéticas.

A partir dessas respostas, os resultados foram compilados e foi possível identificar, por meio de análises estatísticas, um conjunto de facetas que derivavam daquelas respostas. Essas facetas foram, então, agrupadas em fatores. Como as pesquisas consistentemente apontaram para facetas e fatores convergindo para as mesmas características, seus resultados são considerados um paradigma no estudo da personalidade humana. A Tabela 6.1 detalha os fatores e as facetas que compõem cada um deles.

O método de pesquisa que levou os psicólogos a formularem essa tabela foi replicado por Aaker para chegar a resultados similares, avaliando marcas. Nesse caso, como as marcas não podem se autoavaliar, consumidores foram convidados para responder perguntas sobre comportamentos, valores e atitudes que imaginam que certas marcas teriam ao serem confrontadas com algumas situações. Da mesma maneira, os resultados foram agrupados em facetas, as quais foram convertidas em cinco grandes dimensões (Tabela 6.2).

---

5   AAKER, J. Dimensions of brand personality. *Journal of Marketing Research*, v. 34, aug. 1997.

A CONSTRUÇÃO DO SIGNIFICADO DAS MARCAS

TABELA 6.1 **Facetas do modelo dos cinco grandes fatores, distribuídas por fator**

Fatores	Neuroticismo	Extroversão	Abertura	Amabilidade	Conscienciosidade
Facetas	Ansiedade	Acolhimento	Fantasia	Confiança	Competência
	Hostilidade	Gregarismo	Estética	Fraqueza	Ordem
	Depressão	Assertividade	Sentimentos	Altruísmo	Senso de dever
	Autoconsciência	Atividade	Ações	Aquiescência	Direcionamento
	Impulsividade	Busca de sensações	Ideias	Modéstia	Autodisciplina
	Vulnerabilidade	Emoções positivas	Valores	Sensibilidade	Deliberação

Fonte: adaptada de NORMAN, W. T. Toward an adequate taxonomy of personality attribute: replicated factor structure in peer nomination personality ratings. *Journal of Abnormal and Social Psychology*, 66, 574-83, 1963.

TABELA 6.2 **Personalidade da marca**

Personalidade de marca				
Sinceridade	**Emocionante**	**Competência**	**Sofisticação**	**Rudeza**
Sincera	Ousada	Confiável	Elitista	Ousada
Prática	Diferente	Trabalhadora	Glamourosa	Livre
Familiar	Excitante	Segura	Deslumbrante	Masculina
Regionalista	Jovem	Persistente	Fascinante	Valente
Colaborativa	Imaginativa	Realista	Distante	Rude
Honesta	Contemporânea	Inteligente	De classe alta	Aventureira
Íntegra	Moderna	Técnica	Delicada	
Amistosa	Original	Profunda		
Original	Independente	Líder		
Alegre		Confiante em si		
Sentimental		Competente		

Fonte: AAKER, 1997.

A pesquisa, realizada em 1997 no mercado americano, identificou quais eram as características percebidas pelas pessoas nas marcas e trouxe algumas revelações. A primeira é que os consumidores percebiam, de fato, as marcas como pessoas, algo que ainda necessitava de comprovação empírica. Além disso, eles podiam perceber nas marcas traços de personalidade comuns à personalidade humana, mas diferentes daqueles propostos pela psicologia.

Essas dimensões nos dão os limites de como a personalidade das marcas pode ser percebida, suas potencialidades e limitações. Os fatores são, de certa maneira, menos complexos que a personalidade humana, relacionam-se com as sensações que as marcas buscam oferecer como benefício aos seus consumidores e indicam o tipo de relação que querem estabelecer com eles.

Uma marca sincera é mais amistosa, próxima, sentimental e honesta. Uma marca competente é confiável, segura, persistente e líder. Essas descrições podem mostrar como uma marca pode ser diferente da outra e como elas podem ser descritas por gestores de marca na etapa conceitual da gestão de marcas. Elas poderão, então, ser usadas para construir as comunicações e os demais pontos de contato das marcas com seus consumidores. Esse resultado empírico ajuda os planejadores de marcas a construírem marcas mais complexas, mas fidedignas à maneira como os consumidores podem percebê-las.

Exemplificando com marcas do mercado automobilístico, uma marca como a Volkswagen acaba firmando seu território na competência. Suas propagandas, o design dos seus carros e até as características deles são planejadas em função dessa personalidade. Os consumidores, quando confrontados a descrever a marca Volkswagen, podem usar adjetivos como confiável, competente e seguro. É uma marca que combina competência com elementos de robustez, sendo também masculina e valente.

A marca BMW busca trabalhar com elementos mais ligados à emoção. É mais ousada, contemporânea e original. Seu design e comunicação buscam a esportividade, a modernidade e a ousadia. Já a marca Mercedes estabelece seu território na sofisticação e trabalha com elementos elitistas, de classe alta, o que impacta também seu design e seu acabamento interno. Como produtos, elas podem oferecer carros muito parecidos, mas como marcas, elas tendem a buscar um espaço diferenciado para conectar-se com um público-alvo específico.

Esse tipo de análise, ainda que superficial, pode indicar as diferentes maneiras de posicionar uma marca do ponto de vista da personalidade. Podemos enxergar mais claramente as diferenças entre as marcas após a análise ser feita.

No processo oposto, quando um profissional de publicidade ou um designer recebe esse descritivo da personalidade, ele é capaz de entender o que ela deve significar e, com isso, direcionar seu trabalho para atingir esses objetivos. O mesmo valeria para um time de engenharia ao privilegiar uma ou outra nova função para um carro. Nesse caso, a personalidade da marca cumpre seu objetivo de direcionar os esforços da empresa e diferenciar uma marca da outra por meio de elementos que alteram a maneira como as pessoas percebem os produtos e serviços da marca.

O estudo de Aaker propôs uma escala que foi testada posteriormente em outros países. As respostas desses estudos mostram o quão conectadas à cultura de um país são as personalidades das marcas. Benet-Martinez e Aaker reproduziram o estudo na Espanha e Japão, e Muniz e Marchetti fizeram o estudo no Brasil. As comparações entre os países estão na Tabela 6.3.

A CONSTRUÇÃO DO SIGNIFICADO DAS MARCAS

CAPÍTULO 6

Os estudos, quando comparados, mostram que existem significativas diferenças entre a percepção das características das marcas entre diferentes países. Ainda que existam similaridades, a única dimensão que permanece a mesma em todos os países estudados é a sofisticação, ainda assim com diferentes fatores em sua composição. Isso indica que as marcas respondem às características culturais de uma população e podem ter mais ou menos sucesso dependendo da cultura em que são inseridas e dos valores com que se relacionam.

TABELA 6.3 Comparação entre as dimensões da personalidade de marca no Brasil e em outros contextos

Brasil	Estados Unidos	Japão	Espanha
Credibilidade (responsável, confiável, consistente, séria, bem-sucedida, confiante)	**Competência** (confiável, inteligente, técnica, bem-sucedida, líder, confiante, trabalhadora)	**Competência** (consistente, responsável, confiante, masculina, paciente)	**Paixão** (fervente, intensa, espiritual, mística, boêmia)
Diversão (extrovertida, bem-humorada, festiva, espirituosa, simpática, divertida)	**Sinceridade** (realista, familiar, honesta, alegre, amigável, sincera)	**Sinceridade** (gentil, calorosa, atenciosa)	**Sinceridade** (correta, atenta, sincera, realista)
Audácia (ousada, moderna, atualizada, criativa, corajosa, jovem)	**Agitação (excitação)** (ousada, moderna, empolgante, jovem, espirituosa, jovem, imaginativa)	**Agitação (excitação)** (divertida, falante, otimista, amigável, espirituosa, contemporânea)	**Agitação (excitação)** (alegre, extrovertida, ousada, jovem, imaginativa)
Sofisticação (chique, alta classe, elegante, sofisticada, glamourosa)	**Sofisticação** (alta classe, glamourosa, atraente, feminina)	**Sofisticação** (elegante, romântica, chique, sofisticada, extravagante)	**Sofisticação** (glamourosa, chique, elegante, confiante, líder)
Sensibilidade (dedicada, feminina, sensível, romântica, emotiva)	**Robustez** (aventureira, masculina, firme, robusta)	**Tranquilidade** (tímida, doce, ingênua, infantil, dependente)	**Tranquilidade** (carinhosa, doce, gentil, ingênua, pacífica)

Fonte: MUNIZ, K.; MARCHETTI, R. Dimensões da personalidade de marca: análise da adequação da escala de Aaker (1997) ao contexto brasileiro. *XXIX Enanpad*. Brasília, 2005.

Os Estados Unidos são o único país cuja robustez, ou *ruggedness* no idioma original, aparece. Isso acontece especialmente por questões históricas que marcaram a cultura do país. Os americanos fazem grande reverência aos pioneiros que expandiram as fronteiras do país a oeste. Além de histórias de braveza e enfrentamento de dificuldades, filmes, livros e personagens foram criados com base no mito do Velho Oeste e fazem parte do inconsciente coletivo americano. É comum o gosto pelos aventureiros solitários, duros homens do campo, masculinos e firmes que direcionam, até os dias atuais, o ideal do que é ser um homem americano. Marcas como Levi's, Jack Daniel's e Malboro tiraram proveito dessa personalidade e construíram relações muito intensas com seus consumidores.

Timberland e Caterpillar também seguem uma linha similar. O sucesso dessas marcas ao redor do mundo é bastante inferior ao status que detêm nos Estados Unidos e parte disso pode ser explicado pela própria predileção dos americanos à personalidade que essas marcas representam. Ainda que presentes em outros países, parecem não terem feito a conexão de maneira tão intensa quanto conseguiram fazer com o público americano.

Isso indica que estratégias de personalidade de marca não são facilmente exportadas como são as mercadorias. Os produtos, funcionais, resolvem o mesmo problema em qualquer lugar do mundo em que aquele problema seja percebido. Já as marcas devem ser adaptadas às culturas nas quais serão implementadas, uma vez que só assim poderão ser gerenciadas de acordo com as perspectivas dos seus consumidores locais.

O estudo de Aaker e dos demais autores que utilizaram seu método nos ajuda a entender como os consumidores percebem as marcas e quais palavras podem ser utilizadas para melhor descrevê-las, além de fazer um claro alerta para as perspectivas culturais da marca, que demandam adaptações quando em culturas diferentes.

Fournier traz uma visão diferente, mais relacional e de cocriação das marcas, por meio do uso que seus consumidores fazem delas, conforme abordado a seguir.

6.4.2 Os relacionamentos como forma de construção da personalidade da marca

Suzan Fournier[6] entende personalidade de marca como a inferência de um grupo de traços construídos pela observação repetida do comportamento da marca por parte do consumidor, que se junta com a percepção da marca como parceira no relacionamento diário. Dessa maneira, uma marca teria uma personalidade construída a partir do relacionamento estabelecido entre ela e seu consumidor e, com isso, estaria sujeita à percepção individual de um consumidor sobre ela. O consumidor cocriaria a imagem da marca por meio do uso que ele determina para as marcas.

---

6 FOURNIER, S. Consumers and their brands: developing relationship theory in consumer research. *Journal of Consumer Research*, v. 24, mar. 1998.

A CONSTRUÇÃO DO SIGNIFICADO DAS MARCAS

Para chegar a essa conclusão, ela fez uma pesquisa qualitativa com três consumidoras de perfis diferentes, utilizando entrevistas de longuíssima duração, para entender como se dava o relacionamento entre as pessoas e suas marcas de preferência. Para que pudesse captar corretamente esses relacionamentos, ela não perguntou diretamente sobre as marcas, mas sim sobre o dia a dia daquelas consumidoras, o que gostavam de fazer, como eram suas atividades cotidianas, quais eram seus desejos e necessidades em função dessas atividades, e só então começou a aparecer o papel que as marcas tinham para elas. Como as entrevistas foram feitas em diversos dias, houve tempo para a discussão profunda sobre o impacto das marcas na maneira como as consumidoras conduziam suas vidas e consumos.

O olhar da pesquisa não consistiu nas categorias e marcas, mas sim no modo como as consumidoras viviam seus hábitos, interesses, comportamentos e escolhas. As marcas apareciam de maneira natural no discurso de vida das entrevistadas. Cada uma delas tinha sua história de vida, seus interesses, necessidades e desejos; assim, as marcas que apareceram em seus discursos foram diferentes entre si.

O estudo indicou que mesmo marcas diferentes e de categorias distintas puderam construir relacionamentos similares com as consumidoras. Isso indica que não importa o que a marca faz, mas sim o papel que ela tem na vida das pessoas. Não importa qual a categoria, mas a importância dessa categoria para a vida de determinados consumidores.

A Tabela 6.4 mostra os tipos de relacionamentos e as definições que Founier encontrou na discussão com as consumidoras entrevistadas.

TABELA 6.4 Tipologia das formas de relacionamento entre consumidoras e marcas

Forma de relacionamento	Definição	Exemplos do estudo
Casamentos arranjados	União não voluntária imposta pela preferência de um terceiro. É um envolvimento de longo prazo e com comprometimento de exclusividade, ainda que com baixo nível de relação afetiva.	Uso das preferências do ex-marido pela consumidora Karen. Uso de uma marca recomendada pelo fabricante pela consumidora Jean.
Amigos casuais	Amizade de baixo nível de afeto e intimidade, caracterizada por engajamentos esporádicos e pouco frequentes, e baixa expectativa de reciprocidade ou reconhecimento.	O uso das marcas de limpeza doméstica pela Karen.

Forma de relacionamento	Definição	Exemplos do estudo
Casamentos de conveniência	Relações comprometidas e de longo prazo, iniciada por influências do ambiente e não por escolha deliberada. Relação é governada por regras de satisfação.	A troca de marcas da consumidora Vicky, em função da sua mudança e de não encontrar mais a sua marca preferida.
Parcerias comprometidas	Relações de longo prazo, impostas voluntariamente, suportadas socialmente por uma relação de amor, intimidade, credibilidade e com o compromisso de permanecerem juntos ainda que se experimente situações adversas. Espera-se uma aderência a regras de exclusividade.	Jean com as marcas que utiliza para cozinhar e limpar, e as marcas de seus eletrodomésticos. Karen e a marca Gatorade.
Melhores amigos	União voluntária baseada no princípio da reciprocidade, com sustentação do relacionamento feito a partir de recompensas positivas. Caracterizada pela revelação do "eu real", honestidade e intimidade. Há congruência de imagens e divisão de interesses comuns entre marca e consumidor.	Karen e os tênis de corrida Reebok. Karen e Coca-Cola. Vicky e o sabonete Ivory.
Amizades compartimentalizadas	Amizade duradoura baseada em situações específicas e alto nível de especialização. Caracterizada por menor intimidade com relação a outras formas de amizade, mas com maior interdependência e recompensas socioemocionais. São marcas que entram e saem mais facilmente da vida dos consumidores.	Vicky e seus perfumes usados em situações específicas.
Laços familiares	União não voluntária em função de conexões familiares.	A preferência da Vicky por uma marca de chá (Tetley tea) ou a preferência de Karen pelas marcas Ban, Joy e Miracle Whip, todas herdadas de suas mães.

Fonte: FOURNIER, 1998.

Analisando-se a Tabela 6.4, percebe-se que uma marca que evoca uma relação de "melhores amigas", definida como uma "união voluntária baseada no princípio da reciprocidade", foi percebida no relato de uma das consumidoras sobre a marca

Reebok. A segunda consumidora atribuiu à marca Coke Classic o mesmo papel. A terceira desenvolveu esse relacionamento com a marca de sabonetes Ivory. Isso acontece em função da visão de mundo de cada uma das consumidoras, seus interesses individuais e como utilizam cada uma das marcas.

Os achados de Fournier nos levam a questionar o papel que os consumidores desempenham na criação da personalidade de marca. Afinal, ainda que parte dela seja sugerida pelos pontos de contato das marcas, ela só é percebida quando o consumidor atribui à marca um papel ou uma função na sua vida. Esse ponto enfatiza a importância de a marca planejar as relações que tentará estabelecer com seus consumidores, pois, ainda que elas dificilmente sejam idênticas, pelo próprio caráter individual de cada experiência, elas podem seguir um mesmo padrão, o que constrói a visão social de uma marca.

A marca McDonald's é um exemplo disso. Quando estimulados a falar sobre suas lembranças da marca McDonald's, os consumidores podem se lembrar de diversas situações. Por exemplo, um deles se lembra de almoçar com a tia quando era criança, que a levava escondida de seus pais a um dos restaurantes da rede. Outro se lembra de uma McFesta que fez na infância. Outro ainda se lembra do McLanche Feliz, que era um desejo de consumo em virtude da coleção de brinquedos que estava sendo feita. Outros, que quando eram crianças moravam em cidades onde não havia McDonald's e só podiam consumir a marca em viagens. As lembranças são diversas, mas o tema central da maioria delas tende a ser a diversão infantil compartilhada com pessoas queridas.

Isso acontece porque, ainda que as experiências e vivências com as marcas sejam únicas, o McDonald's estimula, por meio de seus eventos, produtos, propagandas e personagens, que se viva experiências similares. Com isso, além de a marca remeter a lembranças de experiências individuais, ela também se torna um elemento de contextualização social, em que um convite de colegas de trabalho para ir ao McDonald's rapidamente remete à sensação de uma alegria e convivência nostálgica e infantil, pois essa é a lembrança coletiva do McDonald's. O mesmo acontece com outras marcas.

A partir dos resultados da pesquisa, Fournier constrói um modelo de relacionamento entre marcas e consumidores e como esses relacionamentos podem gerar uma relação estável entre marca e consumidor. A Figura 6.9 destaca esse processo.

FIGURA 6.9 Modelo preliminar da qualidade de relacionamento da marca e seus efeitos na estabilidade da relação

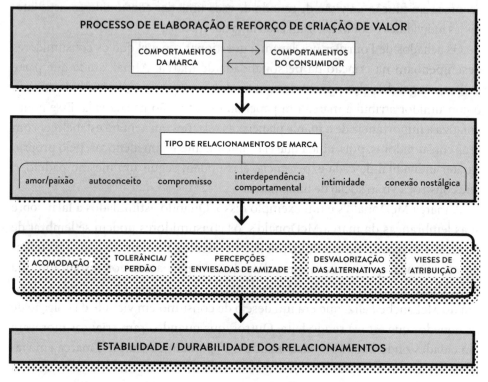

Fonte: FOURNIER, 1998.

Segundo o modelo, um relacionamento se desenvolveria a partir dos comportamentos da marca e do consumidor, em um processo de cocriação de significado e de reforço desse significado. Dependendo do significado estabelecido e reforçado por meio de múltiplos contatos, um relacionamento deve surgir. A tabela de relacionamentos apresentada anteriormente foi consolidada em cinco tipos de relações: amor e paixão, autoconceito, compromisso pessoal, interdependência comportamental, intimidade e conexão nostálgica.

A Tabela 6.5 detalha os relacionamentos observados e suas características.

TABELA 6.5 Conjuntos de relacionamento e suas características

Relacionamento	Características
Interdependência comportamental	A marca desempenha um papel importante em minha vida Sinto que falta alguma coisa quando não uso a marca durante algum tempo
Compromisso pessoal	Sinto-me muito fiel a esta marca Ficarei com essa marca durante os tempos bons e ruins
Intimidade	Sei muita coisa a respeito dessa marca Conheço bem a empresa que fabrica essa marca
Amor e paixão	Nenhuma outra marca pode ocupar totalmente o lugar desta Ficaria muito aborrecido se não conseguisse encontrar esta marca
Conexão nostálgica	A marca me lembra coisas que fiz ou lugares onde estive A marca me lembrará sempre uma boa fase de minha vida
Conexão do autoconhecimento	A autoimagem da marca é semelhante à minha A marca me lembra de quem eu sou

Fonte: FOURNIER, 1998.

Os relacionamentos, conforme são construídos, trazem alguns comportamentos que os consumidores passam a ter em relação à marca. Entre eles estão o de acomodação, que faz com que os consumidores continuamente usem a marca; de tolerância e perdão; uma percepção enviesada de parceria, em que se percebe que os esforços da marca com a qual se tem relacionamento são melhores que os das demais marcas; desvalorização das alternativas, na qual se percebe os esforços das marcas concorrentes como menos interessantes ou críveis; e um viés de atribuição, em que a marca adquire papéis mais relevantes, mesmo em situações nas quais ela não sugere participar. Isso leva a uma relação estável e durável com a marca, o que outros autores chamam de fidelidade ou lealdade à marca.

Os relacionamentos estipulados por Fournier aprofundam a maneira como a personalidade da marca deve ser desenvolvida, uma vez que também ajudam a direcionar um conjunto de ações que impactarão os consumidores e qual tipo de conexão deveria ser feito entre a marca e seu público-alvo.

APROFUNDANDO A PRÁTICA

Modelos para definição da personalidade da marca

A personalidade é um elemento complexo, pois deve indicar uma constituição psicológica e comportamental para a marca. Essa construção atribuirá uma granularidade e uma profundidade que deverão gerar um relacionamento mais íntimo entre a marca e seus consumidores.

Para facilitar a construção do posicionamento, sugerimos transformar as discussões apresentadas pelos autores em estímulos para que o planejador da marca possa definir, junto com o time de desenvolvedores da marca, uma personalidade sólida, coerente e calcada em uma ideologia que tem potencial de ser engajada pelo propósito da marca. O final do processo deve ser uma descrição clara de quem essa marca é, ao ponto que qualquer pessoa que tenha contato com o material seja capaz de inferir certos comportamentos e atitudes da marca quando confrontada com certas situações.

Sugerimos, na Tabela 6.6, algumas orientações em um template para que a descrição seja profunda o suficiente, ainda que seja importante os gestores terem ciência de que esse modelo pode ser adaptado para qualquer outro que melhor sirva para o processo de definição e descrição da marca.

A maneira de redigir e a quantidade de elementos, demonstrações de entrega, facetas e comportamentos observáveis podem ser muito variadas. Para fins didáticos, aqui foram mantidos três.

TABELA 6.6 Template para construção do significado da marca

Ideologia que defende	**Definir a ideologia com a qual a marca pretende se relacionar**
Códigos culturais	**Descrição do código cultural**
Elemento observável 1	Descrever elemento observável do código cultural, como situação, pessoa, contexto etc.
Elemento observável 2	
Elemento observável 3	
Mitos	**Descrever o mito da marca**
Demonstração da entrega do mito 1	Descrever como o mito pode ser experimentado pelas pessoas
Demonstração da entrega do mito 2	
Demonstração da entrega do mito 3	

A CONSTRUÇÃO DO SIGNIFICADO DAS MARCAS

CAPÍTULO 6

Dimensões de personalidade 1	Significado da dimensão na óptica da marca
Faceta da personalidade 1.1	Descrição de cada faceta para a marca em específico
Faceta da personalidade 1.2	
Faceta da personalidade 1.3	
Dimensões de personalidade 2	Significado da dimensão na óptica da marca
Faceta da personalidade 2.1	Descrição de cada faceta para a marca em específico
Faceta da personalidade 2.2	
Faceta da personalidade 2.3	
Relacionamento pretendido	Tipo de relacionamento que se pretende construir
Comportamentos observáveis 1	Como observamos esse comportamento acontecendo
Comportamentos observáveis 2	
Comportamentos observáveis 3	

Fonte: elaborada pelo autor.

Para que o planejador de marcas tenha maior apoio para a construção do seu processo de gestão, aproveitou-se a discussão anterior sobre a marca Nike e as definições dadas por Douglas Holt para exemplificar o uso da ferramenta de construção de significados da marca (Tabela 6.7). Dessa maneira, o uso da ferramenta torna-se mais claro e efetivo.

TABELA 6.7 Exemplo de template para construção do significado da marca: Nike

Ideologia que defende	Força de vontade combativa individual – Nós acreditamos que só por meio da força de vontade e determinação é possível superar as barreiras mentais e sociais que impedem as pessoas de fazerem história
Códigos culturais	Classes sociais desprivilegiadas, que precisam superar enormes dificuldades para serem bem-sucedidas

Elemento observável 1	Quadras rústicas, com piso de cimento e ao ar livre, correntes no lugar de aros
Elemento observável 2	Jovens negros pobres, moradores de conjuntos habitacionais, esportistas vigorosos
Elemento observável 3	Michael Jordan, uma jovem estrela da NBA
Mitos	***Just Do It* – superar as discriminações sociais por meio do esporte**
Demonstração da entrega do mito 1	Superar os recordes preestabelecidos e mudar o jeito como se pratica o esporte
Demonstração da entrega do mito 2	Ser o destaque individual daquele esporte
Demonstração da entrega do mito 3	Ser idolatrado por todos os amantes daquele esporte
Dimensões de personalidade 1	**Competência – pelos seus próprios méritos, será reconhecida como a melhor de todos os tempos**
Faceta da personalidade 1.1	Líder – estabelece o padrão de uma geração. Muda os padrões anteriores. Lidera a evolução
Faceta da personalidade 1.2	Competente – conhece as regras, as técnicas, os processos, e rompe com eles para superar o passado e fazer um novo futuro para o esporte
Faceta da personalidade 1.3	Confiante – sabe da capacidade que tem e trabalha duro para ser ainda melhor
Dimensões de personalidade 2	**Robustez – resiliente, determinado, focado. Capacidade necessária para superar os limites sociais e do esporte**
Faceta da personalidade 2.1	Ousada – não respeita o status quo. Cria seu próprio caminho
Faceta da personalidade 2.2	Masculina – ímpeto, determinação, individualismo, insensível com os obstáculos
Faceta da personalidade 2.3	Valente – enfrenta com valentia aquilo que estiver à frente. Sem medo da derrota, sem medo do sucesso

Relacionamento pretendido	Compromisso pessoal – dou o melhor de mim, exijo que as marcas que eu uso deem o melhor de si para atingirmos o sucesso
Comportamentos observáveis 1	Não tenho o mesmo desempenho se estou usando outras marcas
Comportamentos observáveis 2	Essa marca me faz sentir mais confiante, mais audacioso, mais intenso
Comportamentos observáveis 3	Essa marca faz parte do meu sucesso

Fonte: elaborada pelo autor.

CAPÍTULO 7

DESENVOLVIMENTO DO SISTEMA DE IDENTIDADE DE MARCAS

A identidade de marca é o elemento central do planejamento de marca. Deve ser capaz de conciliar, em um documento conciso, claro e alinhado às particularidades do segmento, empresa e marca, todas as instruções para que a marca seja construída com consistência e planejamento. A identidade de marca, quando completa, deve ser capaz de sinalizar para todos aqueles que auxiliarão no processo de construção de marcas qual é o norte a ser seguido. Isso inclui os publicitários que trabalharão na comunicação da marca, mas também os desenvolvedores de produtos e serviços que planejarão as características das ofertas, os responsáveis por recrutar e treinar as pessoas que prestarão atendimento, os vendedores que definirão quais pontos de venda receberão os produtos, os arquitetos que projetarão os ambientes onde serão recebidos clientes e colaboradores, os gestores financeiros que definirão o preço e qualquer outro tipo de profissional que, de uma forma ou de outra, controle ou tenha uma interface com os consumidores ou clientes da marca.

Do ponto de vista de uma marca corporativa ou com foco em múltiplos stakeholders, outros elementos podem ser definidos a partir dessa mesma identidade de marca. Alguns deles são os valores que os colaboradores devem seguir, o perfil do investidor ideal para ser buscado pela empresa, o tipo e a forma de relação que ela estabelece com o poder público, a maneira como ela se envolve com as comunidades em que está presente, entre outros. A marca – ou a sua identidade – deve ser capaz de representar a empresa em sua totalidade e, com isso, alinhar as práticas, as ações e as decisões para qualquer área ou interface que a empresa tenha. Essa é a visão estratégica de branding que hoje tem sido praticada por empresas referência no mercado e que também impacta empresas de qualquer segmento ou porte. É o branding sendo usado como uma ferramenta de alinhamento ou gestão estratégica.

Para entender a função da identidade de marca, pode-se fazer uma analogia com a planta baixa de um edifício. Assim como os construtores, quando analisam a planta baixa, conseguem identificar onde ficarão as paredes, as portas, as tomadas, os canos, as torneiras e os ralos, e qual será o acabamento de cada superfície, um profissional da empresa ou fornecedor que tenha acesso ao documento de identidade de marca deve ter clareza de como procederá na construção das experiências de marca. Tudo, de uma maneira ou de outra, deverá ser direcionado pelas descrições conceituais desse material.

Para que isso seja feito de maneira adequada, é comum a sugestão de modelos de construção comumente chamados de *sistemas de identidade de marca*, em que a empresa detentora das marcas estipula quais são os elementos importantes a serem definidos pelos gestores executivos no documento de identidade e quais devem ser as decisões operacionais tomadas pelos demais gestores da marca.

A identidade de marca também define o que é fixo na marca e só pode ser ajustado com um time sênior da empresa e o que é fluido e deve ser planejado de acordo com a situação que a marca está enfrentando, cuja decisão pode ser tomada pelos gestores das experiências específicas da marca. A seguir, discutiremos mais sobre esse ponto, o qual, ainda que teoricamente simples, demanda conhecimento técnico e cultural profundo do gestor principal da marca.

A identidade de marca, ainda, deve ser capaz de consolidar os elementos internos e externos que orientarão o desenvolvimento da marca. Nos capítulos anteriores, discutiram-se as perspectivas externas, como público-alvo e concorrência. Na sequência, será abordada a definição dos elementos internos da empresa, como sua missão, visão e valores, e o propósito da marca, os quais também devem estar contidos na identidade da marca e irão direcioná-la de forma integral e estruturar experiências para qualquer stakeholder que tenha contato com a empresa.

A identidade da marca, dessa maneira, é o modelo integrador de todos os elementos presentes na marca e empresa, desde aqueles voltados ao ambiente competitivo – o público-alvo consumidor e os concorrentes –, até os elementos internos de definição de propósito ou visão e valores corporativos. A preparação da identidade de marca é a consolidação de todo o planejamento da marca em um documento que servirá como parâmetro para definir os objetivos que a marca buscará atingir.

A seguir, discutiremos brevemente a percepção interna, do propósito ou valores da organização, para posteriormente definirmos os modelos de identidade de marca.

7.1
DEFINIÇÃO DO PROPÓSITO DE MARCA E VISÃO CORPORATIVA

Todas as empresas têm preceitos que são próprios da sua cultura organizacional. Eles se transformam em comportamentos e relacionamentos e acabam, direta ou indiretamente, impactando a percepção de marcas. Esses aspectos culturais são, eventualmente, captados e oficializados pelos especialistas de recursos humanos para orientar as atitudes dos colaboradores. Quando isso é feito com um olhar corporativo, costuma-se chamar esses elementos de missão, visão e valores.

Missão, visão e valores estabelecem a maneira como a empresa se comporta, ou deveria se comportar, para reagir a qualquer tipo de situação ou estímulo ambiental. Esses estímulos podem ser dificuldades ou oportunidades.

No estímulo de uma crise financeira ou de um rápido crescimento do mercado em que atua, a maneira como as diferentes empresas reagem mostra os comportamentos advindos da sua cultura. Quando a empresa é afligida por uma queda de faturamento, dependendo da sua visão de mundo, ela pode executar cortes rápidos nas suas despesas, reduzindo pessoas e acumulando trabalho em outras, eliminando bônus e remunerações variáveis, trocando funcionários mais caros por outros mais baratos. Já outra empresa pode debater com os colaboradores a necessidade de cortar os custos e buscar novas formas de receita para vencer a crise, enfatizando que mexer no quadro de funcionários e na remuneração será a última medida a ser tomada. Uma empresa pode ser definida como mais autocrática e focada em resultados, em detrimento das pessoas; a outra, mais colaborativa e humana. Os dois comportamentos podem ser vistos como boas práticas de gestão; no entanto, os diferentes comportamentos mostram o impacto da cultura empresarial no processo decisório.

O mesmo pode acontecer diante de uma oportunidade de mercado. Uma empresa pode ser mais agressiva e lançar produtos e serviços rapidamente a fim de aproveitar o momento de crescimento, mesmo que tenha de ajustá-lo após o lançamento. Outra empresa pode decidir demorar mais na fase de pesquisa e planejamento e evitar retrabalhos e custos pós-lançamento. Os dois comportamentos estão previstos na literatura e nas melhores práticas empresariais, mas a escolha entre as estratégias depende da cultura organizacional.

A cultura organizacional não é tema deste livro, mas deve ser minimamente abordada em virtude dos impactos que pode ter. Afinal, no nosso atual contexto de comunicação e consumo, as atitudes empresariais, mesmo que internas, são reportadas e criticadas, impactando as marcas. As empresas vivem numa era de transparêcia, em que tudo que fazem internamente é exposto, uma realidade diferente de algumas décadas atrás.

Recentemente, a Amazon foi duramente criticada em razão dos baixos salários pagos aos colaboradores da área de logística. O Walmart também já foi alvo de reportagens sobre os baixos salários de seus funcionários de lojas, de modo que muitos precisem receber subsídios do governo americano para sobreviver adequadamente. A marca Zara foi criticada pelo uso de confecções que contratam pessoas em regimes análogos à escravidão. Empresas como Ambev, Coca-Cola e Unilever (com sua divisão de sorvetes, a Kibon) são criticadas pelas práticas comerciais predatórias que cobram exclusividade por parte de seus revendedores. A Volkswagen foi tema de uma crise global de imagem por ter criado um software que maquiava a emissão de poluentes de seus carros com motor a diesel. Essas crises foram causadas por problemas que estão enraizados na cultura organizacional, mas que refletiram na imagem das marcas. Nenhuma das situações discutidas impacta a qualidade do produto ou da proposta de valor para o consumidor; contudo, os consumidores atuais são cada vez mais críticos a esse tipo de prática, mesmo que os resultados para eles, em termos de benefícios ou preços, sejam excelentes.

Por outro lado, existem empresas cuja visão organizacional impacta positivamente as marcas. Seus comportamentos na condução dos negócios são percebidos como admiráveis e suas marcas são valorizadas por isso. São empresas que podem ter impactos positivos na sociedade, e a sociedade reflete isso valorizando suas marcas. Exemplos são as marcas Patagonia e Natura, cujas práticas responsáveis de utilização dos recursos naturais se propagam para além das suas fronteiras e passam a compor o valor percebido de seus produtos. As marcas Ben & Jerry's e The Body Shop, por meio do ativismo e posicionamento de seus fundadores sobre questões políticas ou sociais, diferenciam-se de tantas outras marcas de sorvetes ou produtos de higiene pessoal que existem no mercado. Ou mesmo a Apple, cujo espírito empreendedor e inovador de Steve Jobs orienta a maneira como a empresa pensa no mercado e desenvolve seus produtos. Nesses casos, as relações internas, determinadas pelos seus fundadores ou executivos seniores, compõem uma relevante parte do sucesso da marca no mercado.

Esse valor percebido advindo do propósito ou da visão da empresa tem se tornado bastante relevante no atual contexto. Os consumidores passaram a entender a importância de certas condutas empresariais para melhorar o impacto que naturalmente exercem no ambiente social, econômico e ambiental.

Mais do que isso, em um momento no qual as práticas de fabricação e desenvolvimento de produtos podem ser facilmente copiadas, o propósito traz um elemento que se conecta com os consumidores e diferencia um produto de outro. Ele torna essas marcas um elemento de autoexpressão; se os aspectos culturais internos das marcas transmitem mensagens que estão de acordo com o contexto cultural, esses simbolismos passam a ser desejados e valorizados. Os consumidores não compram produtos pelos seus benefícios funcionais, porque estes são facilmente comparáveis. Eles escolhem produtos de marcas que acreditam e defendem as mesmas causas que eles. Os exemplos de Ben & Jerry's e The Body Shop ilustram essa relação e mostram a importância da cultura interna da empresa na construção da marca para os consumidores.

CASO 7.1

BEN & JERRY'S E THE BODY SHOP: PROPÓSITO COMO CRIAÇÃO DE VALOR

BEN & JERRY'S

A Ben & Jerry's nasceu da vontade de dois empreendedores, Ben Cohen e Jerry Greenfield, de fazer sorvetes de alta qualidade em um

mercado que ainda não oferecia muitas marcas de sorvetes gourmet. No entanto, os sorvetes da Ben & Jerry's foram bem-sucedidos não apenas por serem realmente muito gostosos, mas pela maneira como Ben e Jerry conseguiram deixar transparecer seu espírito irreverente e informal na marca criada por eles.

Essa proximidade despretensiosa é comunicada aos consumidores, em especial, pelos potes dos sorvetes. Ex-hippies, os empreendedores exploram a ilustração quase infantil, paisagens lisérgicas e abusam das cores. Defendem bandeiras como a paz, a valorização de minorias e o respeito às escolhas individuais. Há uma relação com as músicas e comportamentos hippies. Os nomes dos sabores dos sorvetes passaram a ser um grande meio de comunicar esse espírito e personalidade. Alguns deles são Cherry Garcia (sorvete de cereja com chocolate, em homenagem ao líder da banda Greatful Dead), Honey I'm Home (sorvete de mel e baunilha) e Bohemian Raspberry (sorvete de baunilha, fudge e framboesa, em homenagem à banda Queen).

Eles também revertem parte dos lucros de cada sabor de sorvete a fundações que, de certa maneira, estão relacionadas aos nomes e sabores, sempre alinhadas às bandeiras que defendem. Por exemplo, seu sorvete Rainforest Crunch, com castanha do pará, beneficia projetos de preservação de florestas, e o Bohemian Raspberry ajuda fundações que lutam contra a AIDS.

Ao trabalhar dessa maneira, a marca começou a se destacar e a se diferenciar pelo seu tom próximo e despretensioso, sua preocupação com causas sociais relevantes e sua imagem despojada, relaxada e prazerosa, que atrai e cria uma intimidade especial com seus consumidores. Até seu nome, Ben & Jerry's, um diminutivo de dois nomes próprios, já propõe essa intimidade, muito diferente de uma marca como Häagen-Dazs, por exemplo.

Por ter conseguido estabelecer essa forte relação com seus consumidores, a marca foi vendida para a Unilever, em 2000, por aproximadamente 350 milhões de dólares. Em virtude da ligação intrínseca entre a marca e seus fundadores, o próprio contrato de compra da marca continha cláusulas determinando que as manifestações da marca, ou seja, a maneira como ela se comunica com seus consumidores, deveriam permanecer inalteradas. A divisão também foi mantida em separado do restante da Unilever, para que a corporação

DESENVOLVIMENTO DO SISTEMA DE IDENTIDADE DE MARCAS

não "contaminasse" a gestão da marca. Essas seriam decisões corretas de negócios mesmo que não estivessem em contrato, pois defendem o que a marca tem de mais especial – seu propósito.

THE BODY SHOP

The Body Shop nasceu em uma pequena loja em Kensington Gardens, em Brighton, no sul da Inglaterra. A fundadora, Anita Roddick, tinha como inspiração a criação de produtos a partir de ingredientes diferentes dos utilizados nos anos 1970 na Inglaterra. Os ingredientes escolhidos vieram da própria experiência de Anita: matérias-primas que ela conheceu em viagens para lugares então exóticos e pouco conhecidos do público britânico, como Tailândia e Japão. Outro diferencial buscado por Anita foi usar os "segredos de beleza" dos principais artistas de cinema da época, preparando e vendendo os cosméticos a partir de receitas dadas por elas em revistas como Cosmopolitan e Vogue.

Percebendo o sucesso que isso estava gerando entre seus consumidores, a marca reforçou cada vez mais seu conceito, focando em produtos que sempre utilizavam matérias-primas naturais e orgânicas, em especial ingredientes feitos a partir de frutas. No entanto, a própria Anita ainda queria mais – ela almejava incluir seus ideais de sustentabilidade e respeito pelas comunidades em cada produto fabricado por ela.

Com isso, o ativismo ambiental tornou-se o principal diferencial da marca. Uma das primeiras e mais lembradas ações de marca da empresa foi colocar em caminhões frases como "se você acha a educação cara, experimente a ignorância", uma ação de guerrilha que teve alto impacto. Em visita a uma reserva indígena no Brasil, Anita resolveu dar início ao programa "Trade, not Aid", voltado para o comércio justo com pequenas comunidades produtoras de matérias-primas no Brasil, Bangladesh, Nicarágua e Gana. A marca também nunca aceitou fazer testes em animais e promove iniciativas de energia limpa. Só usa materiais recicláveis em suas embalagens. O ativismo de Anita, em conjunto com sua forte crítica ao status quo do comércio mundial e das grandes empresas, transformou a marca The Body Shop em sinônimo de contestação ao abuso ambiental, social e financeiro por vezes perpetrado pelas multinacionais. Com isso, engajou milhões de pessoas que, mais que comprar seus produtos, queriam fazer parte dessa ideia. Anita morreu em 2007 e a marca foi vendida para a L'Oréal. Atualmente, integra a brasileira Natura.

Mas, além do impacto nos consumidores, demonstrado pelos exemplos abordados, o propósito ou a visão da empresa impacta outros stakeholders de forma intensa. Investidores hoje se mostram bastante envolvidos com práticas de ESG (meio ambiente, social e governança, na sigla em inglês), com uma composição racial e de gênero mais diversa nos quadros gerenciais das organizações e com outras práticas que não refletem diretamente na oferta final da empresa, mas no processo de entregar essa oferta para clientes e consumidores. E essas práticas estão conectadas aos valores ou ao propósito empresarial. Jovens que entram no mercado de trabalho também se mostram cada vez mais envolvidos com práticas e impactos que as empresas têm nos seus ambientes, e tendem a escolher empresas cujo propósito seja mais alinhado ao seu. Mesmo fornecedores se mostram mais envolvidos e participativos com clientes que possuem maneiras de trabalhar ou se organizar que eles valorizem. Portanto, tratar dessas questões não é importante apenas para organizar e ajustar a proposta a ser ofertada a consumidores ou clientes finais, mas também para impactar a totalidade de stakeholders de modo a criar um ambiente de negócios mais positivo e que possa facilitar outras frentes da empresa que não apenas aquelas relacionadas à geração de demanda.

7.2
CONSTRUÇÃO DO PROPÓSITO PELO GOLDEN CIRCLE

Ter um propósito claro, que oriente os comportamentos esperados nas decisões empresariais, mesmo aquelas que não impactam diretamente o produto ou serviço, passou a ser essencial para o sucesso das marcas. Mesmo as escolhas dos consumidores podem ocorrer, em parte, em função delas.

Essas definições e os arranjos culturais são complexos, mas no intuito prático deste livro, procurou-se trazer uma ferramenta para a construção de visão empresarial ou propósito de marca que é de simples aplicação e fácil entendimento: o Golden Circle, criado pelo consultor Simon Sinek.

O Golden Circle não é uma novidade teórica. Autores de gestão organizacional e estratégia já haviam estabelecido a conexão entre a cultura da organização e o valor que ela pode entregar para seus consumidores, e como a culutra organizacional impacta as decisões e os movimentos empresariais no ambiente mais amplo de negócios. No entanto, esses acadêmicos acabam ficando muito vinculados às suas disciplinas de origem, fragmentando a construção dos modelos. Ainda que escrevam teorias completas, elas carecem da simplicidade com que Sinek alinha os diferentes conceitos em uma ferramenta mais concisa e prática.

A ideia de Sinek é que todas as empresas têm um propósito, uma crença, uma motivação. Isso pode ter vindo do seu fundador, no caso de empresas que cresceram a partir de um empreendedor original, como no caso da The Body Shop, Ben & Jerry's ou Apple, ou mesmo ter sido desenvolvido com o passar dos anos pelos diferentes grupos de gestores que passaram pela organização, como a GE (que mudou culturalmente sob Jack Welsh e continuou com Jeff Inmelt, seu sucessor), a IBM ou a Unilever.

Esse propósito estaria ligado ao *why*, ou ao "por quê", razão da empresa agir. Essas razões não estão atreladas à lucratividade. A razão estaria conectada com o propósito coletivo da organização, o motivo pelo qual as pessoas acordam e vão trabalhar naquela empresa, o impacto que elas querem exercer no mundo ou no segmento em estão operando. Sinek diz que essa é a razão de as empresas existirem, pois é delas que surge a união das pessoas para além da relação financeira dos salários e bônus. É algo dividido entre as pessoas dessa organização, mesmo que intrinsecamente, e que impacta a maneira como a empresa é percebida pelos consumidores e clientes. Sinek diz que as pessoas não compram o que você faz; elas compram porque você faz. Essa razão de fazer as coisas é o propósito da marca ou empresa.

Esse propósito, ou *why*, acaba por impactar o *how*, que significa como a empresa age. O *how* diferencia o produto ou serviço da empresa da concorrência. Pode ser um tratamento diferente aos clientes, uma característica do produto, um processo de venda ou qualquer outro aspecto presente na proposta de valor do produto ou serviço. Essa transferência do *why* para o *how* seria a colaboração da cultura empresarial para a construção e manutenção de um diferencial de mercado. Como a empresa tem um certo propósito, ela consegue oferecer certos tipos de benefícios para seus consumidores e clientes. Essa conexão entre o propósito (*why*) e a maneira como a empresa faz as coisas (*how*) é o principal ponto do Golden Circle, pois consegue conectar diretamente elementos culturais com elementos de gestão. Ele conecta a visão de mundo da empresa com os benefícios que ela oferece no mercado, ligando as etapas mais holísticas às etapas de execução. Essa conexão é importante porque traz substância à cultura, ao mesmo tempo em que atribui uma alma aos benefícios dos produtos.

A seguir, procede-se ao *what*, que são os produtos e serviços efetivamente entregues para clientes e consumidores. Algumas marcas preferem generalizar os benefícios que entregam, evitando a "miopia em marketing". Outras preferem descrever os produtos e serviços que vendem no mercado. A ferramenta do Golden Circle dá suporte aos dois casos. As diferenças são que a primeira opção torna o exercício mais duradouro, pois os produtos mudam e os benefícios podem continuar os mesmos, ainda que eventualmente o *what* se torne mais genérico. No segundo caso, são especificados os produtos e serviços, então eles são claramente transpostos para o dia a dia da empresa. Nesse caso, pode ser necessária a atualização do *what*, dependendo da evolução do mercado e da empresa.

FIGURA 7.1 Golden Circle com definições de Simon Sinek e seu exemplo da Apple

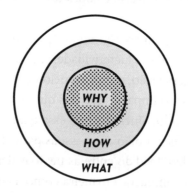

	Exemplo Apple
WHY Muito poucas empresas sabem o POR QUE fazem as coisas. Estes são os propósitos, as causas, as crenças. É a verdadeira razão das organizações existirem.	**WHY** Em tudo o que fazemos, acreditamos em desafiar o status quo, nós acreditamos em pensar diferente.
HOW Algumas empresas sabem COMO elas fazem as coisas. Isso é o que as diferencia da concorrência.	**HOW** Nós fazemos produtos que possuem ótimo design e são fáceis de usar.
WHAT Toda empresa sabe o que faz. Estes são os produtos que vocês vendem ou os serviços que vocês oferecem.	**WHAT** Nós fazemos ótimos computadores, mas também telefones, tocadores de MP3 e outros dispositivos eletrônicos.

Fonte: SINEK, S. Como grandes líderes inspiram ação. *TEDx Puget Sound*, 2009.

O Golden Circle, para ser efetivo, precisa fazer emergir um propósito da empresa ou marca. O verbo "emergir" é empregado porque o propósito precisa, de fato, já estar contido na organização. Não adianta elaborar um propósito que não está conectado com os princípios que regem aquela marca ou empresa. O propósito deve, antes de mais nada, ser real. Qualquer empresa já tem um propósito. É por isso que as pessoas trabalham nela por longos anos. Não é incomum se orgulharem de fazer parte daquele grupo. Por isso, é possível, com workshops e

DESENVOLVIMENTO DO SISTEMA DE IDENTIDADE DE MARCAS

técnicas projetivas, conseguir chegar a um propósito holístico e engrandecedor, ainda que alinhado e adequado ao cotidiano empresarial. Ele precisa ser mobilizador, mas passar uma sensação de já ter sido vivido no cotidiano.

Um ponto relevante para a execução correta do Golden Circle é a definição do escopo. Ele pode ser feito para marcas corporativas, como Unilever, Natura ou Apple, ou para grupos de produtos, como Dove, Ekos ou iPhone. Dependendo da interação entre a marca da organização e a marca do produto ou serviço, os resultados do Golden Circle podem ser consideravelmente diferentes ou ter muitas similaridades. No caso de Unilever e Dove, eles poderiam ser bastante distintos, já que a organização tem muitos produtos diferentes, para diversos tipos de públicos e segmentos de atuação. No entanto, as duas marcas não devem ter características conflitantes. Afinal, um colaborador que trabalhe com a marca Dove será um funcionário Unilever e uma marca não deve ir contra preceitos da sua organização.

Já no caso da Natura e da marca Ekos, as ferramentas podem ser bastante similares, já que as duas marcas trocam muitas associações com relação à sustentabilidade, preocupação social e outros elementos que são parte da Natura como organização e da marca Ekos como produto. O mesmo vale para a Apple e o iPhone, já que ele é hoje o principal produto da companhia.

Quando fazemos um exercício como o Golden Circle no nível empresarial, costumamos chegar em resultados que os acadêmicos e parte dos profissionais chamam de visão. Esses esforços de construção de visão costumam ser liderados por áreas de recursos humanos e feitos em conjunto com a missão e os valores da empresa. Já quando o exercício é feito no nível de uma marca de produto ou serviço, os resultados tendem a ser chamados de propósito ou até mesmo de manifesto de marca. Mesmo com escopos e nomes diferentes, os procedimentos e a maneira de redigir os resultados são muito similares.

A definição de propósito ou visão constitui um olhar essencialmente interno, ainda que o Golden Circle nos faça conectar com as propostas de valor de um produto ou serviço. Com isso, é um importante elemento para compor o processo de identidade de marca, que deve ser capaz de conciliar essas diferentes visões e conhecimentos da empresa em um documento que permita a gestão de curto, médio e longo prazo das marcas, sejam elas organizacionais ou de produtos e serviços.

7.3
MODELOS CONCEITUAIS DE IDENTIDADE DE MARCA

A identidade de marca, como principal elemento de um Brand Book, deve levar em consideração o posicionamento e seus elementos formadores – a visão competitiva e de proposta de valor –, além de trazer os elementos da cultura organizacional – a visão interna da cultura empresarial e, suas crenças, valores, missão e visão –, chegando num resultado completo e conciliador. O objetivo da identidade é orientar o envolvimento entre a cultura da empresa e stakeholders, entregando as promessas da marca (sejam de produtos ou serviços, da marca empregadora, da marca para investidores ou para fornecedores) e criando uma relação baseada em um conjunto de comportamentos e experiências alinhado a valores e promessas da empresa.

A identidade de marca é estratégica e conceitual. Uma identidade deve contemplar a orientação de qualquer ponto de contato que uma marca pode ter, incluindo seu produto e serviço, embalagem, publicidade, ponto de venda, política de patrocínio, postura de vendedores e atendentes, entre outros, para a promessa de produtos ou serviços, ou o tratamento e práticas que impactem os colaboradores, investidores e fornecedores, na visão mais corporativa.

Dentre as empresas que usam modelos de identidade de marca para gerenciar suas marcas, algumas tendem a utilizar modelos preparados por acadêmicos, que detalhamos a seguir. Outras, no entanto, preferem adaptar esses modelos para a sua realidade empresarial, construindo elas mesmas um modelo de identidade de marca que responda exatamente às suas necessidades. Essa é uma prática que entendemos ser positiva e que ajuda a empresa a utilizar seu documento de identidade como um elemento que agrega as ações e direciona a evolução de marca e empresa.

Dessa maneira, os modelos que apresentamos a seguir devem ser vistos mais como uma fonte de inspiração do que um roteiro, já que eles podem ser alterados, adaptados ou ajustados para se adequar às necessidades de cada marca em seu contexto.

Um bom modelo de identidade é aquele que ajuda o planejamento da marca a cumprir sua função, que é orientar os esforços da empresa, direcionar seus objetivos e racionalizar seus recursos na busca da construção de um relacionamento positivo e duradouro com seus stakeholders. Se esse objetivo for atingido, não importa a origem do modelo.

7.3.1 Sistema de identidade de marca de David Aaker

David Aaker estruturou um modelo de identidade de marca que se tornou clássico e influenciou muitos outros modelos. Ele teve esse efeito porque, ainda que seja complexo, sua estruturação gera um entendimento mais claro dos papéis que uma marca deve desempenhar. Ele incita os gestores a pensarem no todo da marca e, com isso, cumpre sua função de auxiliar no planejamento da marca. Do ponto de vista didático, ele também é interessante, já que sua sequência de uso para planejamento de marca é, em comparação com outros, mais linear e lógica. O modelo é apresentado na Figura 7.2.

DESENVOLVIMENTO DO SISTEMA DE IDENTIDADE DE MARCAS

FIGURA 7.2 Sistema de identidade da marca

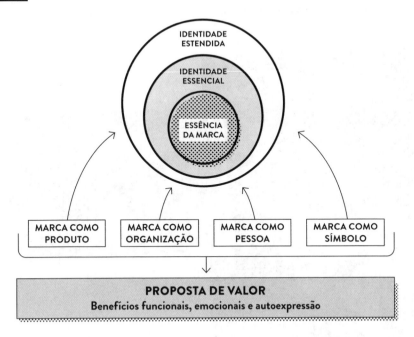

Fonte: AAKER; JOACHIMSTHALER, 2007.

O sistema de identidade de Aaker, ainda que seja um modelo com mais de uma década, ainda traz algumas vantagens interessantes em relação a outros. Ele aborda um grande volume de elementos que podem fazer parte de um processo de gestão de marcas e faz uma distinção entre alguns elementos centrais na concepção da marca: a essência da marca, a identidade essencial e a identidade estendida.

A *essência* seria a alma da marca, aquele elemento que captura sua razão de existir. Em geral, é uma palavra ou frase curta que identifica aquilo que a marca sempre procurará ser. Para a marca Coca-Cola, poderíamos dizer que é uma "felicidade compartilhada", algo que ela trabalha desde o início do desenvolvimento de sua marca. Para a Apple, poderia ser "inovações disruptivas ao status quo". Para o Google (não a Alphabet!), "ser o catálogo do mundo".

A essência da marca indica não apenas uma perspectiva de construção de marca, mas também de condução dos negócios. É assim que essas empresas procuram ser, se organizar e desenvolver seus produtos e serviços. Deve representar o propósito empresarial e não precisa conter nenhuma relação com o mercado ou produto vendido pela empresa. Afinal, é comum para empresas migrarem entre produtos e mercados, mas elas continuarão a manter os relacionamentos com seus consumidores se conseguirem sustentar sua essência.

FIGURA 7.3 Desde os anos 1930 a Coca-Cola utiliza a mensagem da felicidade compartilhada

A *identidade essencial* deve ser trabalhada com associações fortes e relevantes que podem ser consideradas valores centrais para a marca e, portanto, não devem ser alteradas com o passar do tempo. Alterações feitas na identidade essencial acontecem somente em casos de atualizações mais drásticas de identidade, em função de mudanças significativas no ambiente competitivo (público-alvo e/ou concorrência), ambiente corporativo (fusões, aquisições, venda ou mudanças culturais empresariais) ou momentos de reposicionamento de marca. Qualquer alteração na identidade essencial deve ser feita com ponderação e cuidado, pois irá alterar a maneira como a marca é percebida no mercado.

O conhecido e histórico caso da Havaianas mostra as alterações das identidades essenciais e até da essência da marca. Até os anos 1990, a marca se valia de uma proposta funcional, que dizia que as sandálias não tinham cheiro, não deformavam e não soltavam as tiras. Com a evolução dos concorrentes, esses atributos deixaram de ser diferenciais, a marca teve de baixar seu preço e, ainda assim, perdia volumes de vendas. Como o mercado se tornou comoditizado, a marca teve de ser relançada com benefícios emocionais, conectando-se com a moda, cores, estampas, licenciamentos e diferentes modelos e coleções. Também fez uma proposta de autoexpressão baseada no uso de celebridades, normalmente jovens e em ascensão. Esses benefícios foram pensados para um novo público-alvo. Em vez de trabalhadores braçais e pessoas de baixa renda, visaram jovens que frequentavam a praia, eram desejados e emulados por seus pares e tinham um estilo esportivo e despojado. Com isso, a própria concorrência mudou, deixando de ser outras sandálias de borracha e passando a ser os diferentes calçados usados por esse público, bem como outros acessórios esportivos-fashion, como bolsas, mochilas, pulseiras, colares, entre outros. As alterações mudaram os elementos essenciais da marca e, com isso, a marca foi reposicionada. Se esses elementos essenciais não fossem alterados, não seria possível chamar o movimento de "reposicionamento", mas apenas uma evolução natural da posição para se adequar ao contexto.

A marca Skol exemplifica essas evoluções sem a alteração da identidade essencial. A Skol tem como associações essenciais a jovialidade, a leveza de seus produtos, a irreverência e sua aura agregadora. Ela mantém essas características desde seu lançamento, nos final da década de 1960. Se a marca mudasse essas associações, poderia tornar-se irreconhecível para seus consumidores, mas não foi esse o caso. Ela manteve sua essência, mas evoluiu sua identidade estendida conforme as alterações de contexto. Ela continua a ser uma marca jovem, mas o que significa ser jovem mudou com o passar do tempo. Se antes ela fazia eventos de rock, hoje foca em múltiplos estilos musicais. Se antes ela incluía mulheres seminuas em suas propagandas, hoje prega o respeito ao sexo feminino e não objetifica a mulher. O tipo de irreverência mudou. A irreverência aceitável e desejada no passado não é a mesma de hoje. A Skol mudou, mas mantendo sua essência.

Pelo seu fator de duração no tempo, as associações da identidade essencial tendem a ser mais amplas e deixam margem à interpretação. Essa interpretação pode mudar de acordo com o contexto, o que é positivo e levaria a uma evolução natural para a marca. Elas não podem, contudo, ter seu significado alterado. Nesse ponto, existem algumas dificuldades práticas para a gestão de marcas, uma vez que gestores podem divergir do significado das associações essenciais. Isso deve ser resolvido com uma breve explicação sobre esse significado durante a elaboração da identidade da marca. Por exemplo, dizer que uma marca é "sofisticada" não basta, já que o conceito de sofisticação é interpretativo. Chanel e Mercedes Benz são marcas sofisticadas, mas envolvem tipos diferentes de sofisticação. É preciso definir exatamente o que se espera da sofisticação dessas marcas, assim como de qualquer outra associação que esteja planejada na identidade de marca.

A *identidade estendida* é aquela que faz parte do contexto, que se altera em cada novo produto, cada nova tendência de consumo ou cada nova campanha. Envolve logos, slogans, garotos-propaganda e outros elementos de identidade visual, os quais, ainda que possam seguir alguns elementos padrão, alteram-se de acordo com as tendências da comunicação e design da época em que se vive. Também se alteram as perspectivas de mídia e patrocínio.

Continuando a usar a Skol como exemplo, a marca sempre foi envolvida com a vida noturna do jovem. Nos anos 1990, os jovens saíam à noite para ver bandas de rock. Em função disso, a Skol patrocinava um festival chamado Skol Rock. Alguns anos depois, com a elevação da música eletrônica, a Skol continuou a estar presente na noite, mas seu evento proprietário mudou para Skol Beats. Conforme o tempo foi passando, o Skol Beats foi substituído pelo Skol Sensations. A marca foi se atualizando de acordo com o contexto da festa desejada pelo jovem, mas manteve-se presente na vida noturna dele. Os eventos são parte da identidade estendida da marca Skol. Hoje em dia, o jovem é visto como mais eclético, então ter um evento proprietário da marca não faz mais sentido. Mas a marca patrocina diversos eventos, shows e festivais diferentes cuja participação do jovem é massiva, independentemente do seu estilo musical.

Qualquer marca de sucesso mantém essa consistência, e uma análise dos seus materiais de comunicação mostrará a evolução dos mesmos tipos de atributos.

A sequência de anúncios da Levi's presente na Figura 7.4 traz a evolução da marca, começando pela década de 1940, seguindo para os anos 1970, 1980, 1990, 2000 e 2018. As imagens mostram a conexão da marca com o contexto jovem, essencialmente americano, retratando costumes e códigos culturais de cada época. As mudanças são claras. No entanto, percebe-se também a consistência da comunicação: sempre jovem, informal, gregária, sensual, mas despojada, que perpassa todas as comunicações ao longo das décadas. O uso apenas das publicidades aqui se dá pela limitação de mostrar outros tipos de materiais, mas isso também afetou as arquiteturas das lojas, a orientação de prestação de serviço para seus vendedores, o desenvolvimento das novas coleções e as celebridades e os influenciadores utilizados pela marca para construir sua imagem.

A separação entre essência da marca, identidade essencial e identidade estendida ajuda a resolver, pelo menos do ponto de vista teórico, um dos grandes dilemas do planejamento de marca: o que ela deve alterar com o passar do tempo e o que deve ser atemporal. Trata-se de uma decisão relevante, pois é normal que uma marca evolua com o passar do tempo. Afinal, as necessidades e os comportamentos do público-alvo se alteram, o cenário competitivo muda, novos mercados e segmentos surgem e, se a marca não tiver dinamismo para acompanhar essas alterações, ela tende a envelhecer e, eventualmente, morrer.

No entanto, se a marca for livre para mudar totalmente em decorrência de cada mudança, pode perder a consistência, tão importante na construção da marca. Sem consistência, as mensagens mudam exageradamente e não são assimiladas e lembradas pelo público consumidor. A gestão de marcas deve apontar claramente quais elementos devem se alterar com o passar do tempo e quais devem permanecer inalterados independentemente das mudanças de contexto. Esse balanço é muito complexo na prática, mas pode ser facilitado pelo sistema de identidade de marca proposto por Aaker.

DESENVOLVIMENTO DO SISTEMA DE IDENTIDADE DE MARCAS

CAPÍTULO 7

FIGURA 7.4 A evolução do estilo jovem, segundo a visão das propagandas da Levi's

Esse conjunto de três identidades permite à marca ter a granularidade suficiente para estar em íntimo contato com o consumidor, ao mesmo tempo em que consegue conferir a perspectiva de longo prazo necessária para construir uma marca com clareza e consistência, tanto para dentro como para fora da empresa. Ainda que a gestão cotidiana dessas identidades seja complexa, de um ponto de vista acadêmico e de planejamento, o resultado é satisfatoriamente alcançado.

Além desse aspecto temporal e de evolução bastante relevante para a marca, o sistema de identidade de Aaker procura trazer à tona os elementos presentes na proposta de valor completa da marca. Isso está presente no sistema pelos constructos "marca como produto", "marca como organização", "marca como pessoa" e "marca como símbolo". Como mostram os sentidos das flechas na Figura 7.2, esses são os elementos formadores das três identidades. São elas que devem ser planejadas primeiro, antes de se separar os elementos essenciais e estendidos. Esse exercício, já proposto neste livro na etapa de "proposta de valor", é relevante porque leva os planejadores de marca a pensarem no todo da marca, não deixando de estipular todos os tipos possíveis de valor que podem ser observados. Dependendo do contexto e da evolução, esses diferentes valores podem ganhar ou perder relevância.

A *marca como produto* são os elementos do produto associados a uma marca. Pode ser a categoria de produtos em si (McDonald's faz hambúrgueres), os atributos de um produto (Pilão é o café *forte* do Brasil), os usos de um produto (Aspirina é para dor de cabeça), seus usuários (Asics é um tênis para corredores sérios) ou até mesmo a região geográfica onde um produto é produzido (BMW traz o melhor da engenharia *alemã*). Esses elementos qualificam o produto e atribuem a ele possíveis diferenciações ou paridades que são essenciais para entendermos a diferença da oferta funcional desse produto ou serviço em relação aos demais.

A *marca como organização* é tudo que uma marca de produto "empresta" da organização à qual pertence. É mais fácil percebermos isso em empresas que possuem marcas diferentes para sua organização e seu produto, como Unilever e Dove. Unilever pode trazer a perspectiva de uma empresa grande e sólida, que se preocupa com os impactos ambientais e sociais de suas atividades – atributos cada vez mais procurados pelos consumidores. Dove é a marca que traz hidratação e autoestima para a mulher. Quando pensamos na marca Dove, ela faz a conexão com seus consumidores por meio de seus atributos de produtos (hidratação), mas também com sua marca-organização (responsabilidade social e ambiental). Ainda que o consumidor não faça essa divisão de maneira tão racional como foi exemplificado, estudos comprovam que ele leva ambos os fatores em consideração para fazer suas escolhas de consumo. Em alguns casos, a mesma marca envolve as associações de marca como produto e como organização, como no caso da Natura, em que a empresa e os produtos levam o mesmo nome. Ainda assim, os elementos da marca como organização devem estar presentes para ajudar a formar a identidade da marca para o consumidor.

FIGURA 7.5 A união das duas marcas, de organização e de produto, leva a uma percepção de valor completa para os consumidores

A *marca como pessoa* são os atributos de personalidade ligados à marca. Eles captam e consolidam os elementos desenvolvidos pela personalidade de marca. Podem ser descritas aqui as características humanas das marcas, desde gênero, idade e classe social, até aspectos comportamentais e psicográficos. A Dove pode ser descrita como uma marca franca, sincera, próxima, confidente e compreensiva. Com isso, pode estabelecer um relacionamento de amizade íntima. A Red Bull pode ser considerada uma marca audaciosa, vencedora, impetuosa, contestadora, e cria um relacionamento de amizade estimulante. Essas características, longe de terem surgido espontaneamente, são planejadas pelas marcas e fazem com que elas se aproximem de seus consumidores.

A *marca como símbolo* são as metáforas visuais e conceituais que a marca estabelece para ser lembrada pelo consumidor. Pode ser seu logo, slogan, personagens, porta-vozes e qualquer outro elemento que a ajude a passar sua mensagem para as pessoas. Ainda que sejam importantes, costumamos entender que esses elementos simbólicos fazem parte da identidade estendida da marca, uma vez que eles podem ser trocados com certa frequência sem prejuízo à mensagem central da marca. Ainda que, muitas vezes, eles durem muitos anos ao lado da marca, em teoria eles poderiam ser substituídos sem alterar a essência dela. A marca como símbolo se refere ao desdobramento da marca e não deve ser confundida com os benefícios simbólicos ou de autoexpressão que uma marca pode ter.

FIGURA 7.6 Algumas metáforas visuais, que podem ser personagens criados ou personalidades contratadas, que, em conjunto com slogans, logos e outros símbolos, criam a etapa da "marca como símbolo" da identidade de Aaker

O modelo de Aaker na Figura 7.7 indica, portanto, que a marca como produto, a marca como organização, a marca como pessoa e a marca como símbolo formarão a identidade da marca, que será então composta pela essência da marca, da identidade essencial e da identidade estendida. O objetivo desse trabalho, além de organizar o que a marca deve representar, é mostrar ao consumidor uma proposta de valor. Essa proposta de valor deve ser coerente e alinhada para ser percebida como crível. Se isso acontece, o consumidor passa a dar à marca credibilidade, que ela utiliza para criar relacionamento que leve à lealdade.

Os benefícios propostos por Aaker para que uma marca se estabeleça na mente dos consumidores são chamados de propostas de valor. Essas propostas de valor podem ser funcionais, emocionais ou de autoexpressão.

Como devem ser organizados esses três modelos de proposta de valor? Na verdade, uma marca que aspira ao sucesso deve planejar incluir os três, tornando sua oferta mais completa e diferenciada. No entanto, ela dificilmente trabalhará as três propostas com a mesma intensidade. Existem produtos que são lastreados em propostas funcionais, como o Colgate Total 12. Outros enfocam as propostas emocionais, como a Coca-Cola. Outros, ainda, destacam seus atributos de autoexpressão, como as grifes de roupa da Calvin Klein e Abercrombie & Fitch. No entanto, as propostas de valor devem sempre complementar-se. Esse é o tema do laddering, que permite encadear esses diferentes valores em uma sequência lógica. O balanço desses três elementos torna a proposta de valor de uma marca mais completa e crível, com um benefício dando suporte ou amplitude aos demais.

DESENVOLVIMENTO DO SISTEMA DE IDENTIDADE DE MARCAS

FIGURA 7.7 Modelo original do sistema de identidade de marca de David Aaker

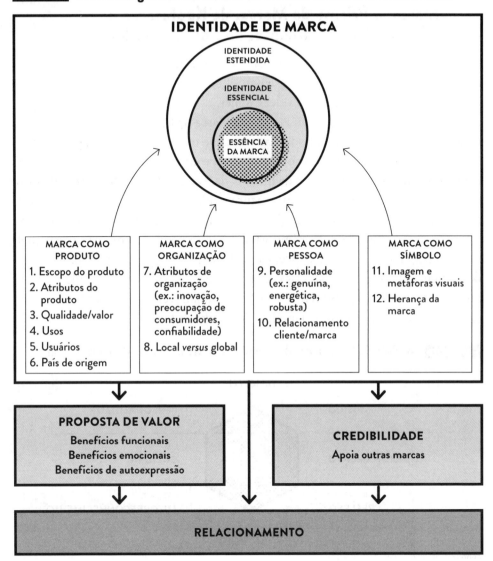

Fonte: AAKER; JOACHIMSTHALER, 2007.

Procurou-se detalhar a explicação desse sistema porque, como ele é completo e com muitas subdivisões, ajuda a entender a complexidade da construção de uma identidade de marca. No entanto, abordamos outros dois modelos, pois eles entregam certos elementos que ajudam a incrementar o pensamento sobre a identidade de marca.

7.3.2 Outros modelos clássicos de identidade de marca: o Prisma da Marca, de Kapferer, e o Alvo de Posicionamento, de Kotler e Keller

Para complementar a visão de identidade de marca de Aaker, entre diversos bons modelos de diferentes autores, apresentamos dois: o Prisma da Marca, de Kapferer, e o Alvo de Posicionamento, de Kotler e Keller.

A escolha pela abordagem do Prisma da Marca de Kapferer se dá em função da diferente abordagem do autor sobre marcas. De origem francesa, Kapferer acaba integrando melhor a marca ao contexto social e empresarial, e não procura criar etapas específicas para a criação da identidade, valorizando a complexidade inata das marcas. Seu modelo também procura explicitar as relações conceituais da marca, que ele nomeia de "intangíveis", com as relações mais operacionais, ou "tangíveis". Esse fato destaca a importância de se pensar as marcas conceitualmente, atribuindo-lhes uma concepção robusta, mas que se desdobra na forma de elementos perceptíveis para os consumidores. É nessa complexidade do olhar interno e externo, das perspectivas tangíveis e intangíveis, e da falta da subordinação entre esses elementos que o modelo do Prisma da Marca se destaca.

FIGURA 7.8 Modelo do Prisma da Identidade da Marca, de Jean-Noel Kapferer

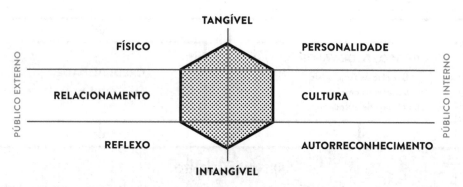

Fonte: adaptado de KAPFERER, 2012.

O modelo de Kapferer traça uma linha vertical, pois separa aquilo que é interno da marca – elementos que levam a empresa a se autorreconhecer, identificar traços de sua cultura e definir qual a personalidade da sua marca – daquilo que é externo, ou seja, a imagem que deve ser projetada para o público externo – consumidores, clientes e outros stakeholders.

A imagem projetada deve trazer elementos físicos, de cores, formas, desenhos, nomes e estilos gráficos, de arquitetura e de expressões verbais que façam a marca ser percebida e que possam refletir a personalidade desejada para ela. A cultura da empresa refletiria o tipo de relacionamento que seria estabelecido entre a marca e seus consumidores. O autorreconhecimento do que a marca significa amplificaria o reflexo que o mercado tem dessa marca e transformaria seus consumidores típicos em uma subcultura, com códigos culturais próprios em função da utilização dela.

Ainda que não seja um modelo tão autoexplicativo e de simples utilização como o de Aaker, ele acaba sendo mais contemporâneo pela possibilidade de atribuir esses aspectos mais humanizados a uma marca, indicando que ela é algo que se constrói a partir de uma relação do interno (da empresa) com o externo (do consumidor), em um processo de cocriação, e de não dar a esses aspectos pesos ou classificações específicas. Na Figura 7.9, reproduzimos o modelo da Lacoste, feito por Kapferer, para ilustrar o uso do seu modelo.

FIGURA 7.9 Modelo do Prisma de Kapferer aplicado à marca Lacoste

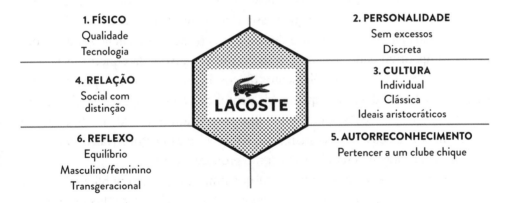

Fonte: KAPFERER, 2003.

O modelo de Kotler e Keller é interessante em virtude de sua simplicidade, pelo alinhamento de pontos da identidade de marca e posicionamento, além de ser um modelo conhecido por estar presente no livro básico de administração de marketing.[1] Com isso, tem uma certa popularidade e sua análise se torna interessante do ponto de vista teórico e prático.

O modelo, chamado de Alvo de Posicionamento (Figura 7.10), faz a junção de certos elementos da etapa de posicionamento de marca com a etapa de construção da identidade de marca. Essa união é interessante, pois as duas ferramentas devem estar bastante alinhadas e o modelo pressupõe essa união entre as visões de posicionamento e identidade.

---

1 KOTLER, P.; KELLER, K. *Administração de marketing*. 14. ed. São Paulo: Pearson, 2013.

É um modelo que dá mais atenção a uma perspectiva mais competitiva, de olhar o externo, mas sem reduzir a perspectiva da influência interna de uma marca. O modelo também é bastante simples e facilmente reproduzível, o que contribui para a sua popularização em empresas que iniciam o processo de construção de seu posicionamento e identidade de marca.

O modelo é interessante porque parte das informações básicas para a construção de um posicionamento, no caso, uma breve descrição de público-alvo, que aborda somente algumas características essenciais para descrever o possível consumidor. Ele também lista o cenário competitivo ou uma brevíssima análise da concorrência, novamente focando naquilo que é essencial para o processo de planejamento de marca. Isso se torna um valioso exercício de síntese.

A partir daí, os elementos da marca são construídos. O mantra da marca, no modelo de Kotler e Keller, pode ser descrito como algo próximo à essência da marca do modelo de Aaker. Ele faz a ligação com as perspectivas internas da empresa e também sintetiza aquilo que é essencial na oferta da marca.

Os demais elementos fazem o desdobramento dessa essência, sempre com o viés competitivo dado pela descrição do público-alvo e da concorrência. Eles levam em consideração tanto elementos típicos do posicionamento, pontos de paridade e pontos de diferença, quanto elementos de identidade de marca, como as evidências e propriedades operacionais (que encontram similaridades no conceito dos elementos físicos de uma marca, de Kapferer) e as perspectivas de valores e personalidade, que remetem à marca como produto, de Aaker.

Ao final, o modelo sugere que se busque uma resposta do público-alvo ou a percepção que eles devem ter após serem impactados pela marca. Essa resposta é interessante, pois traz a perspectiva da gestão de marcas. Toda ação de marca deve provocar uma reação de lembrança do consumidor, e o modelo permite que se registre qual é a reação que a marca espera obter do consumidor.

Esses três modelos dão uma ideia do panorama geral da importância da identidade de marca, como ela deve ser construída e quais são seus efeitos na organização e gestão da marca de uma empresa. Conforme ressaltado anteriormente, mais do que um guia, esses modelos devem ser usados como inspiração para que uma empresa possa escolher os elementos e critérios que melhor se enquadram à sua realidade e às necessidades competitivas de seus mercados.

DESENVOLVIMENTO DO SISTEMA DE IDENTIDADE DE MARCAS

CAPÍTULO 7

FIGURA 7.10 Alvo de Posicionamento de Marca, um modelo que agrega elementos de posicionamento e identidade de marca de maneira simples e funcional

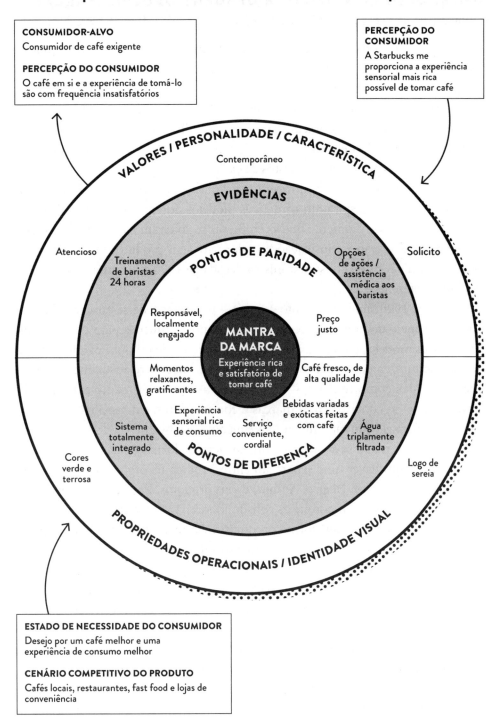

Fonte: KOTLER; KELLER, 2013.

7.4
UM MODELO CONCILIADOR DE IDENTIDADE DE MARCA: O MODELO DE IDENTIDADE ESTRATÉGICA DE MARCA

Como se percebe a partir da análise desses três modelos, mas também de outros modelos propostos por autores não abordados aqui, existem mais similaridades do que diferenças entre eles. Portanto, ainda que pareçam existir diversas visões sobre o processo de planejamento de marca, ele na verdade é entendido de maneira bastante similar pela maioria dos autores de estudos sobre gestão de marcas.

Portanto, é possível elaborar um modelo que concilie as visões dos autores e que contemple os principais elementos de cada um deles.

Ao mesmo tempo, é preciso trazer uma evolução para esses modelos. Os modelos seminais, que inspiraram os demais modelos, foram criados no início dos anos 1990. Foi nesse momento que as empresas se voltaram para as marcas como fonte de diferenciação e construção de valor para seus produtos ou serviços. No entanto, os cenários de consumidores na década de 1990 e nos momentos atuais são muito diferentes.

Nos anos 1990, ainda era muito comum a perspectiva de se buscar a diferenciação por meio de inovações tecnológicas ou novas funções para os produtos. Portanto, os modelos tendem a intensificar as relações de produto e funcionalidade. Ao mesmo tempo, as perspectivas de personalidade e relacionamento, ainda que percebidas como relevantes, não traziam as potenciais complexidades observadas hoje no convívio entre marcas e consumidores, em especial no mundo digital. As marcas eram mais funcionais e menos sociais.

Outro ponto refere-se ao papel da organização na formação da marca. No passado, era comum haver uma separação entre a marca da organização (Unilever, P&G, Reckitt Benckiser, Diageo, Ambev) e seus produtos. Isso acontecia pelo foco no produto, mas também porque os consumidores não se interessavam por quem eram os produtores e de que forma produziam. Bastava haver uma boa proposta de valor e isso era suficiente para a escolha de uma marca. Hoje o consumidor se atém a outros elementos além das questões de proposta do valor do produto: o processo de extração de matéria-prima, o descarte de resíduos industriais e o desperdício de recursos naturais. Ele se preocupa com o impacto social das empresas nas comunidades onde estão inseridas e a maneira como elas tratam seus colaboradores e fornecedores. Os consumidores cada vez mais entendem os impactos das organizações e, portanto, passam a cobrar delas práticas éticas e sustentáveis. Portanto, a marca como organização passa a ter um importante papel, inclusive no processo de decisão sobre os produtos. Não é incomum a tentativa ou o efetivo boicote a certos produtos ou serviços em razão de comportamentos eticamente

DESENVOLVIMENTO DO SISTEMA DE IDENTIDADE DE MARCAS

questionáveis por parte das instituições que os produzem. É necessário criar essa relação mais intensa e utilizar os elementos da marca como organização como parte da proposta de valor. Grandes empresas de marcas já entenderam e fazem isso há quase uma década, assinando seus produtos com a marca corporativa e eventualmente até anunciando a marca corporativa para consumidores finais – Unilever e Ambev recentemente fizeram esse tipo de ação.

Já outros elementos parecem ter se tornado mais fluidos e, eventualmente, têm seu impacto diminuído no processo de planejamento de marcas. O que Aaker chama de marca como símbolo já não possui a importância e a distinção do passado. Se antes um slogan era quase obrigatório para representar uma marca, hoje ele é raramente visto. Se antes era preciso ter uma identidade visual muito bem definida e que deveria ser usada sempre da mesma maneira, hoje se permitem diversas alterações e mudanças pontuais nos logotipos das empresas em função de eventos, datas comemorativas ou outras iniciativas. Os *doodles* da Google são um grande exemplo. Esses elementos hoje também são mais compartilháveis e eventualmente são criados pelos próprios consumidores, na forma de memes. Se antes havia símbolos fixos, como o Michael Jordan na Nike, hoje a mesma Nike se vale de dezenas de atletas de ponta para anunciar sua marca, os quais são substituídos de tempos em tempos. Portanto, há de se entender que esses símbolos estão efetivamente no contexto das marcas, não mais na sua essência.

É preciso também levar em consideração os possíveis relacionamentos que as marcas passam a querer estabelecer com seus consumidores, conforme descrito por Founier, quando aborda a personalidade de marca, ou enfatizado por Holt, na perspectiva do branding cultural. A marca é, cada vez mais, um elemento social, utilizado pelos consumidores para intensificar esses momentos de convívio e passar mensagens sobre sua maneira de ser ou querer ser. Portanto, em especial para algumas marcas, essa etapa do planejamento de marcas pode ser até mais importante que as definições de produtos. Isso acontece especialmente em produtos de impacto social e baixa diferenciação funcional, como vestuário, bebidas alcoólicas, entretenimento e viagens. Seria interessante estimular os planejadores de marca a pensar com profundidade nesses elementos.

O modelo ilustrado na Figura 7.11 é fruto dessas percepções de evolução do mercado e pretende conciliar os modelos anteriores, evoluindo para o contexto contemporâneo, com uma visão estratégica de branding. Assim como os demais, ele deve ser adaptado de acordo com as necessidades de cada marca e empresa. Por se tratar de uma proposta de planejamento alinhada ao método deste livro, ele busca elementos já discutidos em outros capítulos para consolidá-los.

FIGURA 7.11 Associações de produto e serviço

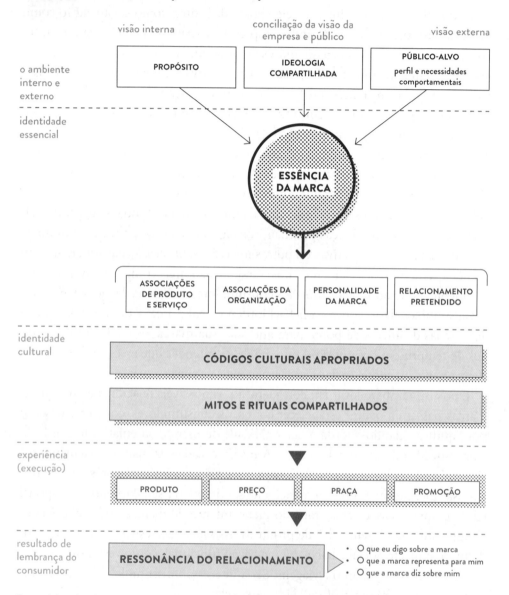

Fonte: elaborada pelo autor.

O modelo tem como elemento central a essência da marca. É ela que recebe os inputs do ambiente interno (propósito e visão de mundo da empresa) e do ambiente externo (em especial, o perfil do público-alvo e as necessidades comportamentais, que levam a uma visão da concorrência embutida). Para explicitar os elementos mais sociais da marca, incluiu-se o elemento "ideologia compartilhada", derivado das ideias de Holt, que deve corresponder à união da visão de mundo da empresa com a visão de mundo do público-alvo, onde eles dividem ideologias.

A visão da ideologia compartilhada é tão estratégica quanto a essência da marca. A marca dificilmente terá a possibilidade de alterar sua visão de mundo sem a necessidade de refazer a marca por completo. Essa ideologia compartilhada é o que vai unificar o consumidor e a marca nos benefícios de ordem superior, que alinha suas visões de mundo e que faz com que o consumidor perceba a marca como pertencente ao seu grupo social. O complexo, nesse caso, é escolher uma ideologia que seja real e suportada pelo propósito da marca e que tenha uma conexão com um grupo social o qual apresente potencial de crescimento. Ao construir essa identidade compartilhada, a marca finaliza a etapa do planejamento em que leva em consideração os elementos ambientais.

Da visão ambiental, passa-se a planejar a identidade conceitual da marca. A identidade conceitual ditará os principais parâmetros da marca. Ela é mais duradoura e estabelece a base do desenvolvimento de todos os materiais da marca.

A essência da marca segue a ideia do modelo da Aaker ou de Keller e Kotler, podendo ser uma pequena frase estipulando a oferta holística da marca, que está alinhada à necessidade do público-alvo, ao propósito da empresa e cumpre um papel relevante na ideologia compartilhada.

A partir da essência, inicia-se o desdobramento da marca em elementos conceituais que formarão suas relações com os consumidores: a proposta de valor do produto/serviço, os valores organizacionais herdados das marcas corporativas ou que serão levados pela marca corporativa às marcas de produto ou serviço, a personalidade de marca e o relacionamento que pretende construir com os consumidores.

As associações de produto/serviço devem ser descritas pelos elementos principais e diferenciadores da proposta de valor. Podem conter benefícios funcionais, emocionais e simbólicos, bem como elementos redutores de custos financeiros, de tempo/acesso ou psicológicos/sociais. Na identidade de marca, deve-se conter uma seleção dos valores mais importantes para construir a essência da marca.

As associações de organização ou de valores organizacionais podem ter duas interpretações. Se o escopo da identidade for uma marca de produto ou serviço, os valores organizacionais serão os elementos que virão da marca corporativa e ajudarão a marca a oferecer para seus consumidores as garantias de gestão ética ou responsável. Caso o escopo seja uma marca corporativa, esses serão os elementos planejados para impactar todos os produtos da companhia nos aspectos de gestão. Eles podem estar ligados a questões de ética de negócios, iniciativas sociais, melhoria das comunidades impactadas pelas operações da empresa, condução de negociações justas com fornecedores e colaboradores, cuidado ambiental e outros preceitos ligados ao impacto socioambiental da empresa em todos os seus processos. Ele também pode englobar outros elementos distintivos daquela organização, como inovação tecnológica ou cultural, relação com stakeholders ou outros.

A personalidade de marca deve planejar a maneira como a marca deve ser percebida como uma pessoa. Pode levar em consideração questões sociodemográficas, quando pertinentes, e detalhar as facetas de personalidade humana que a marca pode ter, adaptadas ao seu contexto cultural, quando necessário. A descrição da personalidade deve promover o entendimento de como essa marca deve ser percebida quando antropomorfizada.

O relacionamento pretendido com o cliente ou consumidor completa o processo de construção humanizada da marca, pois indica qual nível de intimidade ou papel de relacionamento a marca pretende assumir com seus consumidores. Ele pode seguir aqueles indicados pelo estudo de Fournier ou ser desenvolvido de acordo com os padrões que a marca pretende estabelecer. Isso ajuda a determinar o tom de voz e os assuntos que serão abordados nos canais de comunicação da marca. Se o relacionamento é mais íntimo e pessoal, as experiências de marca acontecerão de um certo jeito. Se for mais profissional ou funcional, as experiências serão adaptadas a ele.

Esses elementos formam a etapa mais estratégica e conceitual da marca, pois são eles que definirão todos os aspectos necessários para a tomada de decisão sobre a marca e a construção de seus pontos de contato.

Vale lembrar que todas as ferramentas necessárias para a construção robusta dessas etapas estão descritas nos capítulos anteriores deste livro e, se utilizadas em sua totalidade, possibilitam uma construção assertiva do planejamento de marca.

A seguir, pretende-se construir os elementos que compõem a identidade cultural da marca. Trata-se dos elementos dos quais ela irá se apropriar, bem como os territórios e formas de interação entre a marca e seus consumidores. Mais uma vez, emprestamos os conceitos de Douglas Holt. Os códigos culturais apropriados são os ícones de mercado que serão utilizados para compor a personalidade da marca e influenciar o relacionamento entre a marca e seus consumidores.

DESENVOLVIMENTO DO SISTEMA DE IDENTIDADE DE MARCAS

Os códigos culturais são os elementos culturais presentes na sociedade e que podem ser utilizados ou apropriados pela marca para que ela possa ressoar uma certa ideologia. Os significados de todos os elementos utilizados para compor os materiais das marcas (e também de outros elementos de cultura pop, como filmes e músicas) possuem significados que já foram historicamente estabelecidos na cultura. Seria impossível criar uma marca sem o auxílio desses elementos, pois caso ela não se baseasse em convenções históricas, todos os elementos que a compõem teriam de ser definidos para o público-alvo. É preciso criar atalhos para criar significado para o consumidor valendo-se de códigos já presentes na sociedade.

Retoma-se aqui o exemplo da Nike. A marca percebeu que, para entrar no mercado de tênis para basquete, ela poderia tirar proveito da predominância de atletas negros oriundos de projetos habitacionais públicos que se destacaram na NBA nos anos 1980 e 1990. Os projetos habitacionais tornaram-se o local de nascimento de um novo tipo de basquete, mais físico, com jogadas mais plásticas e vigorosas (como enterradas e tocos), e podiam ser utilizados para construir a essência da marca Nike. A Nike se apropriou desse ambiente, de seus códigos culturais (a quadra ao ar livre de cimento, as correntes no aro) e de seu maior expoente, Michael Jordan, para se conectar com esse grupo social e as demais pessoas que o emulavam.

É importante que a marca entenda com profundidade seu público-alvo ao realizar as análises ambientais, para que possa se apropriar de ícones que ele considere relevantes naquele território social onde a marca pretende atuar.

Os mitos e rituais compartilhados são as histórias que podem ser compartilhadas entre os consumidores e suas marcas para que eles sintam que dividem com elas os mesmos valores. A marca Marlboro resgatou a história do homem do campo, que tocava o gado sozinho e era dono do seu próprio destino. Essas histórias acabam por provar que a marca está dividindo, de fato, uma determinada ideologia com aquele grupo de pessoas, pois essas histórias ressoam a ideologia – no caso da Marlboro, o homem viril, determinado e habilidoso com seu trabalho, que dá conta de seus desafios e não desiste em face da adversidade.

Se for possível viver essa história junto com os consumidores, isso é ainda melhor. Os times de futebol, por exemplo, conseguem ter uma relação de marca muito mais intensa com seus torcedores do que a grande maioria das marcas. O momento de um grande jogo, decisivo, a presença no estádio e demais dependências do clube, as histórias compartilhadas entre amigos em função daquele time acabam por criar histórias que são vívidas e intensas, criando relacionamento.

Utilizando exemplos mais práticos para ilustrar como se dá a criação de mitos, podemos recorrer a eventos proprietários ou patrocinados, promovidos por certas marcas para criar histórias compartilhadas – por exemplo, Heineken-UEFA Champions League, Budweiser-SuperBowl. São maneiras de dividir momentos significativos com seus consumidores. A Harley Davidson consegue fazer isso com os passeios de moto que incentiva e patrocina; a Gatorade, com times e corridas; a BMW, com filmes de Holywood. No entanto, para o desenvolvimento do planejamento, a indicação dos territórios, como feito com Marlboro, é suficiente, já que a tangibilização em si é desenvolvida conjuntamente com fornecedores especializados, como agências de propaganda e eventos.

Com a construção dessa etapa de identidade cultural, passa-se à fase de execução, na qual as variáveis mercadológicas são planejadas pelos gestores de marca com os demais gestores específicos e fornecedores. Trata-se de uma etapa de execução. No entanto, é válido também o planejamento de mais um elemento: as respostas que o público-alvo deve ter após o impacto da marca e como ele irá ressoar a marca para o mercado.

Essa etapa é especialmente importante no atual momento de disseminação de informação. A capacidade de comunicação de um consumidor individual é muito alta, e ele pode influenciar consideravelmente a maneira como uma marca é percebida. Ainda que não seja possível controlar as opiniões desses consumidores, fazer o planejamento acerca da expectativa do que ele dirá sobre a marca, o que a marca representa para ele e o que a marca diz sobre ele pode ajudar a monitorar seus comportamentos. Assim, é possível fazer os ajustes necessários no composto de marketing para que ele passe a ter as lembranças corretas. É a forma de antever ou planejar os resultados da marca, e, como consequência, as métricas que serão usadas para avaliar a evolução da lembrança da marca.

Essa última etapa ajuda a estabelecer o reflexo da proposta de valor na mente do consumidor, enfatizando também a perspectiva da marca ser resultado de todo o processo de gestão, que se transforma em uma lembrança do consumidor e na possibilidade dele ressoar certa visão sobre a marca.

APROFUNDANDO A PRÁTICA

Um exemplo prático da utilização do sistema de identidade de marca

Como uma ferramenta que busca integrar todos os elementos da marca, ela se baseia em uma série de definições de diferentes autores. Algumas terão conexão mais direta com o preenchimento da ferramenta, outras serão utilizadas como elemento formador dos constructos dos modelos, como uma etapa preparatória para se chegar à identidade final.

Exemplificaremos o modelo de identidade estratégica de marcas usando a marca Starbucks. Ressalva-se que esse exemplo foi feito sem qualquer contato com a empresa, portanto ele é apenas ilustrativo do funcionamento do modelo de identidade de marca e não pretende debater a marca Starbucks em si, que pode ter diferentes interpretações de outros autores e dos próprios gestores da marca.

O modelo se inicia com a discussão dos elementos ambientais. Para a parte externa, sugere-se que, antes da elaboração do modelo, prepare-se toda a análise de público-alvo e concorrência. Para o preenchimento do modelo, procura-se fazer uma síntese do que foi definido anteriormente com o uso das ferramentas e templates específicos.

Para a etapa interna do estudo ambiental, deve-se estruturar o propósito da marca. Nesse caso, pode-se utilizar o Golden Circle de Simon Sinek ou outra ferramenta que chegue em um resultado similar. Trabalhar o Golden Circle ou outra ferramenta em um workshop com os principais gestores da empresa costuma gerar resultados satisfatórios e uma união sobre a visão da marca.

A ideologia compartilhada é uma conexão de pensamento entre o público-alvo e a empresa. Ela deve basear-se em algum tipo de tendência ou comportamento observado no mercado. Afinal, essa ideologia existe e já está sendo usada para definir grupos sociais. A ideologia será o elo inicial entre o público-alvo, o propósito da empresa e a ideia de marca.

- **Propósito:** acreditamos que a convivência é essencial para a criatividade humana, e procuramos oferecer um lugar onde as pessoas se sintam livres das suas obrigações cotidianas para que a criatividade possa fluir.

- **Público-alvo:** consumidores contemporâneos, antenados, urbanos e conectados com o que existe de tendência no mundo. Trabalham em indústrias criativas (ou com áreas de criatividade) e acham que um lugar público para trocar ideias e oxigenar o pensamento é ideal para melhorar sua produtividade. Estão à procura de uma experiência de café diferente, que misture um produto inovador com uma sensação de conforto e familiaridade, e não conseguem encontrar isso nas opções atuais de mercado.

- **Ideologia compartilhada:** a desaceleração da vida cotidiana pode levar a uma nova conexão humana. Deve-se dedicar o tempo de se estar fisicamente presente, contrapondo um mundo separado pela tecnologia. Nada substitui a conversa olho no olho.

Após essa primeira etapa, é possível desenhar a essência da marca, algo que ela deve proporcionar para se integrar a essa ideologia. A essência preferencialmente está conectada ao produto que a empresa oferece, ainda que em alguns casos essa conexão não seja tão direta. Afinal, o produto é apenas um dos pontos de contato. Ainda assim, para a maioria das marcas, entende-se que alguma relação com a categoria ou produto vendido melhora a aceitação da essência da marca. Para a Starbucks, imagina-se a seguinte essência da marca: *uma experiência aconchegante e única para conviver e tomar café.*

O texto da essência deixa claro que o importante é prover uma experiência aconchegante de convivência. O tomar café acaba sendo secundário, uma vez que a convivência pode acontecer sem o uso do café ou com o uso de outros produtos além do café. Assim, de maneira mais holística, a Starbucks promove convivência. De maneira mais prática, ela usa o café (e seu ambiente de loja) para estimular a convivência.

Essa essência pode levar ao direcionamento dos demais elementos conceituais. Para as associações de produtos ou serviços, existem características funcionais, emocionais e de autoexpressão. Para testar uma das outras, usamos a expressão "me sinto como" para destacar o aspecto emocional, e a expressão "sou visto como" para destacar o aspecto de autoexpressão.

No Quadro 7.1, detalhamos as associações conectadas à organização, a personalidade de marca e os relacionamentos pretendidos entre marca e consumidores.

Foram utilizadas, aqui, as teorias apresentadas anteriormente, não como um elemento determinante, mas como um guia que auxilia nesse processo. São elas:

- a proposta de valor para as associações de produto e serviço;
- a personalidade de marca de Jennifer Aaker, para a etapa de personalidade;
- os relacionamentos de Suzan Fournier, para os relacionamentos pretendidos.

As associações de organização não pressupõem uma ferramenta específica, mas podem basear-se nas expostas anteriormente para inspirar o grupo de planejamento de marca.

DESENVOLVIMENTO DO SISTEMA DE IDENTIDADE DE MARCAS

QUADRO 7.1 Identidade conceitual da marca Starbucks

Essência da marca
Uma experiência aconchegante e única para conviver e tomar café.

ASSOCIAÇÕES DE PRODUTO E SERVIÇO	ASSOCIAÇÕES DA ORGANIZAÇÃO	PERSONALIDADE DA MARCA	RELACIONAMENTO PRETENDIDO
• Baristas treinados para fazer os cafés mais saborosos. • As misturas mais interessantes e inovadoras para o café. • Comidinhas gostosas e nutritivas para qualquer hora do dia. • Um serviço prestativo e sempre cordial. • Um local aconchegante para conversar, ou só para estar. • Me sinto mais produtivo e criativo. • Me sinto mais contemporâneo e urbano. • Sou visto como alguém que busca a produtividade constantemente. • Sou visto como alguém contemporâneo, interessante, vivido. • Sou visto como alguém sociável e antenado.	• Inovações a partir das sugestões dos consumidores. • Envolvimento local (arredores das cafeterias) com serviço comunitário. • Starbucks Foundation. • Apoio ao pequeno produtor de café. • Cuidado com o meio ambiente: reciclagem, energia e água.	• Contemporânea: viver com as preocupações do nosso tempo (ambiente, sociedade, respeito à diversidade). • Sincera, original: tem as suas convicções e as defende com respeito e diálogo. • Encantadora: *design clean*, colorido e harmônico. Serviços com pequenas regalias para os consumidores. • Calma, serena (*smooth*): suave, tranquila, pacífica. • Atenciosa, cuidadosa: legítima preocupação com servir bem.	• Expressão de autoconceito: essa marca combina com meu estilo de vida, com meus valores. É parte relevante do grupo social. • Intimidade: essa marca me faz sentir confortável, relaxado. Nós nos conectamos naturalmente. Um amigo é parte relevante do grupo e está sempre engajado em unir os membros, criando um ambiente confortável e liderando os assuntos a serem abordados.

Fonte: elaborado pelo autor.

Definidos os elementos centrais da marca, deve-se conectar a marca ao ambiente cultural em que ela vive, apropriando-se dos códigos culturais e de mitos e rituais que possam ajudar nessa conexão. Aqui se retomam as ideias de Douglas Holt para se chegar ao seguinte exercício para a marca Starbucks:

QUADRO 7.2 Identidade cultural da marca Starbucks

Códigos culturais apropriados

- Starbucks se conecta com a crítica ao processo acelerado de trabalho, entretenimento e convivência ao qual os consumidores contemporâneos se sentem sujeitos. Tudo deve ser feito rapidamente e em máxima intensidade, mas isso é cansativo e leva a uma sobrecarga que oprime a real convivência humana.
- Starbucks se conecta com a crítica à vida acelerada, e participa do retorno a valores mais tranquilos e humanos. Faz parte do *slow movement*, a valorização da qualidade em vez da quantidade, o respeito ao ritmo das pessoas, a integração de diferentes áreas da vida de maneira harmônica, o equilíbrio e o respeito às diversidades.

Mitos e rituais compartilhados

- Mudar o comportamento de "correria" da vida contemporânea.
- Lutar por mais respeito, harmonia e equilíbrio nas comunidades locais.
- Ser uma voz da "nova contemporaneidade", mais humana e relacional.

| PRODUTO | PREÇO | PRAÇA | PROMOÇÃO |

Fonte: elaborado pelo autor.

Os códigos culturais são indicados pelo tipo de comportamento que a marca pode ter, sua opinião sobre os assuntos em voga na sociedade, podendo facilmente ser transformados em elementos tangíveis como comunicações, eventos, definição de porta-vozes, produtos e serviços. Como estamos ainda em fase de conceituação, não é interessante indicar diretamente ações, trabalho este que pode ser desenvolvido pelo uso de outros fornecedores de marketing.

Os mitos e rituais compartilhados são aquelas ações que serão compartilhadas entre consumidores e marcas, nos momentos de conexão entre eles. A partir deles, haverá a sensação do relacionamento pretendido pela marca – no caso, de intimidade, amizade e compartilhamento de valores comuns. A marca e o público-alvo são ativistas desse novo estilo de vida, e devem fazer esforços conjuntos para disseminar esses novos comportamentos na sociedade.

Finalizada a etapa conceitual, pode-se iniciar o processo de desenvolvimento dos pontos de contato ou das experiências de marca, por meio das variáveis mercadológicas controláveis ou, conforme convencionado, os 4Ps: produto (e seus desdobramentos de serviços), preço, praça (ou pontos de venda e locais de exposição) e promoção (e as diversas formas de comunicação de marketing).

Após essa tangibilização dos conceitos por meio de ações, espera-se uma certa ressonância do consumidor, uma lembrança, uma opinião, uma ação. Para a Starbucks, nesse exercício, imagina-se o seguinte: *Uma experiência única de tomar café e conviver. Saio do Starbucks cheio de energia, estimulado e conectado com outras pessoas urbanas, antenadas e inovadoras. As pessoas me percebem como alguém conectado ao espírito contemporâneo. O Starbucks é o melhor lugar da cidade para beber café ou simplesmente estar.*

Nessa descrição, imagina-se a satisfação do consumidor com os elementos conceituais trabalhados e os benefícios funcionais, emocionais e sociais. Dessa maneira, é possível mensurar seus comportamentos e lembranças, e a maneira como falam e expõem a marca, avaliando se o trabalho de branding está sendo bem-feito ou não.

O modelo pode, então, ser utilizado para coordenar os esforços de construção de marca, organizando e tornando homogêneas as decisões e ações de milhares de pessoas, desde os gestores principais das ações de marketing, os responsáveis pelos novos drinks e *snacks* da marca, até o treinamento de cada atendente e barista de todas as lojas Starbucks.

CAPÍTULO 8

ELEMENTOS DE CONSTRUÇÃO DAS MARCAS

Após o completo planejamento conceitual da marca, que inclui a definição do público-alvo, a análise da concorrência, a formalização do propósito empresarial ou a visão de mundo da empresa, a preparação da proposta de valor, dos pontos de paridade e diferenciação, a definição do posicionamento, o desenvolvimento cultural da marca, com as definições de ideologia e códigos culturais e a consolidação de todas essas visões na identidade da marca, a marca finaliza uma etapa relevante do seu processo de gestão.

Essa construção conceitual dá um enorme direcionamento para todos os elementos tangíveis da marca, ou seja, aqueles que irão se transformar em pontos de contato com os consumidores. A construção conceitual é, nesse aspecto, estratégica, pois é dela que todo o direcionamento para os pontos de contato deve surgir. A partir das ideologias, sensações, personalidade e diferenciais é que se deve partir para o planejamento dos demais elementos da marca, incluindo seu produto, preço, praça e promoção. Ela também dá os parâmetros pelos quais as ações de experiência de marca devem ser mensuradas.

Do ponto de vista da gestão estratégica de marcas, todos os pontos de contato são elementos que comunicam a proposta da marca. Seja via produto ou serviço, seja via pessoas que atuam na prestação do serviço ou área de vendas, seja pela publicidade ou pelos valores praticados pelos colaboradores da empresa, todos os demais elementos são planejados para comunicar a ideia da marca.

A partir dessa construção conceitual, para marcas novas, é possível criar o que alguns autores denominam *elementos primários*, ou seja, aqueles que são desenvolvidos pelas marcas para poderem ser identificados pelos consumidores e outros stakeholders e percebidos como diferentes dos concorrentes. Os primeiros e indispensáveis elementos de marca são seu nome, logo e identidade visual. Não existe a possibilidade de construir uma marca sem que esses elementos estejam presentes. Eles devem ser desenvolvidos assim que, e somente se, os elementos conceituais da marca estiverem estipulados. Após o desenvolvimento dos elementos primários, a marca pode planejar seus *elementos secundários*, ou seja, aqueles que já estão construídos na sociedade e podem ser usados, ou apropriados, pela marca para transmitir suas mensagens mais rapidamente. Nesse caso, podem ser utilizados lugares, como cidades ou países que indicam qualidade em produtos ou serviços, celebridades e porta-vozes, premiações e selos, eventos esportivos, shows e festivais, entre outros.

8.1
ELEMENTOS PRIMÁRIOS

Elementos primários costumam ser elementos exclusivos e podem ser protegidos por patentes. São criados pela empresa detentora da marca a partir de suas definições conceituais e registrados para se tornarem proprietários das empresas.

ELEMENTOS DE CONSTRUÇÃO DAS MARCAS

Muitas vezes, dá-se uma importância exagerada a esses elementos, pois muitos julgam que eles são os responsáveis exclusivos pela criação da marca na cabeça dos consumidores. Isso não é necessariamente verdade, pois muitos elementos impactam os consumidores e constroem, em conjunto, essa "história de marca". Os elementos primários também passam por um importante processo de significação; então, nem sempre, ao serem lançados no mercado, eles estarão maduros para representar aquilo que foram planejados para representar. Se a estratégia estiver clara e for executada de maneira consistente, o processo de ressignificação começará a atuar e os nomes e logos inicialmente desconhecidos passarão a ser interpretados pelos consumidores e representarão mensagens e lembranças após um trabalho estruturado de lançamento.

No entanto, entender os elementos primários como aqueles que farão as primeiras comunicações da marca pode ajudar no difícil processo de introdução de uma marca no mercado. Ter um bom nome e um bom logo que representem adequadamente as ideias do planejamento de marca faz com que a marca avance mais rapidamente na tarefa de conquistar espaço na cabeça dos consumidores. A seguir, detalhamos boas práticas para a construção de nomes, logos e metáforas para as marcas.

8.1.1 Nome da marca: a definição da verbalização da marca no mercado

O nome da marca é uma definição essencial, pois é a partir dele que a marca será verbalizada no mercado. Trata-se da primeira fonte de comunicação de uma marca. Ainda que o nome tenha papel preponderante na comunicação e existam melhores práticas para sua escolha, sua definição está intimamente conectada à percepção da organização a respeito de si mesma. Os primeiros impactados pelo nome da marca são os colaboradores e gestores da empresa; portanto, ele deve ser capaz de significar, para eles, o propósito planejado.

Por isso, a escolha do nome da marca tem algo de similar à escolha do nome de uma criança. Ela deve ser feita pelos pais da criança. No caso de uma marca comercial, os responsáveis pela escolha devem ser o empreendedor, o executivo principal, o gestor da marca e, eventualmente, os colaboradores da marca. Em alguns casos, há processos mais diretivos, nos quais a cúpula da organização decide o nome e os demais são comunicados. Em outros, é feito um processo bastante democrático da captação de informação de um grande conjunto de colaboradores e seu envolvimento na decisão. Foi o caso da criação da marca Latam, renomeando as antigas Tam e Lan quando da sua fusão.

No caso de uma marca já existente, caso o novo nome não seja aceito por colaboradores especialmente importantes no mercado de serviços, a insatisfação interna pode causar problemas na relação com os consumidores. Dessa maneira, ainda que possamos detalhar algumas diretrizes gerais para escolha do nome, vale ressaltar a importância do envolvimento de pessoas da organização na definição de um nome que seja percebido como positivo por todos.

O nome de uma marca tem maior potencial de ser bem-sucedido se for curto, de fácil memorização, significativo de sua categoria de produto ou benefício e capaz de ser usado em diferentes línguas sem rejeição. Se ele for distinto e único, facilitará não só a lembrança, como também a procura sobre a marca em buscadores on-line. No entanto, mesmo que as recomendações sejam seguidas, isso não significa que ele será bem-sucedido. Nem que um nome que não siga essas características será malsucedido. Essas contradições existem em função da capacidade de um nome de se ressignificar.

Por exemplo, o Leite Moça, da Nestlé, acabou sendo nomeado pelos próprios consumidores em razão do período em que era importado para o Brasil. Nessa época, sua embalagem dizia Milkmaid, algo difícil de ser lido e pronunciado em português. Os consumidores passaram a nomear o produto com base na imagem da embalagem: a moça. De "Leite da Moça", ele passou a ser chamado de "Leite Moça", nome pelo qual é oficialmente chamado hoje.

Quando pensamos no nome desse produto, rapidamente o associamos a leite, à qualidade Nestlé, à nutrição, à doçura, entre outros elementos. Pouco pensamos na origem do nome – a imagem da moça presente na embalagem.

Não fazemos essa relação a não ser que sejamos muito estimulados. Isso acontece em função da ressignificação. Para os consumidores da categoria, Leite Moça representa o produto da Nestlé, e não qualquer outra moça genérica. Moça é uma coisa, Leite Moça é outra. Se tornaram duas coisas mentalmente separadas. Isso é efeito do processo de ressignificação.

FIGURA 8.1 Histórico das embalagens de Leite Moça no mercado brasileiro

ELEMENTOS DE CONSTRUÇÃO DAS MARCAS

Outras marcas passaram por processos similares. O Leite Ninho é outro exemplo da Nestlé. Ninguém pensa no ninho do passarinho. As Havaianas, para os brasileiros, não remetem ao Havaí. A Rede Globo tem pouca relação com o globo terrestre, mesmo que esse seja o nome e o símbolo presente no logo da marca. A Gol Linhas aéreas e o Gol, da Volkswagen, pouco lembram um ao outro, ou o gol do futebol, que foi a origem do nome. O instrumento pilão não é lembrado quando se pensa no Café Pilão.

Assim como essas marcas, usadas como exemplos por serem de uso comum, outras vão sendo ressignificadas pelo seu tempo de mercado e uso cotidiano dos consumidores, sejam palavras provenientes dos nomes dos seus fundadores (Gillette, Bic, Danone) ou emprestadas de outras línguas (Itaú, Galaxy, Free, Lux, Ypioca), entre outras.

Dessa maneira, ao se detalhar sobre as orientações gerais para uso de nome, vale lembrar que ignorar essas diretrizes não é sinônimo de uma marca ruim. É natural que ela vá se ressignificando durante seu processo de desenvolvimento. Para exemplificar esses casos, trabalhamos as diretrizes gerais para criação de nomes utilizando exemplos de nomes que tiveram dificuldades, bem como exemplos que tiveram sucesso sem seguir a recomendação.

8.1.1.1 Nome curto e fácil de falar

Palavras curtas, impactantes, com pronúncia acentuada, são ideais para serem utilizadas em nomes. Nomes com cadência também são interessantes. Marcas como Lux, Bic, Oi, Vivo e Claro seguem esse princípio.

O nome Axe é teoricamente curto e fácil, mas sua pronúncia no Brasil se confunde com a palavra axé, do ritmo de música original da Bahia. Com isso, ainda que a marca tenha tentado, por muito tempo, fazer que os consumidores usassem a pronúncia do inglês (æks), parte da população continua pronunciando o nome como o ritmo baiano, causando confusão e dificuldades para a marca.

A Häagen-Dazs tem um nome extremamente complexo de se pronunciar e de se escrever. No entanto, obteve grande sucesso, contrariando a diretriz. Ao remeter a palavras nórdicas, a marca conseguiu criar uma sensação de prestígio, exclusividade e exotismo que era necessária para confirmar a condição premium de seus produtos. Por ser longo e difícil de falar e escrever, tem as suas dificuldades, mas isso não impediu o sucesso da marca.

8.1.1.2 Remeter a atributos ou benefícios dos produtos ou serviços

Como é um meio de comunicação, a marca pode remeter ao principal benefício para aquele produto ou categoria. Pode visar o benefício diretamente ou fazer alusão a um. Marcas como Bom Bril, Bom Ar, Brilhante, Sundown e Sorriso seguem esse princípio.

Os carros Puma e Veloster têm nomes que remetem a atributos do produto e aspectos de arrojo, velocidade e ousadia ao dirigir. No entanto, pela sua concepção de produtos, foram malsucedidos e não foram associados a carros velozes ou potentes.

O Leite Ninho e o Leite Moça não remetem a atributos positivos dos produtos, mas foram usados e, eventualmente, ressignificados. Omo também é uma marca que não possui nenhum significado e passou a ser conhecida por "lavar mais branco" as roupas. Brastemp, abreviação de "Brasil Temperatura", pouco guardou esse significado na cabeça dos consumidores. São marcas bem-sucedidas que não seguem o preceito.

8.1.1.3 Ser instigante, sonoro e bem-humorado

Para algumas categorias, é potencialmente memorável fazer nomes que instiguem a lembrança, tragam uma sonoridade ou sensação com a pronúncia da palavra. As características físicas dos sons podem trazer associações. Tic Tac faz alusão ao barulho de abrir e fechar as caixinhas. Crunch traz a sonoridade da "crocância" do produto. Yahoo dá a sensação de rapidez de estar conectado à internet. Cheetos é sonoro e divertido de ser pronunciado, especialmente pelas crianças que são consumidoras do produto. A marca brasileira de xampus Lola Cosméticos tem usado de muito humor para nomear seus produtos, como "o poderoso cremão".

Air Wick (novo nome da Reckitt Benckiser para o Bom Ar) é um nome ruim, com sonoridade ruim e que não traz qualquer simbologia positiva em português. Goycochea, de cremes para a pele, também é pouco sonoro em português. São produtos que, ainda assim, sustentam um moderado sucesso.

Outback Steakhouse é uma marca que, em português, tem grande dificuldade de ser pronunciada e poucos conhecem seu significado – uma área do deserto australiano. Heineken também é um nome pouco sonoro e muito conhecido mundialmente. São produtos bem-sucedidos que não seguem a premissa do nome.

8.1.1.4 Despertar uma ação ou imagem visual forte

Dependendo da categoria e posicionamento, despertar uma ação ou uma imagem visual pode ajudar a destacar o produto em relação aos demais. Ange ou Démon, perfume da Givenchy, trabalha esse lado pictográfico. A grife Animale também traz isso em seu nome. Yum! Brands, empresa dona de cadeias de restaurantes como KFC, Pizza Hut e Taco Bel, também se vale desse princípio.

ELEMENTOS DE CONSTRUÇÃO DAS MARCAS

"Easy off bang", marca mundial para a limpeza de superfícies da Reckitt Benckiser, tem um nome muito sonoro e traz uma forte imagem visual no idioma inglês. No entanto, não teve sucesso no mercado brasileiro.

Muitas vezes, os nomes indicam pouco do que os produtos pretendem entregar. Acrônimos podem ser ótimos em algumas situações, mas, muitas vezes, são difíceis de despertar uma imagem visual ou emoção, como Varig ou Vasp. Ainda assim, à sua época, foram marcas bem-sucedidas. Schweppes é um nome difícil de se escrever e pronunciar, mas é bem-sucedido por remeter ao borbulhar do refrigerante.

8.1.1.5 Remeter a um lugar que traga as associações desejadas

Com a lógica da utilização do nome como um processo de comunicação, a utilização de um lugar, seja região, cidade ou país, pode levar uma marca a ter associações conectadas a certas sensações ou qualidade de produtos. A marca Patagonia, de produtos sustentáveis para escalada e montanhismo, traz uma conexão com a função do produto e um exotismo ao se nomear como o ponto mais ao sul das Américas. Philadelphia Cream Cheese também emprega o nome da cidade que era uma notória produtora desse tipo de queijo. Hyundai Tucson é nomeada pelo deserto localizado nos Estados Unidos, para mostrar que é um produto robusto e resistente. Muitas outras marcas usaram desse artifício para consolidar seus benefícios, mas valendo-se de uma metáfora em vez de uma conexão direta.

Alguns nomes, no entanto, podem remeter a locais que as pessoas não conhecem e, portanto, não obter o efeito desejado, como é o caso do Outback Steakhouse no Brasil. Budweiser significa "feito em Budweis", uma cidade na República Tcheca notória pelas suas cervejas. Atualmente, essa associação não é usada pela marca, que encurtou seu nome para "Bud" e não faz mais referência ao país.

Alguns nomes são bem-sucedidos mesmo que a conexão do nome não seja relevante para alavancar os negócios. Amazon faz referência ao rio brasileiro, mas este não ajuda os negócios da Amazon a ganharem significado. O SUV da Porsche, Cayenne, é chamado pelo nome da capital da Guiana Francesa, mas o carro não insinua prestígio ou qualidade em função disso.

Como demonstram os exemplos, os nomes podem seguir alguns conjuntos de orientações que, teoricamente, melhoram sua percepção pelos consumidores. Recomenda-se que essas sugestões sejam seguidas ao se lançar um nome, uma vez que aumentam as chances de sucesso. Contudo, não se recomenda barrar um nome que a empresa entende ser bom por ele não se encaixar nas características citadas. Ele pode se tornar um nome reconhecido e significativo mesmo ignorando as recomendações, por meio do processo de ressignificação.

8.1.2 Logo, a representação visual elementar da marca

O logo pretende transmitir uma ideia de empresa ou produto de maneira visual e rápida. Um conjunto de formas, tipologias e cores transmite certas sensações, e isso ajuda no processo de construção da marca.

O processo de logo é, do ponto de vista do design, bastante desafiador. Para profissionais dessa área, existem publicações específicas para se aprofundar nos fundamentos da criação de um bom logo. Busca-se, aqui, apenas trazer uma breve visão executiva e estratégica sobre sua função e construção.

O logo é parte fundamental do conjunto de símbolos que identificará a marca. Portanto, deverá ser consideravelmente distinto de seus concorrentes. Apesar disso, também envolve elementos das categorias em que se está presente e das tendências de design daquele momento. Isso significa que o logo de uma categoria séria e competente, como serviços de contabilidade ou advocacia, segue padrões diferentes de uma categoria divertida e emocional, como parques de diversão. A relação entre o quanto um logo deve ser parecido ou diferenciado do restante da categoria é similar ao que percebemos quando estipulamos os pontos de paridade e diferenciação. Quanto mais parelho, mais transmite os elementos básicos da categoria e menos diferenciado ele é. Quanto mais diferente, mais transmite os elementos de diferenciação e menos os elementos básicos e esperados, o que pode trazer dificuldades para o reconhecimento da marca. É um balanço desafiador.

As tendências de design também mudam, inclusive em função das mudanças dos meios de comunicação e das possibilidades de sua exposição. Centenas de anos atrás, quando surgiram as primeiras marcas, seus logos eram muitos similares aos brasões de armas de famílias monárquicas. Afinal, esse era o padrão visual da época. Depois, passaram a incorporar elementos mais cotidianos e próximos das pessoas, valendo-se de cores e formas menos clássicas e mais publicitárias.

Quando começou o processo de digitalização, nos anos 1990, muitos logos ganharam aspectos tridimensionais e degradês, pois a tecnologia permitia esse tipo de recurso. Essa tendência foi passando e as marcas voltaram a assumir outros padrões visuais. Atualmente, os logos seguem a tendência de se tornarem mais icônicos, em função da necessidade de serem usados em formatos diminutos e lado a lado com outros logos, nos menus de aplicativos de celulares. Como a tendência não fica restrita a um mercado, até mesmo logos que não estão presentes no mundo digital são, eventualmente, atualizados e passam a seguir essa tendência. A importância de se manter alinhado às tendências gráficas de uma época é importante para mostrar que a marca não está antiquada, que continua a evoluir e acompanhar a evolução de seus consumidores.

Outro fator relevante é que o logo de uma empresa pode ser alterado para espelhar uma mudança nas perspectivas de gestão daquela marca ou

ELEMENTOS DE CONSTRUÇÃO DAS MARCAS

CAPÍTULO 8

223

companhia. Como o logo é, visualmente, o elemento mais relacionado às marcas dos produtos, serviços ou organizações, uma vez que a entidade esteja em um processo de mudança, muitas vezes, a alteração do logo pode simbolizar as mudanças desejadas pela empresa.

FIGURA 8.2 **Evolução do logo da Pepsi-Cola**

Os logos, portanto, devem ser utilizados para simbolizar uma ideia central da empresa, marca ou produto. Independentemente do estilo gráfico que se prefira seguir, ele deve ser capaz de transparecer algumas associações básicas da marca. Com o passar do tempo, como qualquer material de comunicação, deve ser retrabalhado para ser atualizado ou para simbolizar uma alteração significativa na maneira de se relacionar interna ou externamente.

CASO 8.1

A VALE DO ORGULHO E A VALE DAS TRAGÉDIAS: MUDANÇAS DE NOME E LOGO AJUDARAM A MARCAR UMA NOVA FASE DA VALE, MAS NÃO APAGAM SEU HISTÓRICO DE DESTRUIÇÃO

A Companhia Vale do Rio Doce, empresa de mineração que foi uma estatal por um longo período, fez, depois da privatização, todo um processo de renovação da sua marca. Isso foi implementado em função de um novo momento da empresa, com um novo modelo de gestão e uma tentativa de mudar a maneira como ela se relacionava com os demais stakeholders – seus acionistas, as comunidades que sofrem o seu impacto, seus colaboradores e até futuros colaboradores.

A empresa queria trabalhar a sua independência do governo brasileiro sem perder o orgulho de ser brasileira. Ela esperava transformar uma empresa considerada burocrática em uma empresa moderna, ágil e que inspirasse seus funcionários. Buscava ser reconhecida mundialmente como brasileira, e ser uma empresa mais próxima das pessoas que são impactadas por elas, especialmente os brasileiros. A mudança de nome e logo veio para simbolizar essas mudanças.

FIGURA 8.3 Logo da Vale: antes e depois da privatização

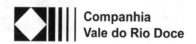

Antes   Depois

O nome encolheu de Companhia Vale do Rio Doce para apenas Vale. Isso representa uma tentativa de se aproximar das pessoas – usar diminutivos de nomes é uma tendência que mostra proximidade humana. É como se apresentar como "Cadu" em vez de "Sr. Carlos Eduardo", ou seja, sugere uma relação mais informal e próxima. Além disso, Vale já era um nome regularmente usado pelos seus colaboradores e clientes para se referir à empresa. Ela apenas oficializou o apelido.

O logo, para trazer essa proximidade, mudou de formas geométricas em formas mais orgânicas e fluidas. A cor traz mais vida, além de remeter ao Brasil. As ondas do V estilizado indicam movimento e mudança; o efeito metalizado e sombreado no verde, modernidade e tecnologia. Alguns dizem que a onda amarela representa o metal líquido num forno de fundição. As novas cores e formas (e até mesmo o novo nome) trouxe a marca para o século XXI, simbolizando o processo de evolução da empresa.

Como as mudanças da organização foram mais significativas do que apenas o logo, as demais comunicações da marca também foram alteradas, colocando os consumidores no centro do processo e demonstrando a importância da mineração, e consequentemente da Vale, para o cotidiano dos consumidores. A Vale se tornou mais afável, mais humana, mais próxima.

Esse movimento, que aconteceu no início dos anos 2000, teve ótimos resultados para a empresa, que passou a ser uma das ações mais negociadas na Bolsa de Valores de São Paulo (não apenas em função da comunicação, mas com o apoio dela), e conseguiu fazer uma revolução no seu processo de contratação. De uma empresa que poucos tinham interesse em trabalhar ao sair da faculdade, a Vale se tornou uma das empresas mais desejadas pelos jovens profissionais durante anos, sendo um indicativo do sucesso do processo de alteração da identidade da marca.

Mas a Vale, que conseguiu com certa rapidez conquistar esse orgulho de ser brasileira, tanto em função de sua comunicação quanto das enormes divisas que gera para as cidades e estados em que opera, possui hoje uma imagem bastante diferente junto às pessoas, em função de eventos recentes.

A sequência de tragédias de Mariana e, depois, Brumadinho, feriram a relação de orgulho que os brasileiros tinham com a empresa. De um patrimônio nacional, a Vale passou a ser percebida como algo que dilapida o patrimônio nacional. Que transforma rios em lama e cidades em amontoados de destroços. As tragédias, com seus impactos ambientais e a perda de vidas humanas, ressignificaram a marca, mesmo à revelia, e isso demonstra que os processos de comunicação não garantem o sucesso de uma marca quando as ações da empresa não correspondem às suas mensagens.

FIGURA 8.4 **Ressignificação da marca sob um aspecto negativo**

Uma marca é construída pela lembrança das pessoas. E, hoje em dia, as lembranças associadas à marca Vale são de descaso, ganância, medo (especialmente pelas comunidades que estão próximas às barragens), incompetência, desastres ambientais e perdas de vidas.

Um bom trabalho de identidade visual não consegue esconder ações desastrosas. E a Vale vai precisar de muitas ações corretivas, e de muito tempo, para começar a diminuir o estrago que essas grandes tragédias trouxeram para a sua reputação.

8.1.3 Símbolos, personagens e metáforas

Os últimos elementos considerados primários são símbolos, personagens e metáforas. São processos gráficos ou verbais utilizados para transparecer algum tipo de benefício ou sensação da marca para além daquilo que o nome ou logo consegue denotar. Como são criados pela própria marca, são considerados primários. Atualmente, é menos comum usar esse tipo de estratégia, pois para construir uma personagem ou metáfora é preciso, antes, explicá-la para os consumidores, o que consome importantes recursos de comunicação. Levando em consideração a dificuldade e o alto custo, as marcas contemporâneas preferem valer-se de ícones já construídos na cultura, os elementos secundários.

Mas algumas marcas possuem metáforas memoráveis e continuam as utilizando no seu processo de comunicação, como a marca Duracell. A marca já tem um nome que faz uma relação entre um elemento da bateria (*cell*, ou a célula que armazena a energia) e "dura", que é o prefixo da palavra *durable* (durável), tendo um nome que remete a um benefício do produto.

FIGURA 8.5 Imagens dos personagens e símbolos da Duracell

Veja o vídeo de apresentação do coelho da Duracell
Fonte: PROPAGANDAS HISTÓRICAS. Campanha Pilhas Duracell 1982. *PH*, jan. 2015. Disponível em: <https://www.youtube.com/watch?v=NCaKoO4aBto>. Acesso em: fev. 2023.

O formato da pintura das pilhas também é um elemento de diferenciação visual. Originalmente, o amarelo visava simbolizar o cobre, usado como matéria-prima da bateria e que fornecia um desempenho superior a outros metais. Para mostrar aos consumidores que a bateria efetivamente durava mais, foi criado o coelho da Duracell. No comercial que lançou o coelho, eram mostrados muitos coelhos de pelúcia articulados, que batiam um tambor ao serem ligados. Os coelhos, um a um, deixavam de funcionar por falta de energia, até somente um continuar a bater o tambor. O comercial então revelava que aquele era o único que usava as pilhas Duracell.

A partir desse comercial, o "coelho da Duracell" começou a simbolizar a marca e passou a ser utilizado em todas as comunicações e identidades visuais da marca, como uma metáfora visual da durabilidade da bateria.

O mesmo tipo de princípio é válido para outros personagens e metáforas que estamos acostumados a ver, como o boneco da Michelin, slogans como "desce redondo" da Skol ou personagens como o Tigre Tony dos sucrilhos Kellogg's. Essas metáforas são criadas pelas marcas para construir mensagens sobre elas. Como principal ponto positivo, tem-se as possibilidades de se controlar os símbolos e registrá-los. No entanto, para funcionarem, eles também devem passar por um processo de construção, o que é custoso e arriscado no atual contexto de comunicação mercadológica.

CASO 8.2

A TROCA DE ELEMENTOS PRIMÁRIOS E SEU IMPACTO NO MERCADO DE SERVIÇOS: O CASO LATAM

Em meados de 2012, ocorreu a maior fusão da história do mercado aéreo da América Latina: a Lan e a Tam tornaram-se o maior grupo de aviação do continente. Mais uma história de fusão como todas as outras, certo? Mais ou menos.

O caso da Latam teve alguns requintes especiais. Se as escolhas sobre nomes e sinergias de marca tendem a seguir aspectos racionais claros, o caso Latam tinha uma dificuldade extra. Afinal, era uma fusão entre iguais. Elas eram praticamente idênticas em número de funcionários, número de passageiros e quantidade de aeronaves.

Esses elementos acabaram por dificultar as escolhas das marcas. Os executivos responsáveis pela mudança, Jerome Cadier, então vice-presidente global de marketing e responsável pelas marcas, e Daniella Giavina Bianchi, diretora-executiva da Interbrand e responsável pelo projeto, deram alguns detalhes desse processo que se tornaram ensinamentos importantes para qualquer um que precisasse passar por um processo de alteração dos elementos primários de uma marca.

OS DILEMAS DAS ESCOLHAS PARA UMA MARCA DE SERVIÇOS

Trabalhar com uma marca de serviços não é o mesmo que trabalhar com um produto. O serviço possui interfaces diferentes para se conectar com o consumidor. Enquanto os produtos utilizam a comunicação de massa ou dirigida e seus pontos de venda para construir sua imagem, os serviços têm pontos de contato muito mais intensos e difíceis de controlar: as pessoas.

Jerome tinha particular preocupação com isso quando pensou no desenvolvimento da marca: "O **branding** é um problema de engajamento. Se não tiver engajamento durante o processo, a marca não é aceita por um dos principais stakeholders: os colaboradores da companhia. Porque serviço tem muito da identificação do funcionário com a marca". A afirmação era tão correta quanto complexa. Como envolver 51 mil pessoas no desenvolvimento de uma marca?

A resposta foi tentar apoiar-se o máximo possível em escolhas racionais, reduzindo a subjetividade inerente ao processo e deixando isso muito claro para todos os critérios e escolhas que deveriam ser feitas.
O processo teve início ao se estipular as possibilidades que existiam com as marcas e estabelecer os critérios para julgá-las.

AS CINCO ESCOLHAS POSSÍVEIS

Foram levantadas cinco escolhas possíveis para a marca Latam:

- manter as marcas Lan e Tam operando normalmente, sem interferências;
- manter só a marca Tam;
- manter só a marca Lan;
- criar uma terceira marca, mantendo as marcas Lan e Tam, e mais uma terceira, como marca do grupo;
- eliminar as marcas Lan e Tam e ficar apenas com a terceira marca.

Jerome conta que a ideia de manter uma das duas marcas morreu cedo, "porque você perdia a capacidade de transmitir a força da marca para uma terceira. Então, o cenário de ter uma terceira marca, e não ser Lan ou Tam, sempre foi mais poderoso". De fato, manter a marca Lan ou Tam e tentar fazer que uma das marcas absorvesse parte da identidade da outra parece algo que, ainda que teoricamente possível, na prática seria muito complexo, especialmente, em função da reação dos colaboradores.

Dessas cinco escolhas, deveria sair a decisão da marca. Para continuar reduzindo a subjetividade do processo, foram criados elementos para pautar o processo de escolha.

OS CINCO CRITÉRIOS DE ESCOLHA

Daniella, da Interbrand, explicou que foram definidos cinco critérios para a escolha dos melhores cenários para a Latam e buscou-se um consenso com as famílias e os executivos sobre esses critérios.

- O primeiro critério era a visão do negócio, qual era a ambição dessa companhia e do *top management* para o negócio.
- O segundo critério foi a força das marcas. Utilizou-se a metodologia de *brand valuation* para entender como estava cada uma das marcas em dez países, até para saber a força das marcas Tam e Lan no Brasil e no Chile, que eram muito diferentes.
- O terceiro critério era a cultura interna. Já havia dois anos desde a fusão e as culturas eram bastante fortes, muito arraigadas. Era preciso garantir esse legado e que o público interno estivesse confortável com a solução.
- O quarto critério referia-se à questão do impacto em outros stakeholders. Tratava-se de um negócio que impactava a economia dos países diretamente – governos, bolsa de valores, uma série de coisas.
- Por fim, o quinto critério era relativo à questão do *business case*, que foi o critério de desempate, ou seja, se o cenário que estava sendo montado se pagava, se havia possibilidade de sinergias de custos, de economia etc.

Os cinco critérios estipulados compunham essa análise crítica, com a tentativa de formular aspectos quantitativos. As contas e os impactos financeiros eram restritos no *business case*, que era o critério de desempate e detalhava os custos de troca de marcas. Para uma companhia aérea, os custos de troca de marca são muito maiores do que para outros tipos de empresa. Há milhares de mobiliários para serem trocados nos aeroportos, além dos uniformes de toda a tripulação de voo e de solo. Além disso, existe um item muito caro: a pintura dos aviões. Manter aviões parados é caríssimo e, portanto, pará-los para trocar a pintura é extremamente oneroso.

Por isso, a ideia de criar uma nova marca era prejudicada quando eram imaginados os valores envolvidos na necessidade de se parar, em algum momento, 100% da frota para realizar a pintura. No entanto, como afirmou Daniella, esse era apenas um critério de desempate. Não deveria ser um dos principais critérios para a seleção, sob pena de se sobrepor à estratégia de longo prazo da marca e da empresa.

Se os custos poderiam ser levantados com precisão, como seria possível criar critérios objetivos para elementos não necessariamente quantitativos, como impacto nos stakeholders?

Jerome explicou que, para o stakeholder, tenta-se valorizar não monetariamente, mas em tamanho do risco, por exemplo, de uma mudança de nome. Então, a Lan no Chile, por ser uma marca de 1985, naturalmente envolvia um risco alto na sua relação com o governo, até porque este via a Lan como uma empresa chilena. Já a Latam não era mais uma empresa chilena, era uma empresa chilena/brasileira. Ao se avaliar o impacto de uma mudança, evidentemente tirar a Lan do Chile era um impacto alto.

Os fatores foram quantificados e, quando não era possível investir dinheiro, atribuía-se o qualitativo de alto, médio e baixo. Como se tratava de uma comparação entre os cenários, não era necessário um número absoluto, mas um número relativo a outro cenário.

Com isso, foi possível dimensionar os riscos de cada um dos cinco cenários e nivelar os critérios que deveriam ser levados em consideração para a escolha do nome. A discussão se tornou mais simples e as razões das escolhas, mais facilmente compreendidas e aceitas por todos os funcionários e gestores.

ASSUMINDO SER LATAM

O nome Latam não foi criado no processo de marca. Ele foi criado antes, para representar o grupo após a fusão. Não havia a intenção de usar esse nome como o nome comercial. Isso foi decidido durante o processo de marca, no qual ele acabou sendo assumido como o nome oficial da companhia.

Mais importante do que ter um nome ou outro era a aceitação do nome, dos símbolos, dos elementos da marca. Jerome chamou isso de "maturação". Para que o processo fosse refinado, foi necessário voltar para algumas soluções que havia no começo, mas que as pessoas não estavam muito maduras para aceitar.

Esse tipo de atitude, de dar o tempo necessário para que os colaboradores se assumissem como parte dessa nova marca, parece ter sido essencial para o sucesso desse processo de marca. Se esse processo fosse apressado, ainda que tecnicamente perfeito, poderia perder aquilo que o faria tornar-se real na cabeça dos consumidores: a conexão com seus colaboradores que eram apaixonados pela empresa, o que fazia com que os consumidores também se apaixonassem.

Ainda que potencialmente "pouco criativo", o nome tinha o mais importante: era correto. Era necessário um nome com o qual 51 mil pessoas se sentissem confortáveis e que se tornaria o novo "sobrenome" desses milhares de pessoas. Foi preciso muito trabalho e muito estudo para se voltar a um nome que já existia. No entanto, todos se sentiam parte dele.

OS IMPACTOS DA MARCA PARA O CONSUMIDOR

Se os impactos internos haviam sido minimizados pela abertura que foi dada ao processo, os impactos externos, para o consumidor, tiveram de passar por outro escrutínio. Realizou-se uma pesquisa quantitativa em dez países, depois houve grupos focais. Além de vários momentos de checagens durante o projeto, foi feita uma análise da jornada do consumidor, detalhando a enorme quantidade de dados coletados para tentar prever os resultados da troca da marca.

Em todos os países, exceto o Chile, havia duas marcas queridas, mas também uma baixa resistência à mudança. No Chile, era um pouco diferente, pois já havia um pouco de resistência à mudança desde o começo, porque o chileno via a Lan como a companhia que representava o Chile. A Tam no Brasil não era tanto assim.

"Então, nos outros países, a gente foi um pouco mais direto quando a gente fez anúncio, e aqui (no Chile) a gente foi mais cuidadoso na maneira de apresentar a chegada da Latam", contou Jerome. "Então procuramos trazer muito a mudança no aspecto positivo, mas não foi TV, foi mais mídia social para tentar fazer viralizar, para falar que é bom mudar, não é ruim, então o povo chileno também é bastante conservador, o consumidor (chileno) é muito mais conservador do que outros consumidores da América Latina".

Nos demais países, a marca pôde ser trabalhada de maneira mais direta, sob o mote "Juntos, mais longe", conectando-se com o consumidor ao mesmo tempo em que se demonstrava a união das duas marcas.

OS RESULTADOS INICIAIS E OS PASSOS FUTUROS

Depois de todo esse processo, a marca está sendo bem-sucedida? Jerome entende que sim, por alguns sinais que já puderam ser captados, especialmente internamente. Ele diz perceber que as pessoas estão mais ansiosas e interessadas em fazer parte da Latam: "Não o luto de 'eu não sou mais Tam', mas o desejo de ser Latam".

Já o futuro do que a marca Latam pretende representar é explicado nas palavras de Daniella, da Interbrand: que as pessoas entendam e descubram as suas redondezas. Que se pare de olhar para Miami, para Nova York, para Paris e se olhe um pouco aqui para o lado, para que exista uma integração e até uma revolução de todos os talentos que existem aqui, de todas as competências. "Então, desde os uniformes, até o estilo fotográfico, tudo que a gente faz tenta revelar um elemento novo de especialista na América Latina. E não de uma América Latina que é completamente estereotipada, mas de uma América Latina contemporânea", finaliza Daniella.

Um serviço que represente o melhor da Lan e da Tam e uma marca que seja anfitriã para a América Latina.

8.2
ELEMENTOS SECUNDÁRIOS: OS CÓDIGOS CULTURAIS USADOS PARA A CONSTRUÇÃO DE UMA MARCA

Os elementos secundários remetem ao processo de "codificação cultural". São elementos conhecidos de uma cultura ou subgrupo cultural e podem ser apropriados pelas marcas para passar certas mensagens. Podem ser contratados pela empresa, como uma celebridade ou licenciamento, ou algum elemento utilizado sem custo adicional, como uma nacionalidade, ponto turístico ou cidade. Podem, ainda, ser parte da cadeia de distribuição da marca. A seguir, observaremos as principais fontes de elementos secundários utilizados pelas marcas.

8.2.1 Celebridades ou porta-vozes

Talvez representem a maneira mais utilizada para construir rapidamente uma imagem no mercado. Uma celebridade do cinema, esporte ou qualquer outra área (até políticos e cientistas já foram usados como garotos-propaganda) permite uma conexão muito rápida sobre o que representa e a marca à qual está

ELEMENTOS DE CONSTRUÇÃO DAS MARCAS

associada. Exemplos clássicos de construção de marcas via celebridades são a Nike, com o jogador de basquete Michael Jordan, e a C&A no Brasil, com Gisele Bündchen. Gisele emprestou sua imagem de glamour, sofisticação e conexão com a moda internacional para a C&A. À época, Gisele era a modelo mais requisitada dos principais fashion shows do planeta, desfilando pelas grifes globais mais prestigiosas. Ela foi essencial para a C&A reconstruir sua imagem no início dos anos 2000, depois de muitos anos apenas anunciando promoções e preços baixos com o dançarino Sebastian.

Definir a celebridade ou o influenciador correto para anunciar a marca é um exercício de olhar profundamente a personalidade definida para a marca e avaliar, com o apoio de profissionais especializados ou pesquisas de mercado, o que o público-alvo da marca pensa. Se o que as pessoas pensarem da celebridade estiver alinhado à personalidade de marca que deverá ser construída, a celebridade pode representar a marca. Mas é preciso também entender se aquele influenciador no contexto da marca não pode remeter a algo negativo ou gerar uma sensação negativa nos consumidores. Não é incomum haver rejeição de uma celebridade ao anunciar uma marca, pois é possível que o entendimento dos consumidores fiéis seja de que a pessoa não deveria representar aquela marca.

8.2.2 País ou áreas geográficas

Lugares são, muitas vezes, utilizados para mostrar a qualidade de um produto ou serviço em função da sua origem. A Volkswagen se apoia na qualidade da engenharia alemã para se diferenciar. A Stolichnaya se coloca como a autêntica vodca russa. A Semp Toshiba se apoia na tradição japonesa de fazer produtos eletrônicos confiáveis. A Havaianas, ainda que tenha um nome que remeta ao Havaí, usa o Brasil para dar à sua marca características brasileiras, como ser relaxada, alegre, vibrante e bem-humorada. A Boemia usava em suas comunicações o fato de ser "original de Petrópolis", pois segundo a cultura popular, a água de Petrópolis ajudava na fabricação de cervejas de alta qualidade.

O importante para que o efeito da região aconteça é que ela, de fato, seja notória pela associação que se quer apropriar. Caso não seja, os consumidores podem ficar confusos ou interpretar a mensagem erroneamente.

É preciso também tomar certos cuidados para que o local de origem não tenha um efeito negativo no produto. Algumas marcas se preocupam em serem fabricadas na China, uma vez que o país ainda envolve a lembrança de fazer produtos de baixa qualidade. Alguns fabricantes preferem colocar uma etiqueta com os dizeres "Made in PRC", fazendo alusão à "People's Republic of China", ou República Popular da China, nome oficial do país, temendo que o selo "Made in China" possa ser prejudicial à percepção de qualidade.

A Coreia do Sul, no passado, tinha um problema similar, mas superou essa percepção e hoje tem uma lembrança ligada a produtos tecnológicos inovadores.

8.2.3 Shows, festivais de música e eventos esportivos

Participar de shows de bandas e cantores que admiram ou torcer para seu país ou time favorito são momentos significativos e que promovem grande conexão com os consumidores. Como são atividades que costumam ser frequentadas por pessoas que têm gostos em comum, têm a capacidade de ajudar a definir comunidades. Dessa maneira, marcas que participam desses eventos como patrocinadoras podem tirar proveito das associações criadas e associá-las à sua marca.

O Skol Rock e, posteriormente, o Skol Beats e o Skol Sensations constituíram formas de a marca Skol conectar-se com diferentes grupos de jovens e fazer parte de seu universo em um momento memorável, trazendo para a marca os elementos presentes no evento, como a música, a diversão e a contemporaneidade dos artistas.

A Heineken usa a UEFA Champions League para reforçar sua imagem de marca europeia, de qualidade e para amantes do futebol. Já a Budweiser faz o mesmo, mas focando no Superbowl, evento americano transmitido para todo o mundo.

Mesmo tendo usado exemplos de grandes eventos mundiais, eventos pequenos e localizados também têm o mesmo potencial para gerar associações similares. A Starbucks, nos Estados Unidos, tem aproveitado esse tipo de evento para conectar-se com as comunidades locais. Como são momentos de intensa experiência, entender o que um show ou evento representa na vida dos consumidores e participar disso é uma grande oportunidade de criar lembranças significativas e alinhadas à identidade de marca.

8.2.4 Licenciamentos

Algumas marcas se tornam tão fortes ou tão conectadas a certos grupos que conseguem gerar receita alugando a própria marca para outros produtos e serviços. Esse processo é chamado de licenciamento, quando uma marca cobra um percentual do faturamento de um produto ou grupo de produtos para que ele possa utilizar a sua marca. Nesses casos, as marcas dos contratantes podem ser substituídas ou dividir espaço com as marcas licenciadas. No primeiro caso, não há ganhos de imagem para a marca do fabricante, uma vez que ela não é exposta. Já no segundo, a marca do fabricante ou produto pode ganhar ao ser associada a uma marca já estabelecida.

A marca Huggies é uma marca global que está sendo construída no Brasil por meio da conexão com os personagens da Turma da Mônica. A Turma da Mônica é muito conhecida do universo infantil do brasileiro e, por estar presente em muitos

ELEMENTOS DE CONSTRUÇÃO DAS MARCAS

produtos e serviços, é vista como um aval de qualidade. A Huggies, apesar de global-mente reconhecida, é pouco lembrada no Brasil. Essa associação permitiu à marca alavancar-se rapidamente pela associação com uma marca já querida e admirada. Mais recentemente, a Turma da Mônica foi substituída pelo Mickey e sua turma.

Muitas vezes, o licenciamento ou outros acordos de marcas são usados para promover a conexão com uma parcela específica de público, como uma submar-ca. O Renault Clio, ao tentar fazer um carro voltado para jovens surfistas, criou uma série especial com o nome da Rip Curl. Uma vez que a marca Rip Curl já é conhecida e admirada por esse conjunto de jovens, ela auxiliou na percepção dos benefícios do carro da Renault para esse público-alvo. Esse tipo de ação é chama-do também de *co-brand*, já que muitas vezes o tipo de acordo entre as marcas não é o de um licenciamento clássico. O *co-brand* mais recentemente passou a ser feito também entre marcas e celebridades que lançam um produto ou linhas de produ-tos específicos, e tem sido chamado mais comumente de *collab*, ainda que o princí-pio seja o mesmo do *co-brand*.

8.2.5 Pontos de venda

Podem ser ótimas maneiras de construir percepção de valor, tanto para produtos que queiram ser vistos como premium como para aqueles que visem ser percebi-dos como populares. Ao notar-se que um produto vende constantemente em um ponto de venda, a imagem do produto fica associada àquele local.

Muitas marcas que querem ter uma lembrança de marca prestigiosa disputam intensamente a possibilidade de serem distribuídas por certos pontos de venda, como a Galeria Lafayette, em Paris, ou a Harrods, em Londres. Estar presente nessas lojas é um atestado de prestígio e, por isso, as marcas, muitas vezes, aceitam operar com prejuízo nesses lugares. No Brasil, um exemplo é a Rua Oscar Freire, no bairro dos Jardins, em São Paulo. Essa rua ficou associada a marcas e a um público de pres-tígio; ter uma loja conceito ali é uma maneira de se apropriar dessa sensação. Essas lojas, pelo alto valor do aluguel, tamanho das lojas e custos de instalação e mão de obra, podem não ser rentáveis; porém, para algumas marcas, isso é visto como um investimento em imagem de marca.

As marcas da Ambev usam muito bem esse conceito. A Ambev instituiu um manual sobre quais das suas marcas de cerveja devem estar presentes em quais tipos de bar, e cabe ao vendedor da empresa avaliar o ponto de venda e oferecer o portfólio correto. Dessa maneira, olhando os extremos do seu portfólio, as cer-vejas Brahma e Skol de um litro, popularmente conhecidas como "litrão", só são vendidas em bares simples, periféricos e com foco em um público de baixa renda ou que não queira gastar muito com a cerveja. Qualquer bar que tenha um serviço ou decoração mais elaborado deve servir cervejas mais caras, como Budweiser, Serramalte ou Original. Já o chope Stella Artois, um dos produtos mais caros do portfólio, só é vendido em restaurantes e bares muito sofisticados, um pequeno número de locais selecionados cujos garçons devem ser treinados em como tirar o chope, e todo o processo deve ser feito com equipamentos oficiais da marca e servidos nos copos exclusivos. Isso faz com que produtos muito parecidos – cervejas pilsen – adquiram valores muito diferenciados. Uma garrafa de litro da Skol pode custar de 12 a 15 reais, enquanto um copo de Chopp Stella Artois pode chegar ao dobro disso. Muito dessa diferença se dá em função do local que vende os produtos. E parte da imagem premium e valor de marca do Chopp Stella é criada por estar sendo vendida apenas nesse tipo de bar ou restaurante, e por esse preço.

A introdução da loja Forever 21 no Brasil, cujas operações já foram encerradas, também ajuda a entender o poder do ponto de venda. O posicionamento da marca é uma moda que tem conexão com o mundo fashion, mas tem preço acessível. Isso faz com que ela dispute com preços similares a lojas muito populares. No entanto, se as lojas da Forever 21 estiverem apenas em locais populares, elas não conseguem trazer a diferenciação de ser uma marca fashion. Por isso, ao iniciar suas operações no Brasil, a marca abriu sua primeira loja no Shopping Morumbi, que tem uma imagem de ser voltado para classe alta e ter lojas de prestígio. O Shopping Morumbi ajudou a construir a marca Forever 21 no Brasil.

8.2.6 Prêmios, selos e certificações

Valer-se de prêmios, selos e certificações pode ajudar uma marca a criar associações específicas que aumentem sua credibilidade ou prestígio junto a um público consumidor. Em especial no mercado B2B, esse tipo de selo pode, além de ajudar uma marca, tornar-se um pré-requisito para a compra por certos clientes. Os selos para fabricantes de celulose e papel certificando que sua madeira vem de reflorestamento é essencial para que ele venda para alguns tipos de indústria. As certificações da ISO (em inglês, *International Organization for Standardization* ou Organização Internacional de Normalização) são importantes para que certas empresas comercializem seus produtos na Europa.

No mundo do consumo, alguns selos passam a ser conhecidos e valorizados por consumidores de certas categorias. O selo "Amigo da Criança" da Abrinq é um deles. O selo FSC, do Forest Stewardship Council, também é conhecido para os produtos derivados de madeira ou feitos a partir de celulose. Selos da ABO (Associação Brasileira de Odontologia) ajudam a trazer credibilidade para produtos odontológicos.

Para algumas categorias, um selo ou premiação pode ser um grande impulso na imagem de marca. Vinhos, em especial, possuem essa característica. Uma nota alta em certos sistemas de pontos, como Robert Parker, Wine Spectator, Gambero Rosso, entre outros, pode fazer um vinho aumentar exponencialmente seu preço e seu volume de vendas.

Prêmios também podem ser usados para reforçar a percepção de qualidade. A Ambev produziu, num certo momento, uma sequência de comerciais enfatizando ter sido a cervejaria com maior quantidade de prêmios no World Beer Awards de Londres. A estratégia foi usar esses prêmios para contrapor os ataques sofridos pela empresa quanto à qualidade de seus produtos, em função da utilização de milho, arroz e outros cereais não maltados na sua composição.

Para serviços, é comum a divulgação, por parte de hotéis e restaurantes, das notas ou prêmios de sites como TripAdvisor, Yelp ou Booking, já que isso traz uma percepção de qualidade para pessoas que não conhecem pessoalmente os lugares. As estrelas do guia Michelin também são elementos de enorme prestígio para certos restaurantes.

Dessa maneira, prêmios, selos e certificações podem ser usados como elementos essenciais na imagem de certa marca, como algo que possa criar credibilidade ou prestígio em uma ou outra característica do produto ou serviço.

Esses seis grupos de elementos secundários podem ser complementados por outros que, por qualquer motivo, não foram abordados aqui. É muito comum que os grupos sociais também possam trazer esse tipo de construção para as marcas; contudo, como eles não são facilmente cooptados no mercado e não podem ser contratados por uma marca, eles não foram citados como elementos secundários, mas também são bastante relevantes.

A adoção de certos produtos por determinados grupos sociais pode ajudar a criar uma imagem de marca forte e favorável, que eventualmente pode ser transmitida a outros perfis de consumidores. Os tênis da Asics, por exemplo, foram escolhidos por corredores "sérios", que treinam constantemente e correm longas distâncias. A adoção por eles fez com que a marca ganhasse certo prestígio no segmento de corrida em comparação às marcas mais "genéricas" e maiores, como Adidas e Nike, que acabaram ficando restritas a corredores eventuais ou "não sérios". Os carros da Subaru têm prestígio entre mecânicos e aficionados por carros potentes e velozes. Isso tornou a marca mais bem avaliada por pessoas que gostem ou queiram participar desse universo automobilístico. Ainda que existam estratégias que possam ser utilizadas para tentar aumentar o nível de envolvimento com certo público, é incerto que este irá adotar a marca e, mais ainda, fazer dela um símbolo de seus grupos sociais. Portanto, ainda que relevantes, não as consideramos elementos secundários.

Finalizamos, assim, o processo de dotar a marca de simbologia, tendo detalhado os principais elementos disponíveis e algumas técnicas para utilizá-los corretamente. Com o entendimento de cada uma dessas ferramentas, o estrategista de marcas pode construir os elementos simbólicos que acompanharão as definições conceituais da sua identidade de marca.

CAPÍTULO 9

GESTÃO DO PORTFÓLIO DE MARCAS:

EXTENSÃO
E FUSÃO DE
MARCAS

As marcas são grandes ativos empresariais. Marcas fortes trazem uma série de benefícios às empresas, como aumentar a lealdade, gerar boca a boca positivo, facilitar a lembrança de suas propagandas e estabelecer diferenciais difíceis de serem copiados pelos concorrentes. A força da marca se reflete em preços mais altos para produtos e serviços e maiores volumes de vendas, com mais fidelidade dos consumidores. Marcas fortes costumam ter maiores margens que as concorrentes, o que influencia no preço das ações das empresas que detêm essas marcas.

Uma vez conquistado um espaço valorizado na cabeça de um conjunto de consumidores, novas possibilidades se abrem: o lançamento de novos produtos e serviços a partir da marca existente, transferindo-se as associações construídas pela marca original para esses novos produtos e serviços.

Essa é uma alternativa extremamente atraente. Afinal, a empresa deixa de faturar com apenas um produto e passa a faturar com um conjunto deles, aumentando o retorno sobre o ativo de sua marca. Além disso, a sinergia de marca faz com que esses novos produtos possam ser comunicados com uma fração do investimento que seria necessário para lançar uma nova marca no mercado, melhorando a sinergia entre os produtos do portfólio. "Aumento de retorno sobre ativos" e "aumento de sinergia" são expressões que chamam a atenção de CEOs, CFOs e acionistas das empresas. A extensão de marcas fortes é um processo inevitável.

A extensão de marcas passou a se tornar comum a partir da década de 1990. Com o acirramento da concorrência na maioria dos países do mundo, as empresas passaram a utilizar essa estratégia frequentemente, tentando vender mais produtos para consumidores já leais às suas marcas ou, ainda, usando o conhecimento da marca para alavancar a venda para novos consumidores.

Existem muitos exemplos de extensão de marcas. Um caso bastante emblemático é a marca Dove. Originalmente, a marca vendia apenas sabonetes. Em virtude do sucesso, ela foi estendida com foco nos mesmos consumidores, porém, oferecendo novos produtos, como hidratantes, xampus, condicionadores, desodorantes e cremes faciais. Com essa parte do portfólio estabelecida, a Dove fez outro movimento e passou a tentar usar a força da sua marca para conquistar consumidores diferentes, nas mesmas categorias de produtos, mas agora voltados para o público masculino, com a linha Dove Men Care, e para os bebês, com a linha Dove Baby.

Os resultados são tremendos. O faturamento da marca Dove é um dos mais importantes para compor os mais de 20 bilhões de euros que a divisão de cuidados pessoais da Unilever fatura todos os anos. A marca está presente em centenas de países e, em cada um deles, vende centenas de produtos. É uma das marcas mais facilmente reconhecidas globalmente. Ela usa a força da marca para ter cada

GESTÃO DO PORTFÓLIO DE MARCAS

vez mais produtos disponíveis para centenas de milhões de pessoas que possuem lembranças positivas da marca. Cada um dos produtos se transforma em um potencial ponto de contato para se aproximar cada vez mais dos consumidores. Mais produtos geram mais conexões e mais lembranças. Mais lembranças aumentam o valor da marca (brand equity).

Essas sinergias e retornos que grandes marcas trazem são válidas para qualquer mercado. A marca Moça, da Nestlé, passou por uma expansão similar, deixando de ser um ingrediente culinário e tornando-se uma marca de sorvetes, biscoitos, chocolates e doces prontos para o consumo. A marca Nike se estabeleceu em calçados esportivos, mas depois evoluiu para fazer todo tipo de produtos, como camisas, calças, meias, bolas, raquetes e outros ligados ao mundo do esporte, inclusive eletrônicos.

Há exemplos mais inusitados, como marcas estendidas para categorias substancialmente diferentes daquelas nas quais se fixaram inicialmente. A marca Bulgari, tradicional joalheria italiana, lançou com sucesso uma rede de hotéis de alto padrão. A Reebok lançou uma marca de academias no Brasil. A Caterpillar, que fabrica tratores, passou a ter uma linha de calçados e vestuário nos EUA.

É sempre mais barato entrar em um novo mercado com uma marca já estabelecida do que começar do zero. As empresas detentoras das marcas percebem a possibilidade de ganhar mais dinheiro com os ativos já construídos e a extensão de marcas prolifera em todos os segmentos e categorias.

Ainda assim, o uso constante da extensão de marcas como maneira de expandir os negócios de uma empresa é razoavelmente recente. Como até os anos 1990 era possível construir novas marcas com relativa facilidade, muitas vezes, o lançamento de novas marcas era a escolha de grandes empresas, em especial as de bens de consumo.

Com verba disponível e uma linha de distribuição poderosa, as novas marcas de empresas como P&G, Unilever, Kraft Foods, entre outras, avançavam como um rolo compressor em mercados explorados por marcas menores. Afinal, elas tinham tecnologia para fazer um bom produto, equipes de venda bem estruturadas para distribuição e profissionais de marketing suficientes para encontrar necessidades e desejos dos consumidores. A partir daí, bastavam produzir, entrar agressivamente no mercado e fazer muita propaganda de massa.

Como referência da relativa facilidade que havia para construir marcas populares, nessa época, a quase totalidade da população brasileira podia ser impactada utilizando-se de cinco canais de televisão (Globo, SBT, Record, Manchete e Bandeirantes), cerca de 10 revistas de circulação semanal ou mensal, cerca de 20 jornais diários das grandes capitais brasileiras e um conjunto de outdoors nas cidades mais populosas. A concentração da mídia valorizava as grandes máquinas de marketing das empresas multinacionais, que preferiam lançar muitas marcas para ocupar espaço no mercado e não se preocupavam em utilizar suas marcas já existentes.

A partir dos anos 2000, o cenário de mídia começou a se alterar. Primeiro, com a pulverização dos meios de comunicação. O incremento da penetração de TV a cabo faz com que os cinco canais abertos passassem a disputar audiência com centenas de outros. A internet começou a substituir revistas e jornais, os quais se fragmentaram em milhares de veículos, blogs, sites e portais nacionais e locais. O consumidor fragmentou sua audiência e, com isso, tornou-se cada vez mais difícil atingi-lo com uma nova marca. Ficou mais caro criar uma marca e seu resultado tornou-se mais incerto. As empresas entendem, mais do que nunca, a importância de concentrar seus esforços em poucas e grandes marcas.

Esse movimento leva a duas ações: novos produtos são concentrados em marcas já existentes e marcas são eliminadas para diminuir os custos de manutenção, sendo seus produtos incorporados a outras. Passa a ser necessário organizar a marca para receber produtos de marcas que estavam saindo de linha, em fusões de portfólios, e também preparar marcas para lançar novos produtos no mercado, em processos complexos de arquitetura de marcas.

9.1
AVALIAÇÃO DA NECESSIDADE DE MANTER MARCAS NO PORTFÓLIO

Com o entendimento do crescente custo de se manter marcas independentes no mercado, a Unilever fez um movimento para reduzir drasticamente o número de marcas do seu portfólio. Entre 1999 e 2002, a empresa eliminou cerca de 800 marcas, saindo de 1.200 marcas para cerca de 400. Outras empresas seguiram caminhos semelhantes.

No Brasil, isso resultou na eliminação de marcas reconhecidas, como Cica e Arisco, que migraram para a marca Knorr, e da Signal, que migrou seu portfólio para Close Up. Nesse caso, a eliminação de marcas não causou a retirada de produtos do mercado, mas sim a absorção desses produtos por outras marcas escolhidas estrategicamente. A marca Knorr, por exemplo, tinha como objetivo tornar-se a marca da empresa para qualquer tipo de produto culinário. Por isso, tanto recebeu os produtos da Cica e da Arisco como foi escolhida para lançar novos produtos por parte da empresa. A concentração dos produtos sob a marca Knorr permitia a ela ter força para dar suporte a cada vez mais produtos, desde que se mantivesse fiel ao território que havia conquistado na mente dos consumidores.

GESTÃO DO PORTFÓLIO DE MARCAS

Outras empresas, como Reckitt Benckiser, P&G, Nestlé e até empresas de serviços, como os hotéis da Accor, passam por movimentos similares. No setor bancário brasileiro, em decorrência de fusões e aquisições, muitas marcas foram eliminadas. Mas qual é o efetivo valor da eliminação de um nome de marca?

Os ganhos de sinergia de unir ou eliminar marcas são variáveis de acordo com o tipo de indústria e marca. No caso dos bancos, as sinergias são facilmente percebidas e de grande magnitude. Para manter duas marcas de bancos independentes é necessário todo um aparato de atendimento duplicado: agências separadas, gerentes de conta separados, produtos financeiros distintos, bases de dados de clientes independentes e as próprias comunicações das marcas devem ser específicas para cada marca. Custos dessa magnitude tornam inviável a manutenção de duas marcas. No caso de fusão ou aquisição de um banco por outro, parece improvável que duas marcas sejam mantidas completamente separadas em uma mesma região geográfica.

Esses valores tendem a ser menores em outros tipos de indústrias. Contudo, a manutenção de um produto diferente em linha traz um custo extra, no mínimo, com uma equipe de gestores, custo de estoque de produtos acabados e matérias-primas (mesmo que só de embalagens), comunicação de cada marca e o próprio custo de vendas, já que uma marca adicional ocupa um certo percentual de tempo de uma equipe de vendas e operações. Conhecendo esses custos, as empresas, sempre que podem reduzir marcas sem prejuízos significativos, preferem fazê-lo.

Nirmalya Kumar, professor de marketing da London Business School, criou um checklist para que se possa avaliar quando uma empresa tem marcas demais (Figura 9.1).

Ainda que mais adequadas à avaliação de um portfólio de bens de consumo, as dez perguntas de Kumar também levam à reflexão geral sobre a importância da marca em um portfólio.

Invertendo a pergunta, quando é interessante manter duas marcas em um portfólio? Isso acontecerá apenas quando os resultados da segunda marca superarem os gastos de sua manutenção. Em geral, essas situações acontecem em mercados que possuem segmentos e subsegmentos, as marcas possuem públicos distintos e são percebidas como diferentes entre si. Nesse caso, a canibalização entre as marcas será baixa e o incremento de vendas pelo acesso a diferentes tipos de público-alvo é suficiente para manter outras marcas.

As marcas da Ambev, em sua maioria, seguem esse princípio. Elas contam com canais de distribuição, regiões ou públicos-alvos específicos. O alto volume, penetração e percepção de diferenciação presente no mercado de cervejas justifica a manutenção de muitas marcas diferentes. O mesmo vale para a Whirlpool, que, no Brasil, mantém duas marcas distintas de eletrodomésticos: a Consul e a Brastemp.

FIGURA 9.1 Um teste rápido para avaliar se existem marcas demais em um portfólio

VOCÊ TEM MARCAS DEMAIS? Dez questões para ajudar a determinar se marcas devem ser removidas	
SIM/NÃO	
	Mais de 50% de suas marcas são perdedoras ou retardatárias nas suas categorias?
	É impossível investir valores similares aos dos rivais em marketing ou propaganda?
	Marcas pequenas estão perdendo dinheiro?
	Existem marcas diferentes em países diferentes essencialmente para o mesmo produto?
	Os públicos-alvos, linhas de produto, posicionamentos de preço ou canais de distribuição se sobrepõem para um grande percentual das marcas do portfólio?
	Os consumidores acham que as marcas competem umas com as outras?
	Os revendedores compram apenas uma parcela do nosso portfólio de marcas?
	O aumento de investimentos em marketing ou comunicação de uma marca faz com que as vendas de outra marca da empresa diminuam?
	Os gestores gastam tempo considerável discutindo alocação de recursos entre as marcas?
	Os gestores de marcas veem uns aos outros como grandes rivais?

Se as respostas forem sim para:

0 a 2 questões: existem poucas oportunidades de racionalizar o portfólio de marcas.

3 a 6 questões: existem consideráveis oportunidades de racionalizar o portfólio de marcas.

7 a 10 questões: racionalizar o portfólio de marcas deve ser uma prioridade.

Fonte: KUMAR, N. *Harvard Business Review*. (Tradução livre.)

Outro caso da necessidade de manter marcas diferentes ocorre quando o mercado tem benefícios distintos que são negativamente correlacionados, ou seja, os consumidores não conseguem vê-los como algo que possa ser entregue pela mesma marca.

A Antártica é vendida como uma cerveja barata. A Stella Artois é uma cerveja premium. Não seria possível fazer as duas ofertas se as marcas fossem a mesma, pois preço e percepção de premium correlacionam-se negativamente. O mesmo acontece com hotéis do grupo Accor. O Sofitel oferece um grande conjunto de serviços e conforto superior, muitas vezes sendo considerados resorts. O Ibis

GESTÃO DO PORTFÓLIO DE MARCAS

CAPÍTULO 9

245

oferece hospedagem conveniente para viagens rápidas de negócios. O conforto procurado em um resort é negativamente correlacionado à objetividade de um hotel de negócios de baixo preço. A Accor, para enfatizar esses benefícios, precisa manter as duas marcas no mercado.

A estratégia de manter duas ou múltiplas marcas em um mesmo mercado também está relacionada ao interesse dessas empresas terem um domínio considerável de market share, geralmente acima dos 50%.

Em mercados segmentados e onde os produtos são vistos como diferenciados, dificilmente será alcançada uma participação de 50% com apenas uma marca. Nesse caso, para se adaptar à multiplicidade de ofertas e públicos, é necessário manter diversas marcas no portfólio. A Unilever faz isso no segmento de detergentes de roupa (Omo, Surf e Brilhante); a Whirlpool, em eletrodomésticos (Consul e Brastemp); a Ambev, no segmento de cervejas (cerca de 28 marcas no mercado brasileiro).

CASO 9.1

AMBEV E OS AJUSTES DE POSICIONAMENTO DE SUAS MARCAS

A Ambev foi formada em 1999, a partir da união das cervejarias Brahma e Antártica. Ela se tornou a líder do mercado brasileiro e passou a deter as três principais concorrentes: Brahma, Antártica e Skol. Em um mercado tão grande e diverso quanto o de cervejas, a nova empresa tinha como objetivo manter e, se possível, aumentar seu market share.

Para ter ainda mais market share e não deixar flancos abertos para concorrentes, a empresa precisava manter um grande conjunto de marcas voltado para os diferentes tipos de público-alvo, situações de consumo, renda e canais de venda. Em um mercado no qual a maioria dos adultos, eventualmente, consome cerveja, uma estratégia de dominância de mercado passa por oferecer opções para qualquer tipo de situação e estilo de vida dos consumidores.

O mercado é complexo, pois, além de uma multiplicidade de públicos, há múltiplas ocasiões diferentes nas quais se consome cerveja. Uma festa especial, como um casamento, formatura ou aniversário, demanda um tipo de cerveja. Uma situação corriqueira, como um happy hour de final de tarde ou após um jogo de futebol, requer outro tipo. Para curtir um churrasco com uma turma de amigos, uma marca é mais

- - →

apropriada. Para uma confraria que apreciará diversos sabores de cervejas, diferentes marcas devem ser oferecidas. Uma mesma pessoa transita em necessidades variadas de consumo de cerveja e, durante esse processo, escolhe diferentes tipos de marcas.

Atender todos esses públicos e todos esses momentos de consumo era uma ambição da empresa. Portanto, fez-se a escolha de disputar o mercado mantendo diversas marcas.

Com isso, o portfólio de marcas da Ambev conta com 26 marcas, entre as produzidas no Brasil e as importadas, as quais se dividem de acordo com o posicionamento de preço da cerveja e se subdividem por aspectos comportamentais do público-alvo.

As *cervejas populares* são a Brahma, Skol e Antártica.

- **Brahma:** voltada para um público popular, em geral mais velho e que tem família, o "brahmeiro". Conectada especialmente ao futebol, o qual patrocina na TV aberta. Tem relação com a cultura do boteco e o sabor da "autêntica cerveja brasileira". Tem ganhado relevância nas estratégias recentes da Ambev, com a cerveja "duplo malte" para acompanhar a tendência de cervejas com sabor mais intenso que tomou conta do mercado brasileiro.

- **Skol:** a cerveja da Ambev voltada para o jovem. Possui um portfólio inovador, tanto em produtos quanto em suas ações de comunicação. A cerveja Skol é leve e "desce redondo", assim como seus produtos da linha Skol Beats, bebidas de baixo teor alcoólico voltadas para situações de festas noturnas. Patrocina grandes festivais de música, shows e eventos jovens. Tem investido nas categorias "além da cerveja", com outras bebidas prontas para beber de baixo teor alcoólico.

- **Antártica:** tornou-se muito popular no Rio de Janeiro e, com isso, estabeleceu sua identidade de marca conectada à cidade. Cria uma conexão com o samba, o carnaval e a boemia carioca. Patrocina muitos eventos na cidade e se expande especialmente nos locais impactados pela cultura carioca.

Mesmo estando na mesma faixa de preço, as marcas buscam públicos e situações distintas de consumo.

Seguindo no seu portfólio, as *cervejas intermediárias* atuam em uma faixa de preço levemente superior às cervejas populares, e acabam sendo um substituto delas para momentos mais especiais dos consumidores, seja em casa ou em bares.

São elas as cervejas Serramalte, Bohemia, Brahma Extra e Original, especialmente. Inclui-se aqui também a cerveja Budweiser. Elas desempenham o papel de dar suporte a um consumo "fora do ordinário", que demanda uma marca melhor, mas não muito mais cara que as populares. Elas também são vendidas em bares despojados, mas que tenham um nível superior àqueles que vendem as cervejas populares. Algumas dessas marcas concorrem umas com as outras, mas nesse caso são usadas para bloquear a entrada de cervejas concorrentes que atuam nesse segmento. Vale destacar três marcas desse portfólio, que se conectam com consumidores ou situações diferentes:

- **Brahma Extra Lager, Brahma Extra Weiss, Brahma Extra Red Lager:** agem como produtos de entrada para as cervejas mais "especiais". Têm preço acessível, mas dão a sensação de uma cerveja com ingredientes e sabores diferentes, ainda que sempre em estilos tradicionais.
- **Bohemia "sabores":** aproveita a lembrança da marca conectada a ingredientes especiais e tenta se rejuvenescer seguindo a tendência das cervejas artesanais, com mistura de frutas e outras inovações de ingredientes. Faz isso com escala, distribuição e preço baixo em relação às artesanais, sendo uma porta de entrada para o segmento.
- **Budweiser:** marca mais internacional da Ambev no Brasil, busca conectar-se com os jovens como opção mais premium comparada a Skol e Brahma. Diferencia-se pela conexão com grandes eventos de repercussão mundial e que atraem público internacional, como a Copa do Mundo, o SuperBowl e shows de artistas internacionais.

Em um terceiro grupo, em termos de preço, temos as *cervejas premium*, representadas pela marca Stella Artois. Ela é mais sofisticada, internacional e está ligada a eventos restritos e de menor porte, como coquetéis, festas fechadas, bares e restaurantes sofisticados. É a cerveja de distribuição ampla mais premium do portfólio (exceto as "artesanais", como Wals). É interessante citar o papel do chope Stella, produto que só é encontrado em poucos bares e restaurantes, que devem seguir sempre um mesmo ritual de servir, com o copo específico, a chopeira específica e somente por garçons treinados. Ele ajuda a trazer essa sofisticação para a marca.

Há, ainda, em escala de valor, as chamadas *cervejas artesanais*. Na Ambev são trabalhadas duas marcas, a mais popular delas a Colorado. A marca, que foi criada e é produzida em Ribeirão Preto, possui cervejas com diferentes ingredientes, com distribuição restrita e preço consideravelmente mais alto que as pilsens mais comuns. Ela, de fato, atinge um público de cerveja artesanal, ainda que com preço mais baixo que os normalmente cobrados nesse segmento.

A Ambev conta também com a marca Wals, que segue um processo ainda artesanal de produção, com lotes pequenos, ingredientes e processos de fabricação consideravelmente diferentes das cervejas tradicionais e preço de venda equiparado com cervejas artesanais e importadas.

As duas últimas marcas, Colorado e Wals, foram adquiridas recentemente para que a Ambev pudesse participar da tendência das cervejas artesanais, que é crescente e abriria um flanco para concorrentes caso ela não entrasse nessa faixa de mercado. A Ambev também tem investido nesse mercado com a importação de parte do portfólio internacional da AB Inbev.

Com esse amplo portfólio de marcas, a Ambev consegue manter uma grande fatia dos consumidores brasileiros e oferecer opções para qualquer tipo de consumidor, em qualquer ocasião, o que é consistente com a ideia central de dominância do mercado.

As marcas, ainda que tenham certa concorrência entre si, procuram ocupar territórios distintos e focar em públicos diversos, seguindo as orientações de tentarem ter um mínimo de canibalização.

A concorrência entre as marcas da mesma empresa, nesse caso, serve para ocupar espaços regionais e evitar a ação da concorrência, tendo então uma prerrogativa estratégica.

Outras marcas não foram abordadas por terem menor relevância estratégica, mas também compõem o portfólio da empresa. Com essa estratégia de marcas, a Ambev consegue deter cerca de 70% de participação no mercado nacional de cervejas.

Para analisar se é preciso eliminar produtos ou marcas de um portfólio, é importante definir e controlar claramente os objetivos de cada produto, marca ou submarca. De modo genérico, uma marca ou produto tem ao menos um dos cinco objetivos a seguir.

- **Manutenção de escala:** vende grandes volumes e contribui para o pagamento de custos fixos e administrativos, cuja entrada se dá em pontos de venda populares.

GESTÃO DO PORTFÓLIO DE MARCAS

- **Rentabilidade:** tem altas margens em relação às demais, contribuindo para a geração de caixa da empresa.
- **Imagem:** gera uma imagem positiva para as demais marcas do portfólio. É, muitas vezes, chamada de *flagship*. Ocupa espaços em revendas prestigiosas e torna-se referência no mercado.
- **Estratégico:** possui perspectivas de crescimento futuro e precisa ainda de investimentos para atingir seu potencial.
- **Combate:** bloqueia a ação de concorrentes ou permite certas ofertas que não devem ser feitas com marcas estabelecidas.

O exemplo da Whirlpool ilustra esses conceitos. A Whirlpool Brasil é a subsidiária da empresa americana que é a maior fabricante de eletrodomésticos do mundo. No Brasil, a empresa tem o domínio do mercado da chamada "linha branca", que é composto especialmente por geladeiras, fogões, máquinas de lavar e secar roupas, máquinas de lavar louças e micro-ondas.

Ela atua no país com três marcas: a Consul, mais voltada a produtos simples e funcionais, atendendo pessoas de renda mais baixa ou que tenham um olhar mais funcional para seus eletrodomésticos; a Brastemp, com produtos tecnológicos e de design diferente, que pretende se conectar com consumidores de maior poder aquisitivo ou que tenham especial atenção à arquitetura, design de interiores e à decoração; e a marca Kitchen Aid, de panelas, eletroportáteis e acessórios de cozinha que possuem design único e alta qualidade, voltados para pessoas de alto poder aquisitivo.

Com base especialmente no portfólio de refrigeração das marcas Brastemp e Consul, levando em consideração os possíveis objetivos de uma marca ou produto, percebemos produtos e serviços que se encaixam em cada um dos objetivos teóricos.

- **Produtos de escala:** geladeiras de uma porta com degelo seco da Consul, que apesar de possuírem baixas margens, vendem grandes volumes e criam escala de compras e produção, reduzindo custos fixos que de outra maneira impactariam os demais produtos.
- **Produtos de rentabilidade:** portfólio de geladeiras duas portas frost free da Brastemp, que possui volume relevante de vendas, alta rentabilidade e garante as margens brutas elevadas buscadas pelo portfólio de refrigeração.
- **Produtos de imagem:** linha retrô ou linha *vitreous*, produtos de baixo volume de vendas, mas que garantem alta exposição da marca, seja por reportagens ou ambientes feitos por arquitetos, seja por serem considerados "objetos de desejo"

por certos consumidores. A marca Kitchen Aid também se enquadra aqui, já que é uma marca que atrai muita atenção com o design único de seus produtos.

- **Produtos estratégicos:** linha Side by Side Brastemp, que ainda possui baixo volume de venda, mas tem crescido nos últimos anos e é desejo de consumidores de maior poder aquisitivo que estão reformando ou construindo casas.

- **Produtos de combate:** geladeiras de uma porta com degelo manual da Consul, que já não vendem grandes volumes, não possuem muita rentabilidade, mas evitam que empresas entrem no mercado e construam escala vendendo produtos baratos.

A manutenção de uma linha extensa como a da Consul e Brastemp em refrigeração acaba sendo justificada pelo objetivo de cada submarca, e também pelo interesse estratégico da Whirlpool em ser a líder absoluta desse mercado no Brasil e evitar a entrada de concorrentes europeus ou asiáticos.

Um portfólio de marcas bem ajustado é essencial para que a empresa não desperdice recursos. Uma das maneiras em que mais se consomem recursos indevidamente é manter marcas desnecessárias no portfólio.

A retirada de marcas do portfólio não significa abrir mão de operar em um dado segmento de mercado. Um produto que, muitas vezes, não tem retorno financeiro sustentável com uma marca independente pode ser tornar um produto bem-sucedido compondo o portfólio de outra marca, com ou sem o uso de estratégias de submarcas. A fusão dessas marcas pode dar ao produto o suporte de marca necessário e um menor dispêndio de recursos na sua operação e promoção, proporcionando equilíbrio financeiro.

9.2
O PROCESSO DE FUSÃO DE MARCAS E SUAS IMPLICAÇÕES

O caso do Veja Vidrex é um exemplo interessante para mostrar a viabilidade da fusão de marcas em um mesmo portfólio, especialmente quando uma marca menor é incorporada ao portfólio de uma marca maior.

Vidrex era uma marca de produtos produzida pela Reckitt Benckiser (RB), para a limpeza de superfícies de vidro. Como uma marca independente, tinha de construir solitariamente sua reputação, atributos de produto e conexões com os consumidores. Dessa forma, uma considerável parte do seu faturamento precisava ser investida em ações de marketing.

Essa necessidade de investimentos fazia com que a marca não alcançasse os critérios para sua manutenção no portfólio: ela não tinha grande faturamento nem rentabilidade adequada. Não tinha projeções futuras de crescimento de volume que a transformassem em marca estratégica e não contribuía para a imagem da RB. Ainda que constituísse uma marca relevante para o segmento de limpeza de vidros, este era um mercado muito pequeno para sustentar uma marca independente.

FIGURA 9.2 Portfólio atual da marca Veja Vidrex: Vidrex já assume o papel de submarca da marca Veja

A marca Vidrex acabou sendo integrada ao portfólio da marca Veja, compondo uma relação de marca-submarca. A Veja tornou-se a marca mestra e impulsionadora da Vidrex, já que traz o reconhecimento de marca, a reputação e as principais associações. Vidrex age como submarca, destacando os benefícios específicos do segmento de limpeza de vidros.

Quando a marca Veja faz uma ação promocional ou de comunicação, todo o seu portfólio acaba sendo impulsionado, mesmo que aquele produto específico não esteja sendo anunciado. Este é um conhecido efeito da sinergia da comunicação pelo processo da mera exposição. Ao vermos a marca Veja, toda a nossa lembrança da marca é resgatada na memória, inclusive outros produtos de seu portfólio. Assim, a sinergia de comunicação acontece e os produtos Veja Vidrex conseguem manter ou aumentar seu volume de vendas, ao mesmo tempo em que reduzem seus custos operacionais.

Essa perspectiva, de maneira geral, é o que impulsiona as empresas a fundirem marcas ou lançarem novos produtos sob marcas já conhecidas e valorizadas. Sob a óptica da marca Veja, a marca foi estendida, ou seja, adicionou uma submarca (Vidrex) e passou a operar no mercado de limpadores para superfícies de vidro.

A estratégia de fusão de marcas é valiosa, mas faz com que a marca incorporadora desses novos produtos precise se adaptar para recebê-los, eventualmente valendo-se do uso de submarcas, como no caso de Veja Vidrex.

Mesmo marcas conhecidas e valorizadas podem ser substituídas com poucos prejuízos de vendas ou de relacionamento com os consumidores. A marca Cica, que era líder em atomatados do mercado brasileiro, passou por esse processo.

A marca foi uma das escolhidas para serem eliminadas durante o processo de redução de marcas da Unilever. Nesse caso, a Cica tinha em seu portfólio a marca de molhos prontos chamada Pomarola, entre outras. A empresa resolveu manter as submarcas dos produtos e substituir a marca Cica pela Knorr. Para diminuir os impactos e facilitar a comunicação com o consumidor, as marcas Cica e Knorr dividiram as embalagens dos produtos durante um certo tempo.

A manutenção das duas marcas na embalagem ajuda a comunicar a mudança de marca, ao mesmo tempo que informa ao consumidor que os valores das marcas são similares, tranquilizando-os durante a transição.

Nesse caso, depois de um certo tempo de convivência, a marca Cica foi perdendo espaço na embalagem com cada atualização do design, até ser retirada por completo, ficando a submarca Pomarola conectada à marca Knorr, e não mais à Cica.

FIGURA 9.3 Processo de retirada faseada da marca Cica do mercado e sua substituição pela marca Knorr

Muitas vezes, a fusão de duas marcas impõe a necessidade de alterar a arquitetura da marca que prevalecerá. Considere-se o caso de bancos de varejo. Depois de um agressivo processo de fusões e aquisições, muitos bancos pequenos deixaram de existir, ficando o mercado concentrado nos bancos públicos, Banco do Brasil e Caixa Econômica Federal, e nos bancos privados Bradesco, Itaú e Santander. Os demais bancos têm apenas atuação regional ou em nicho.

Depois desse processo, os bancos notaram a necessidade de atender diferentes grupos de clientes de maneira diferente, em um processo de segmentação de clientes que antes era feito pelos bancos menores e de nicho. Com a extinção desses bancos, os bancos de varejo de grande porte deveriam suportar todo esse conjunto

GESTÃO DO PORTFÓLIO DE MARCAS

diverso de clientes, que vão desde aqueles de renda muito baixa até aqueles com patrimônios de milhões de dólares. Alguns clientes estão interessados em opções sofisticadas de investimentos, enquanto outros precisam de crédito consignado. Com isso, foi preciso segmentar a maneira como cada perfil de consumidor seria atendido nas suas necessidades específicas.

Os bancos passaram, então, a criar submarcas para cada conjunto específico de cliente. Assim, o Santander segmentou seus clientes em Santander, Santander Select, Santander Van Gogh (nomenclatura que herdou do Banco Real) e Santander Private. O Itaú se utiliza das nomenclaturas Itaú, Itaú Uniclass (vinda do antigo Unibanco), Itaú Personalité e Itaú Private. O Bradesco também usa os nomes Bradesco "Para você", Bradesco Exclusive, Bradesco Prime e Bradesco Private. Nesse caso, o processo de extinção das marcas dos bancos adquiridos levou à necessidade da criação de diferentes submarcas. Ainda assim, a manutenção de submarcas, por não demandar estruturas físicas distintas, consome muito menos recursos que a manutenção de marcas independentes.

Mas um ponto relevante da gestão de marca, em especial naquelas empresas que estão crescendo, é o processo de expandir os seus negócios em novos mercados e, com isso, passar pelo dilema de estruturar qual é a melhor forma de lançar novos produtos e serviços. Existe um conjunto de opções disponíveis que detalharemos a seguir.

9.3
O PROCESSO DE EXTENSÃO DE MARCAS E SUAS IMPLICAÇÕES

Uma marca, para ser passível de expansão, deve ter uma lembrança forte e bem desenvolvida; caso contrário, ela não conseguirá dar suporte aos novos produtos ou serviços. Para ser considerada bem desenvolvida, David Aaker fala dos quatro ativos de uma marca para construir seu brand equity ou valor de marca – para uma marca ter valor, ela deve:.

1. ser lembrada pelo público-alvo;

2. ter qualidade percebida em relação aos seus competidores no mercado de atuação;

3. conquistar a lealdade, tanto nos hábitos de consumo quanto na intensidade da relação com seus consumidores (indicação e preferência);

4. ter associações de marcas exclusivas, onde tenha maior nível de lembrança que outras.

Se uma marca conseguir conquistar esses quatro ativos, ela pode ser considerada valiosa e, portanto, ser utilizada como base para extensões. Em caso negativo, é preciso entender se estender essa marca no mercado auxiliará o produto a ser lançado ou prejudicará os esforços de lançamento.

Keller discute algumas outras premissas para que a marca seja bem-sucedida na sua extensão, avaliando de maneira conjunta a relevância da marca e o mercado em que lançará seu produto ou serviço. Afinal, mesmo que ela tenha valor no seu mercado de origem, ela deve ser capaz de transferir esse valor para o mercado ao qual sua extensão se destina, e isso nem sempre acontece. Ele lista três critérios para uma extensão bem-sucedida:

1. proeminência da marca;
2. favorabilidade do mercado de destino em receber as associações da marca;
3. exclusividade da marca no novo mercado.

A **proeminência** refere-se às associações facilmente lembradas sobre a marca. São aquelas mais evidentes, mais destacadas. Podem ser positivas ou negativas; por isso, é importante que o novo produto possa destacar as associações positivas e evitar as associações negativas. O McDonald's, por exemplo, é visto como uma marca alegre, divertida, gregária e infantil, mas também se considera que seus produtos têm muita gordura, fritura e constituem um fast food de baixa qualidade. Quando o McDonald's lança uma coleção de lanches gourmet, ele consegue focar nas associações positivas, como um bom local para se divertir com amigos, ao mesmo tempo em que tenta fugir da questão da comida de "baixa qualidade". No entanto, se o McDonald's lançar um produto barato, frito e gorduroso, pode enfatizar os pontos negativos da marca, o que seria prejudicial à sua imagem como um todo.

A **favorabilidade** é relacionada às associações proeminentes da marca que podem ser captadas ou não no mercado de destino. Se os mercados de origem e destino da marca dividirem algumas características desejadas e a marca for proeminente nessas características, fica mais fácil a aceitação das associações no novo produto ou serviço. Considere-se o caso da Bulgari, uma joalheria que entrou no mercado de hotéis de luxo. Ainda que sejam dois mercados distintos, as associações de requinte, sofisticação, qualidade e cuidado estão presentes em ambos, e a Bulgari pode usar essas associações já construídas nas suas joias para ser reconhecida como uma boa opção no mercado de hotéis de luxo. Se a Bulgari quisesse participar de um mercado como carros esportivos de luxo, ela poderia ter algumas dificuldades, já que ele demanda uma percepção de tecnologia, arrojo e empolgação que estão menos presentes nos mercados de origem da marca.

GESTÃO DO PORTFÓLIO DE MARCAS

Se a qualidade proeminente na marca não puder ser captada no mercado de destino, a extensão acaba por não ser privilegiada por ela, aumentando sua chance de falhar. A marca Brastemp é reconhecida pela sua inovação e qualidade em produtos. Em um exemplo hipotético, se ela quiser lançar um telefone celular, ela teoricamente poderia levar as associações para o mercado de destino. No entanto, os consumidores podem não aceitar a extensão por imaginar que a tecnologia e qualidade da Brastemp estão restritas ao mercado de eletrodomésticos onde ela atua. As associações não conseguem ser transmitidas entre mercados considerados distantes pelos consumidores, como eletrodomésticos e telefonia celular. Nesse contexto, o mercado de telefonia celular não é favorável às associações proeminentes na marca Brastemp.

O terceiro ponto é a **percepção de exclusividade** das associações da marca, que pode se perder ao se mudar de um mercado para outro. A exclusividade tem relação com a proeminência da marca e seus pontos de diferenciação, e se esses pontos de diferenciação são válidos no novo mercado. A marca Nescau, por exemplo, conseguiu uma proeminência de associações conectadas ao "sabor chocolate" no mercado de modificadores de leite e achocolatados prontos para beber. Quando ela estende sua marca para o mercado de sorvetes, contudo, essa associação já está presente em muitas outras marcas e ela perde a exclusividade. Seu sabor chocolate é diferenciado no mercado em que ela está, de achocolatados em pó ou prontos para beber. Ao entrar em um novo mercado, o de sorvetes, essa diferenciação se perde. A marca, sem diferencial, muitas vezes sucumbe. No entanto, se ela consegue manter seu diferencial no mercado de destino, ele passa a ser exclusivo também nesse mercado, aumentando a chance de sucesso da extensão.

Ainda que esses critérios não sejam definitivos para o sucesso de uma extensão, mantendo-se os critérios de se usar as associações proeminentes e exclusivas em mercados que sejam favoráveis a recebê-las, garante-se maior chance de sucesso.

Não seguir os critérios para extensão pode confundir os consumidores e criar produtos que eles podem considerar esdrúxulos; por exemplo, o perfume da Harley Davidson e a lasanha da Colgate. As associações proeminentes nessas marcas são bastante diferentes daquelas necessárias para sustentar a extensão, gerando estranheza. Quando do lançamento do perfume Harley Davidson, ficou famosa a frase de uma consumidora que dizia que se a Harley Davidson lançasse um perfume, ele deveria ter cheiro de óleo e gasolina.

FIGURA 9.4 Extensões que não preenchem os critérios de proeminência, favorabilidade e exclusividade podem parecer estranhas aos olhos dos consumidores

© acervo do autor

Muitas vezes, as extensões também podem prejudicar o produto original. A rigor, qualquer extensão malsucedida pode afetar a marca original, pois se ela não funcionou, houve algum elemento que não estava adequado. Algumas, contudo, são especialmente nocivas, pois contrariam valores essenciais da marca de origem.

Existem dois exemplos clássicos de falhas de extensão de marcas: a New Coke e o Classe A da Mercedes Benz (modelo de 1997 a 2005). A New Coke é uma grande falha porque a Coca-Cola sempre foi uma marca que tem relação com a tradição, uma conexão nostálgica com um passado feliz e tranquilo, além da conexão com as relações familiares. A New Coke foi contrária a esses valores fundamentais.

O lançamento da New Coke foi a resposta ao esforço da Pepsi Generation, uma estratégia bem-sucedida da Pepsi que agradou muito o púbico alvo formado por adolescentes e jovens. A Pepsi, para contrapor a visão tradicional da Coca, colocou-se como a "escolha da nova geração" e trouxe símbolos culturais relevantes à época, como Michael Jackson e Madonna, os principais artistas pop daquele momento.

Veja a propaganda da Pepsi usando o público jovem e artistas de grande apelo para esses consumidores, como Michael Jackson
Fonte: GIRALDI, B. Pepsi "new generation", 1987. *Giraldi Media*, jun. 2009. Disponível em: <https://www.youtube.com/watch?v=po0jY4WvClc>. Acesso em: fev. 2023.

Com o sucesso da estratégia da Pepsi, a Coca-Cola achou importante responder com um ataque frontal, a New Coke, que rompia com a tradição anterior para oferecer um novo sabor a um novo consumidor.

FIGURA 9.5 Anúncios publicitários da New Coke

Ao seguir essa estratégia com a New Coke, na tentativa de combater a Pepsi, a Coca-Cola acabou perdendo grande parte das associações de marca que fazia com que as pessoas a reconhecessem como a marca original de refrigerante de cola. Ela perdeu a conexão com os consumidores antigos, ao mesmo tempo em que pareceu "falsa" aos novos consumidores. O resultado foi desastroso, com a rejeição dos antigos consumidores e a indiferença dos jovens e adolescentes.

O esforço foi tão infeliz que, logo após o lançamento, a Coca-Cola voltou atrás na decisão, parando de comunicar a New Coke e retomando a produção do antigo produto, chamando-o de "Coke Classic", nomenclatura que até hoje é encontrada nos Estados Unidos.

O Mercedes Benz Classe A de 1997, lançado no Brasil em 1999, tem uma história similar. A ideia foi aproveitar o desejo que as pessoas tinham de possuir um Mercedes lançando um carro de preço mais baixo e acessível, conquistando uma faixa de mercado abaixo dos produtos tradicionais da marca.

No entanto, o carro foi visto pelos potenciais consumidores como um Mercedes de segunda classe, já que as diferenças de design, conforto e potência eram gritantes em relação aos modelos mais caros. Isso os afastou da compra.

Já os consumidores tradicionais da marca se sentiram traídos, pois o carro que sempre vendeu sofisticação e exclusividade lançou um modelo que era o oposto dessa proposta. A empresa teve de reduzir seus planos com o produto até, por fim, retirá-lo de linha, em 2005, sofrendo prejuízos financeiros e de imagem de marca.

Esses dois exemplos continuam relevantes, pois indicam que uma extensão de marca malfeita pode não só ser um fracasso no novo mercado, mas prejudicar a marca no mercado original. Caso haja a possibilidade, ainda que pequena, de a extensão prejudicar a marca original, recomenda-se que ela não seja feita.

9.3.1 Alguns critérios para extensões de marcas

Ao se analisar as extensões de marcas comuns no mercado, muitas possibilidades podem ser identificadas como critérios para extensão de marcas. Aaker, em um de seus estudos sobre extensões, identificou oito critérios.

1. **Mudança na apresentação:** uma marca estende sua linha por meio de novas embalagens e formatos. A Coca-Cola, ao lançar uma lata de 220 ml, muda sua apresentação. O detergente de roupa Omo, quando lança uma versão líquida do sabão em pó, também muda sua apresentação e, nesse caso, o próprio produto.

2. **Preservação do ingrediente:** a marca Moça, quando lança um sorvete, mantém seu ingrediente principal, o leite condensado, ao estender sua linha. A marca americana Arm & Hammer também fez uma grande expansão de portfólio ao redor do ingrediente bicarbonato de sódio, que hoje engloba de desinfetantes a cremes dentais.

3. **Complementação de uso:** o novo produto complementa o uso do antigo. A Colgate lançou enxaguantes bucais, complementando o uso de seus cremes dentais. O Uber lançou o Uber Eats, complementando o uso com um serviço específico para a entrega de alimentos.

4. **Conservação da forma:** o novo produto mantém elementos de design ou formato do produto anterior. A marca BMW, mesmo quando foi estendida para carros tipo SUV, manteve elementos básicos do seu design – como a grade frontal – para que os novos carros fossem reconhecidos como BMW.

5. **Concentração no *target*:** a extensão de marca mantém-se focada nos mesmos grupos de consumidores, como a linha de produtos da marca Johnson's Baby.

6. **Aplicação de expertise:** a marca lança novos produtos com base na percepção de expertise do consumidor, como a Brastemp lançando Wine Coolers, que são percebidos como similares a geladeiras e, por isso, herdam as características de sofisticação e qualidade que a Brastemp possui na categoria.

7. **Transferência de personalidade:** a extensão de marca carrega os valores e a personalidade da marca-mãe, como a Reebok, quando estende sua marca para academias de ginástica, ou a Bulgari, quando estende sua marca de joalheiras para hotéis.

8. Uso do poder: esse tipo de extensão acontece quando a marca tem uma força de conhecimento, comunicação e distribuição que permite fazer extensões em categorias diferentes, como a marca Bic, que participa de mercados distintos como canetas, isqueiros e barbeadores, que são aparentemente não relacionados, mas onde a marca tem relativo sucesso.

Esses critérios foram identificados por Aaker após a análise de um grande conjunto de extensão de marcas. Ele detalha que, na maioria das vezes, mais de um critério é utilizado simultaneamente para estender a marca. O lançamento de um condicionador Johnson's Baby, por exemplo, pode ser considerado uma extensão que é concentrada no *target*, tem aplicação de expertise e complementação de uso. Quanto mais critérios forem satisfeitos, mais próxima a extensão estará da marca original.

Ainda que esses critérios possam estimular o pensamento de potenciais extensões, eles não ajudam a direcionar a maneira como uma marca pode crescer.

Fazer uma marca aumentar seu valor na mente do consumidor por meio de uma extensão é uma decisão fácil. No entanto, definir para onde essa marca deve crescer é uma escolha complexa que pode levar a um incremento do valor da marca ou à sua ruína.

Uma extensão de marca bem-feita é uma grande chance de aumentar a relação com os consumidores por meio de novos pontos de contato, revitalizar a marca com produtos inovadores e realçar certos significados da marca-mãe. Por outro lado, errar ao estender a marca pode gerar confusão sobre a identidade da marca, reduzir a identificação da marca com uma categoria ou público-alvo e criar resistência de varejistas e outros intermediários.

Ter um claro entendimento de como deve ser feita a expansão da marca, seguindo os preceitos desenhados para sua identidade essencial e sustentando os diferenciais em diferentes categorias, é primordial para a construção de extensões de marcas que se tornam bem-sucedidas e lucrativas.

De acordo com a identidade essencial da marca, são sugeridos dois eixos para a extensão de marcas: o eixo de produtos e o eixo de público-alvo.

FIGURA 9.6 Eixos sugeridos para a extensão de marcas

Fonte: adaptada de CHRISTENSEN; COOK; HALL, 2005.

Toda marca tende a surgir no mercado com um produto voltado para um tipo específico de público-alvo. Esse início faz sentido, pois ela acaba conseguindo ser percebida como específica o suficiente para ser diferenciada da sua concorrência. Vale lembrar que qualquer marca que entra no mercado terá de se estabelecer mostrando um valor superior às demais. Com isso, focar em um público específico, com um benefício específico, pode ser interessante para enfatizar sua diferenciação e se estabelecer no mercado.

Após estabelecida, a marca pode iniciar um movimento de incremento de portfólio, usando a lembrança já construída para aumentar o retorno sobre o ativo da marca.

Nesse momento, as marcas têm duas possibilidades para expansão. Elas podem se tornar especializadas em um tipo de público-alvo e, a partir dele, oferecer novas possibilidades de produtos, incrementando seu relacionamento com o mesmo público, ou podem se tornar especializadas em um tipo de segmento, atingindo novos públicos, valendo-se da mesma expertise naquele benefício. Mantendo-se uma expansão nesse sentido, as marcas conseguem manter

GESTÃO DO PORTFÓLIO DE MARCAS

identidades fortes e alta conexão com o benefício que promovem ou com o público-alvo que atingem.

Marcas com base em benefícios tendem a ser mais funcionais, voltadas à tecnologia, e trabalham diferenciação em produto. Rexona é uma marca que, depois de algumas idas e vindas, estabeleceu-se com foco no benefício da proteção do desodorante. Todos os tipos de proteção ao suor são oferecidos pela marca, seja por meio dos produtos de desodorantes regulares, seja a oferta de uma proteção superior com o portfólio de Rexona Clinical. Ela teve um foco inicial no mercado masculino e, posteriormente, expandiu-se para o mercado feminino, com fragrâncias e situações de proteção voltadas para a mulher. Mais tarde, construiu um portfólio para as *teens*.

O que une esse portfólio é o benefício central desses produtos – a proteção ao mau cheiro causado pelo suor. Há algum tempo, a Unilever decidiu anexar a marca Efficient, de desodorantes para os pés, à marca Rexona. A escolha foi óbvia, pois a proteção que Rexona oferece para o corpo agora também se estenderia aos pés.

A expertise da Rexona na proteção contra o suor cria um claro caminho de evolução na relação com os consumidores e no lançamento de produtos. A marca recentemente lançou uma extensão de linha chamada Motionsense, que promete maior proteção quanto mais as pessoas se mexem. Esse tipo de inovação é considerado crível pelos consumidores porque a marca é percebida como especialista em desodorantes.

A Fedex, serviço de entrega de mercadorias, seguiu um caminho similar. Ela conquistou sua reputação trabalhando a perspectiva de ser uma empresa confiável e rápida, voltada para documentos empresariais. Chamada de Fedex Express, ela usava o modal aéreo para garantir máxima rapidez ao trânsito dos materiais.

Posteriormente, ela decidiu entrar no mercado de cargas, realizando a importação ou exportação de mercadorias entre empresas, com encomendas de maior porte. Para isso, preferiu usar uma submarca, a Fedex Freight. A seguir, expandiu-se para o trânsito terrestre de mercadorias e criou a Fedex Ground. Com isso, manteve o mesmo benefício – entregas confiáveis e rápidas – mas hoje ela faz isso para diversos tipos de públicos com diferentes tipos de necessidades.

No outro eixo, o da conexão com o consumidor, estão marcas que tendem a ser mais emocionais, as quais desenvolvem um relacionamento mais intenso com um grupo específico de consumidores e procuram manter um relacionamento duradouro. Muitas vezes, essas marcas são usadas como elementos de autoexpressão da personalidade de seus consumidores.

Feita a conexão com o consumidor, a marca consegue oferecer novos produtos e serviços, mas sempre com foco nesse mesmo público. O público a percebe como conhecedora de seus interesses e estilos, e a marca consegue expandir o seu conhecimento desse público, dialogando com ele de maneira íntima e próxima.

Exemplos comuns desse mercado são marcas voltadas para grandes grupos de consumidores, como Johnson's Baby. Com a conexão criada com a mãe dos bebês e um profundo conhecimento das angústias e delícias da fase inicial da maternidade, a marca pode fazer um grande conjunto de ofertas para esses consumidores, o qual vai desde a hora do banho, a hora da troca e a outros momentos relevantes da higiene pessoal do bebê.

Outros produtos podem criar uma conexão com uma parcela da população definida por critérios comportamentais. A marca Mont Blanc é voltada para pessoas prósperas, sofisticadas, geralmente envolvidas no mundo empresarial, e seus produtos são utilizados como um símbolo de status.

Ainda que seu portfólio apresente alguns produtos de escrita femininos, a marca é essencialmente masculina. Ela iniciou sua trajetória produzindo canetas e depois evoluiu para pastas, valises, carteiras, perfumes, relógios e óculos, tornando-se uma marca de acessórios sofisticados para homens bem-sucedidos. A marca poderá lançar outros produtos, desde que foquem nesse território, e eles potencialmente serão bem-aceitos. Recentemente, a marca lançou um acessório chamado de *augmented paper*, um bloco de anotações em papel que capta os movimentos da caneta e os transfere imediatamente para um smartphone ou tablet. Ainda que seja um produto tecnológico, como ele está alinhado às expectativas que o público-alvo tem em relação à marca, ele pode ser bem-aceito pelos consumidores.

A ideia de uma marca com foco em benefícios é poder oferecer o benefício para qualquer tipo de consumidor, atravessando barreiras de idade, classe social, sexo e qualquer outra relação sociodemográfica ou comportamental.

Já uma marca com foco em um público-alvo tem como evolução máxima a possibilidade de satisfazer todo um estilo de vida, oferecendo um grande conjunto de produtos que ajude o consumidor a mostrar essa faceta da sua individualidade no contexto social em que vive.

Sustentar esse foco específico ajuda a marca a não extrapolar suas fronteiras, garantindo uma evolução mais natural e sustentando os critérios de proeminência, favorabilidade e exclusividade.

No entanto, quando uma marca obtém sucesso, é comum a empresa querer utilizá-la ao máximo, rompendo as fronteiras do seu benefício ou público-alvo original. Além do risco de ser malvista pelos atuais e novos consumidores, um crescimento de público-alvo em conjunto com novos benefícios pode levar à perda da identidade única da marca.

Ela até pode conseguir sustentar algum tipo de associação de reputação, como qualidade ou credibilidade. Contudo, todas as conexões específicas com benefícios de produtos ou com o estilo de vida de um consumidor tendem a se perder. Elas se tornam "marcas de endosso", muito abrangentes, reconhecidas, mas de baixo poder de conexão. A inclusão de uma seta transversal na Figura 9.7 indica esse tipo de extensão de marcas.

FIGURA 9.7 Representação das marcas de endosso

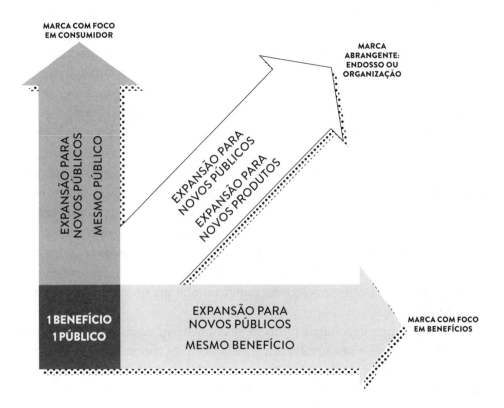

Fonte: adaptada de CHRISTENSEN; COOK; HALL, 2005.

A Nestlé é uma marca que seguiu esse caminho. Ainda que transmita uma enorme credibilidade, ela não consegue ser identificada com um tipo de benefício ou de consumidor específico. Ela é abrangente, mas perde granularidade e poder de conexão ou diferenciação. Ainda que possa competir com muitas marcas, ela sempre será mais genérica e indiferenciada que as marcas quem mantêm o foco em um benefício ou em um público alvo.

A Nestlé do Brasil tem em seu portfólio, entre outros produtos, chocolates, sorvetes e iogurtes. A Nestlé acaba sendo menos específica e, portanto, sofre mais na competição direta com a marca Danone para o mercado de iogurtes. Ainda que a Danone também tenha diversificado, o peso da sua operação de iogurtes ainda é muito grande em relação ao restante do seu portfólio. Portanto, ela é vista como especialista na categoria. Alguns consumidores até a utilizam como sinônimo da categoria, usando a marca para se referir aos iogurtes de maneira genérica. Sendo assim, sempre que a Nestlé concorre diretamente com a Danone, ela parece ser menos especialista e ter menos benefícios que a concorrente.

No mercado de sorvetes, o mesmo acontece na disputa com a Kibon, que é a líder e a marca mais lembrada do segmento. A Nestlé é a principal competidora, vista como produtora de produtos de qualidade. Ainda assim, a expertise do segmento recai sobre a Kibon.

Já em chocolates, a Nestlé usa a marca mestra apenas em alguns produtos. Para a maioria deles, acaba tendo de criar uma conexão com o consumidor, valendo-se de uma outra marca que se torna a impulsionadora principal, como Alpino, Prestígio ou Kit Kat. A Nestlé se comporta como uma marca de endosso.

Qualquer marca que estenda seu portfólio, como fez a Nestlé (e aqui podemos citar a Mitsubishi, a Samsung, a GE, entre outras), acaba se tornando uma marca mais generalista. Como marcas generalistas, elas demonstram deficiências competitivas em comparação com marcas mais específicas. Para superar essas deficiências, elas tendem a fazer uso de um grande conjunto de submarcas, ao qual endossam. Essas marcas não podem ser consideradas malsucedidas; elas apenas tomaram um caminho de evolução que diminui seus laços com um mercado. Trata-se de um caminho válido para as marcas que estrategicamente pretendem se tornar marcas de endosso, mas um caminho perigoso caso seja seguido inadvertidamente.

As marcas organizacionais também se enquadram nessa estratégia. Nesse caso, elas preferem ter um envolvimento menor com os consumidores e construir relações mais institucionais com outros stakeholders. São as marcas de organização, ou holdings, como Unilever, P&G e Alphabet.

Essas organizações se expandem lançando ou comprando marcas com diferentes benefícios ou com acesso a diferentes públicos-alvo e, a rigor, fazem a expansão transversal do gráfico. Pela escolha de se tornar uma marca corporativa, ela delega às suas marcas de unidades de negócios ou produtos a incumbência de fazer todo o processo de conexão com os consumidores. O lançamento da marca Alphabet, substituindo a marca Google como marca corporativa, mostra como os gestores principais da empresa se preocuparam em não transformar o Google em uma marca de organização, mantendo sua conexão com os produtos e serviços que proveem para os consumidores.

As definições de como estruturar marcas que se estendem para novos públicos e produtos, entre marcas de organização que se relacionam com marcas de produtos e as diferentes opções para fusões e uniões entre marcas, fazem parte de um processo de organização de portfólios de marcas comumente chamado de

GESTÃO DO PORTFÓLIO DE MARCAS

"arquitetura de marcas". Ainda que muitos autores fizeram contribuições importantes nessa área, preferimos utilizar como base as definições de David Aaker, um dos autores que melhor conseguiu captar as nuances dessas relações entre marcas. Assim, com base nos estudos de Aaker, detalhamos a seguir os pontos relevantes para a construção de uma arquitetura de marcas consistente.

9.4
OPÇÕES DE CONSTRUÇÃO DA ARQUITETURA DE MARCAS: MARCAS DE ENDOSSO E SUBMARCAS

A construção de uma identidade de marca pode seguir alguns parâmetros técnicos com o uso de certas relações que detalhamos a seguir. No entanto, isso sempre é variável de acordo com as próprias escolhas estratégicas de cada empresa.

Se a empresa quiser dominar um mercado, como a Ambev para cervejas, a Unilever para detergentes de roupa ou a Whirlpool para eletrodomésticos, ela provavelmente terá de se valer de estratégias que enfatizem a diferenciação entre as marcas.

Se ela quiser ocupar uma série de mercados correlatos, mas não necessariamente tiver interesse em dominar o mercado onde está presente, ela pode usar estratégias de marcas únicas, como a Samsung.

Além dessas duas, há um grande conjunto de possibilidades estratégicas de posicionar as diferentes marcas que uma empresa pretende manter em seu portfólio. Se a empresa tiver clareza da sua visão estratégica de expansão no mercado, ela pode organizar melhor a maneira como irá desdobrar sua marca. Muitas vezes, as oportunidades de mercado surgem de maneiras inesperadas; portanto, é preciso saber conciliá-las com o posicionamento que as marcas devem assumir.

A ideia central é poder sempre aproveitar o máximo do valor (equity) já construído pela marca, ter o máximo de sinergia entre as marcas do portfólio e, ao mesmo tempo, respeitar as fronteiras de marca na cabeça dos consumidores. É um balanço complexo, pois a visão financeira das marcas sempre irá levar a uma expansão delas para diferentes mercados. Já a visão do consumidor privilegiará a construção de uma marca focada num momento, benefício ou conjunto específico de pessoas, aumentando a conexão entre marca e consumidor. A escolha da estratégia correta pode gerar economia de recursos no desenvolvimento de uma marca e maximizar seu impacto no mercado. A escolha errada pode ocasionar desperdícios e possibilidades de prejudicar marcas já estabelecidas.

A gestão do portfólio de marcas e as escolhas de como incrementá-lo são as mais sensíveis que podem ser tomadas por um gestor de marcas, pois impactam a conexão já estabelecida entre marca e consumidor, e são mais estratégicas e de longo prazo do que as decisões sobre o marketing mix. Portanto, devem ser tomadas com um cuidado maior do que o normal, sob o risco de criar uma "New Coke" ou "Mercedes Classe A". A seguir, definimos cada uma das relações para elucidar as possibilidades estratégicas na gestão da arquitetura de marcas.

Qualquer grande corporação acaba usando estratégias mistas, ou seja, misturando as várias possibilidades que serão descritas em função de um crescimento desordenado, fusões e aquisições. Esse também não pode ser considerado um erro; trata-se, apenas, da complexidade que se torna aparente à medida que uma marca aumenta sua atuação em um mercado.

As relações observadas entre as marcas estão descritas em ordem de intensidade da conexão entre a marca original e a extensão. São detalhadas, primeiramente, as conexões mais intensas, nas quais as relações entre as marcas são mais próximas. Posteriormente, são detalhadas as relações menos intensas, em que as marcas agem completamente separadas umas das outras.

9.4.1 Uso de monomarcas

Quando uma marca decide se expandir e entrar em um novo mercado, o caminho mais fácil que ela pode seguir é manter inalterada a sua marca e apenas se distinguir por tipo de produto. Ao receber uma marca sem qualquer alteração, as associações proeminentes que forem favoráveis serão transferidas mais facilmente. A sinergia entre os produtos atuais e novos é grande e, em função disso, pouca ou eventualmente nenhuma comunicação precisará ser feita.

Extensões de linha mais simples, como novos sabores ou formatos de embalagem, cabem nesse quesito. Quando a Coca-Cola lançou a lata de 220 ml, ela não precisou fazer uma comunicação específica para apresentar o produto aos seus consumidores. Fica claro que foi apenas uma alteração de embalagem. O mesmo acontece quando a marca Elseve, da L'Oréal, lança um xampu com um ativo diferente. Os consumidores entendem que ele tem os mesmos atributos de todos os xampus da marca e que foi lançado apenas um ativo diferenciado. O mesmo vale quando o Bis lança um novo sabor. O conhecimento do Bis sabor chocolate é transferido para o Bis sabor laranja, e está claro que ele tem o mesmo formato e qualidade.

A Samsung usa, na maioria dos seus produtos, apenas a marca Samsung, configurando uma monomarca. Como ela atua na área de eletroeletrônicos, a sinergia entre os produtos faz sentido. Considerando-se que ela estabeleceu uma lembrança de marca positiva em certos mercados, como telefones celulares, ela pode entrar em outros segmentos com a mesma marca e transmitir as mesmas lembranças positivas. É o que acontece com os produtos de televisão, áudio e outros acessórios eletrônicos de uso pessoal. Essa sinergia faz com que ela não precise anunciar muito seus produtos. Afinal, ao anunciar um aparelho de celular, a lembrança de marca Samsung acaba impactando todos os seus produtos, os quais ganham relevância.

No entanto, o excesso de sinergia pode trazer algumas complicações. A marca Dove, quando deixou de ser apenas um sabonete e passou a ser uma linha completa de produtos de higiene pessoal, resolveu adotar a marca Dove sem o uso de submarcas. Os produtos carregavam a marca e se diferenciavam pelo nome da categoria: xampu, condicionador, cremes hidratantes, desodorantes, entre outros produtos.

FIGURA 9.8 Produtos de higiene pessoal da marca Dove

Nesse caso, como são extensões de categorias e, eventualmente, cada categoria necessita de associações específicas, alguns problemas podem surgir. O sabonete Dove sempre teve como diferencial sua relação com hidratação. Como foi utilizada uma estratégia de manutenção da mesma marca, as associações foram mais facilmente transmitidas e toda a linha de produtos recebeu como associação a possível hidratação dos produtos. Embora isso fosse um diferencial para sabonetes, não trazia exclusividade para o mercado de hidratantes para a pele, por exemplo. A hidratação poderia até causar rejeição dos consumidores para o mercado de desodorantes, já que muitos imaginaram que ele poderia deixar as axilas úmidas. A marca também causou rejeição para consumidores possuem cabelos oleosos, já que imaginaram que a hidratação em excesso prejudicaria a aparência.

A sinergia, que acontece quando as associações são positivas, também ocorre quando elas são negativas. A Samsung, que conseguiu alavancar muitos de seus produtos com base nas lembranças anteriores, teve alguns problemas com o lançamento do produto Samsung Galaxy Note 7. Houve um erro de projeto que fez com que acontecessem explosões na bateria do produto. O problema foi detectado e rapidamente contornado pela empresa, que retirou os produtos de mercado e ajustou o projeto para que isso não voltasse a acontecer. No entanto, a questão das "explosões" acabou impactando todos os demais produtos da marca, incluindo casos relatados em uma secadora da marca, algo que certamente era um problema diferente do que acometeu os celulares. O medo espalhou-se globalmente entre os consumidores, e todos os produtos da marca, de televisores a ar-condicionados, foram impactados pela associação negativa de apenas um produto da sua extensa linha. Portanto, há de se considerar, nas escolhas estratégicas de uma extensão, se esse risco de contágio negativo precisa ou não ser evitado.

Os pontos positivos e negativos do uso da monomarca ficam claros ao analisar os exemplos anteriores. Portanto, há de se considerar o enorme ganho de sinergia e redução de custos que a monomarca traz, levando-se em consideração as possíveis dificuldades quando se opta por essa estratégia de arquitetura.

9.4.2 Uso de submarcas

No caso de algumas extensões, o uso da monomarca pode não ser suficiente para que os consumidores aceitem ou entendam os novos produtos. A monomarca transmite apenas as associações já criadas pela marca-mãe, tendo dificuldades em criar associações adicionais e específicas.

Quando é necessário criar associações adicionais, geralmente em virtude do foco em um benefício diferente ou em um público diferente, tende-se a usar uma submarca. Esta complementa o significado da marca-mãe e a conecta com diferentes benefícios ou públicos. A submarca é subordinada à marca principal, recebendo a maioria das lembranças dela, e tem capacidade de comunicação limitada.

A Coca-Cola, quando lançou sua versão diet no início dos anos 1980, não conseguiu usar somente a marca Coca-Cola. Afinal, seria muito complexo para o público entender a diferenciação valendo-se apenas de uma identidade visual ou de uma informação no rótulo. O conceito de diet ainda estava sendo formado e a empresa precisava diferenciar os benefícios de não haver açúcar. Para comunicar isso adequadamente, usou a marca Coke adicionada da submarca Diet.

Nesse caso, o uso da submarca foi importante para que se percebesse a diferenciação funcional do produto, que não teria ficado clara se tivesse sido feita apenas como uma variante do produto original.

FIGURA 9.9 Diet Coke: o uso da submarca foi importante para que se percebesse a diferenciação funcional do produto

O mesmo pode acontecer quando a marca resolve se estender para um público-alvo diferente. Para que o novo público saiba que aquele produto foi feito especialmente para ele, é comum a empresa adicionar sua marca a uma submarca. Rexona, originalmente um produto voltado para o público masculino, estendeu sua marca para o mercado feminino, usando a submarca *Women*, e, posteriormente, entrou no segmento de adolescentes, usando a submarca *Teens*. Nesse caso, a mensagem que a marca gostaria de passar é que todos os atributos e associações do produto masculino, ou seja, a proteção contra o suor, a fragrância agradável e outros benefícios, estavam agora disponíveis ao público feminino e adolescente. No entanto, isso não foi feito sem cuidado – a marca adaptou seu produto para os interesses, necessidades e desejos desse público, e usou as submarcas para mostrar essa alteração do marketing mix.

FIGURA 9.10 Submarca *Teens* do **Rexona**

O uso da submarca subentende que todo um conjunto de experiências deve ser criado especialmente para aquele produto, já que ele não divide as mesmas experiências com a marca original. Ainda assim, ele não pode divergir das premissas básicas da marca mestra, afinal, ele ainda está subordinado a ela.

O uso da submarca, portanto, é mais custoso para a empresa que o uso da monomarca. Como muitas das associações serão aproveitadas e apenas uma pequena parcela de novas associações será criada, é possível haver investimentos reduzidos em comunicação e demais ações de marketing. Afinal, em teoria, basta construir as diferenças da submarca para a marca original, pois as associações básicas já estão sendo transmitidas pela marca mestra.

A submarca permite que uma marca entre em novos territórios, traga novos benefícios e estenda seu portfólio para outros segmentos de mercado, inclusive em diferentes posicionamentos de preço. É comum o uso de submarcas para que se possa atuar em áreas mais populares do mercado (Empório Armani estendeu suas marcas para Armani Exchange e Armani Jeans) ou em áreas mais caras do mercado, como as Havaianas *special collection*.

As submarcas são, então, utilizadas especialmente quando uma marca deseja estender seu portfólio, mas precisa comunicar diferenças significativas de público ou benefício, e a marca original não consegue fazer isso com clareza. Ainda que com custos mais altos que a monomarca, ainda se considera uma relevante sinergia de comunicação, mas é necessário manter grande proximidade entre as identidades da marca mestra e da submarca para que elas possam conviver harmonicamente em um portfólio.

9.4.3 A submarca coimpulsionadora

Existe uma situação especial de submarca que, em razão de interesse estratégico ou até mesmo por ter grande sucesso no mercado, incrementa o número de associações exclusivas que ela tem em relação à marca mestra e, com isso, consegue desenvolver um relacionamento exclusivo com seus consumidores. Para essa situação, passamos a chamar a submarca de coimpulsionadora, pois ela passa a dividir a função de impulsionar o relacionamento com a marca mestra.

A marca Apple iPhone passou por esse processo. Inicialmente, ela foi lançada como a marca da Apple para smartphones. Com o passar do tempo, o produto ganhou visibilidade e novos consumidores, sendo o responsável por uma enorme expansão do público da marca. Então, passou a criar associações exclusivas, de modo que ele se tornou uma marca com reconhecimento, independentemente da presença da marca Apple. Assim, de um papel subordinado à marca Apple, o iPhone passou a ser protagonista do seu relacionamento com seus consumidores.

Outro exemplo é o da marca Vaio, originalmente da Sony. No início, ela foi lançada como uma submarca que pretendia conectar a qualidade e inovação da Sony a computadores pessoais com foco em entretenimento. Com o passar do tempo e o sucesso da marca no mercado, ela passou a representar mais associações e a se conectar com maior intensidade com os consumidores. O sucesso foi tamanho que mesmo a identidade visual foi alterada para refletir o aumento de poder da submarca Vaio, que passou a ter maior destaque no logo.

A marca Sony Vaio obteve tanto êxito que, quando a Sony entendeu que não era mais interessante investir no mercado de computadores pessoais, a divisão pôde ser vendida para um fundo de investimentos chamado Japan Industrial Partners, que relançou a marca Vaio como uma marca independente. Atualmente, no Brasil, a marca foi licenciada para a Positivo Informática, que a utiliza como sua marca premium no segmento de computadores pessoais.

FIGURA 9.11 Logo da marca Sony Vaio, que demonstra a igualdade de poder entre as duas marcas no relacionamento com os consumidores

O importante de uma marca coimpulsionadora é que, uma vez que ela alcance esse status, ela pode ser usada de maneira independente da marca mestra, mantendo um grau de relacionamento com seus consumidores. Já uma submarca, ao ser usada separadamente da marca mestra, tende a perder por completo seu valor.

A LG, empresa coreana de produtos eletrônicos, passou por uma situação bastante diferente da Sony quando resolveu sair do mercado de smartphones. Diferentemente da Vaio, cuja divisão pôde ser vendida, os smartphones da LG não tinham uma marca específica que poderia ser comercializada – era uma monomarca, como os demais produtos da empresa. Com isso, não houve interessados na compra da divisão de smartphones, pois não havia um valor de marca para além da marca LG – que, como marca corporativa e de produto, não poderia ser vendida. Com isso, a empresa teve que simplesmente fechar fábricas ao desinvestir no segmento.

9.4.4 Marcas endossadas

Seguindo com o nível de separação entre as marcas de um mesmo portfólio na mente do cliente, é possível identificar mais uma relação entre marcas: a de marcas endossadas.

As marcas endossadas são fruto de uma extensão de marcas que costumam estar mais distantes do mercado original da marca mestra ou do qual a marca mestra precisa manter uma certa distância em função de potenciais danos a ela.

Com isso, a empresa entende que a marca existente não será capaz de suportar a extensão e uma nova marca deverá ser criada, com suas próprias associações, diferenciais e público-alvo. Para que essa nova marca já nasça com credibilidade, ela recebe o endosso de uma marca já existente. Muitas vezes, nas marcas anglo-saxônicas, essa relação de marca é percebida pelo emprego da palavra *by*, como Polo by Ralph Lauren, Angel by Thierry Mugler e Novotel by Accor.

O caso da Polo by Ralph Lauren é interessante. A Ralph Lauren já era uma conhecida marca de roupas sofisticadas, mais voltada ao mundo urbano e executivo. Os primeiros produtos a chamarem a atenção dos consumidores com a marca Ralph Lauren foram suas gravatas, que eram mais largas que as tradicionalmente usadas em meados dos anos 1960. A marca Ralph Lauren criou um estilo que ficou conhecido como Ivy League, inspirado nas tradicionais faculdades de alto renome dos Estados Unidos.

FIGURA 9.12 Os primeiros produtos a chamarem a atenção dos consumidores com a marca Ralph Lauren foram suas gravatas

No entanto, Ralph Lauren tinha o interesse de conseguir acesso a um público menos restrito, valendo-se de roupas mais esportivas, casuais e baratas. Foi idealizada então a marca Polo, inspirada no esporte jogado sobre cavalos. Ela teria uma ideia de marca diferente da marca Ralph Lauren. A utilização de uma monomarca poderia prejudicar a diferenciação entre elas, ao passo que o uso de uma submarca poderia sobrepô-las em excesso, dificultando a diferenciação de público entre elas.

A saída foi criar a marca Polo de maneira independente da marca Ralph Lauren. Ela tem suas próprias associações, um público-alvo específico e um conjunto de diferenciação exclusivo e diferente da marca-mãe. Entretanto, a marca Ralph Lauren ajuda a marca Polo a ter suas promessas percebidas como críveis.

FIGURA 9.13 Portfólio da Polo by Ralph Loren, que atinge um mercado diferente da marca original

O mesmo acontece com as marcas da Accor: Novotel, Sofitel, Ibis, Mercure e Pullman. Cada hotel tem um conjunto de benefícios e destina-se a um público específico. São independentes, mas contam com o endosso da Accor para que suas promessas sejam críveis para seus consumidores. Dessa maneira, mesmo escolhendo um hotel mais econômico, como Ibis Budget, é reconhecido que ele terá um certo padrão de qualidade e limpeza por ser parte do grupo Accor.

A relação do endosso, portanto, é utilizada quando uma nova marca precisa ser criada com uma certa distância da marca original, mas, por ainda haver algumas sinergias de credibilidade que podem ser passadas entre as ofertas ou mercados, é vantajoso utilizar a marca já estabelecida como um endosso – uma garantia de qualidade e credibilidade da promessa – para a nova marca.

9.4.4.1 Nomes agregados, um tipo diferente de endosso

Em alguns casos, por escolhas estratégicas nas empresas, decide-se que uma nova marca será criada para entrar em um novo mercado e usará o endosso de uma marca já estabelecida. No entanto, em vez de se usar a conexão *by*, como em Novotel by Accor, resolve-se unir pedaços do nome de uma marca já estabelecida com uma marca nova. Empresas como Nestlé e McDonald's usam esse tipo de estratégia.

A Nestlé, ao lançar um achocolatado para modificar o leite, chamou-o de Nescau (Nes de Nestlé + Cau de cacau). Para o mercado de cafés solúveis, Nescafé. Para chás, Nestea. Mais recentemente na sua longeva história, a Nestlé montou um novo modelo de negócios para cafés expressos feito em casa e o chamou de Nespresso. As marcas suscitam lembranças muito diferentes na mente dos consumidores e competem em mercados completamente diversos, com benefícios específicos. Isso as torna marcas independentes, mas unidas pela credibilidade da Nestlé, que é percebida pelo uso do "Nes".

O McDonald's também faz isso de maneira muito organizada, com seus sanduíches e pratos, sempre utilizando do "Mc": Cheddar McMelt, Big Mac, McDuplo, McChicken, McFish, McNuggets, entre outros. Quando iniciou seus serviços de café da manhã, usou o nome McCafé. Dessa maneira, consegue explicitar a diferença de cada prato do seu portfólio, mas mantém uma unidade por meio do endosso do "Mc".

9.5
MARCAS INDEPENDENTES

Muitas vezes, por diversas razões, as empresas preferem não utilizar as marcas existentes para lançar novos produtos no mercado. Isso acontece porque:

- as novas marcas são muito distintas das marcas existentes, causando certa confusão no mercado;
- elas precisam enfatizar um diferencial e, portanto, uma nova marca acaba sendo mais eficiente para se diferenciar da concorrência;
- a entrada nesse novo mercado, público ou benefício pode danificar a imagem das marcas já estabelecidas.

A marca Clear, da Unilever, é um desses casos. O benefício de um xampu anticaspa poderia ser utilizado como parte de marcas que a empresa já possui, como Seda, TRESemmé, Suave ou mesmo Dove Men Care. No entanto, a Unilever entendeu que, para enfatizar o diferencial do produto, ele deveria ter uma marca exclusiva, desconectada das demais marcas do portfólio.

A marca Purina, da Nestlé, é independente por outra razão. A empresa tinha certo receio de que se as pessoas associassem a marca Purina, de nutrição animal, à Nestlé, de nutrição humana, e que isso fosse prejudicial. Portanto, preferiu manter as duas marcas completamente separadas.

A Maggi também exemplifica outro motivo para manter marcas independentes. A marca Maggi é voltada para o segmento de culinária. A Nestlé é mais ligada a lácteos e outros produtos menos relacionados à atividade de cozinhar. Como a marca Nestlé agregaria pouco à categoria de culinária e a entrada nessa categoria com a marca Nestlé poderia prejudicar o significado da marca-mãe, a Nestlé preferiu manter a Maggi independente.

GESTÃO DO PORTFÓLIO DE MARCAS

Manter uma marca independente significa que ela não recebe um endosso forte da sua marca-mãe. No entanto, algumas conexões são possíveis. Por exemplo, ao entrar no site da Nestlé, é possível encontrar as marcas Maggi e Purina. No entanto, trata-se de uma relação diferente, já que no endosso a marca-mãe está mais presente, inclusive no rótulo ou em comunicações publicitárias, e ambas se beneficiam por serem vistas de maneira conectada. Na marca independente, isso acontece em poucos pontos de contato, especialmente aqueles B2B, onde o vendedor se apresenta com o nome da organização que representa, e não com marcas individuais.

A marca independente permite, portanto, a entrada em segmentos muito distintos da marca original, onde ela não teria função, e previne a contaminação entre as duas marcas. No entanto, como se trata de uma relação de pouca sinergia, os custos de lançamento e manutenção de marcas separadas tendem a ser mais altos que nas demais relações apresentadas.

Conclui-se, assim, o processo de identificação dos possíveis tipos de vínculos entre as marcas. A partir da orientação estratégica da empresa e do conhecimento das razões, bem como dos pontos fortes e fracos das relações, pode-se planejar a melhor maneira de realizar o lançamento de um produto ou a organização de um portfólio de marcas.

Como ficou claro com base nos exemplos, o mais comum é que as empresas mantenham diferentes tipos de relações de marcas, formando um portfólio de marcas mistas que possuem diversas das relações descritas ao mesmo tempo.

Cada situação de mercado possui certas especificidades. Embora seja possível manter uma única relação entre todas as marcas, isso tende a ser mais prejudicial ao desenvolvimento da empresa do que manter diferentes tipos de relações. Mais importante que tentar organizar o portfólio como um todo é certificar-se de que as relações entre duas marcas respondem a todos os anseios estratégicos que se tem em relação àquele mercado.

REFERÊNCIAS

AAKER, D. A. *Managing brand equity*: capitalizing on the value of a brand name. New York: Free Press, 1991.

_____. *Building strong brands*. New York: Free Press, 1996.

_____. *Brand equity*: gerenciando o valor da marca. Houston: Gulf Professional Publishing, 1998.

AAKER, D.; JOACHIMSTHALER, E. *Brand leadership*. New York: Free Press, 2000.

_____. The brand relationship spectrum: the key to the brand architecture challenge. *California Management Review*, v. 42, n. 4, 2000.

AAKER, J. Dimensions of brand personality. *Journal of Marketing Research*, v. 34, 1997.

ANDREWS, K. R. *The concept of corporate strategy*. Homewood, IL: DJ-Irwin, 1971.

ANSOFF, H. I.; McDONNEL, E. J. *The new corporate strategy*. Wiley Ed., University of California, 1988.

BAUDRILLARD, J. *A sociedade do consumo*. São Paulo: Edições 70, 1978.

BAUMAN, Z. *Vida para consumo*. São Paulo: Zahar, 2008.

BELK, R. Possessions and the extended self. *Journal of Consumer Research*, v. 15, p. 139-168, 1988.

BELK, R.; GER, G.; ASKEGAARD, S. The fire of desire: a multisited inquiry into consumer passion. *Journal of Consumer Research*, v. 30, n. 3, Dec. 2003.

BROWN, S. Recycling postmodern marketing. *The Marketing Review*, n. 6, p. 211--230, 2006.

BOONE, L. E.; KURTZ, D. L. *Marketing contemporâneo*. 12. ed. São Paulo: Cengage, 2009.

BURMANN, C.; JOST-BENZ, M.; RILEY, N. Towards an identity-based brand equity model. *Journal of Business Research*, v. 62, p. 390-397, 2009.

CANTRO, N.; ZIRKEL, S. *Personality, cognition and purposive behavior*. In: L. A. Pervin (Ed.), *A handbook of personality*: theory and research, 1990.

CHERRIER, H. Ethical consumption practices: co-production of self-expression and social recognition. *Journal of Consumer Behaviour*, v. 6, Issue 5, out. 2007.

CHRISTODOULIDES, G.; DE CHERNATONY, L. Consumer based brand equity conceptualization & measurement: a literature review, International. *Journal of Marketing Research*, 2009.

CRAVENS, D. W.; PIERCY, N. F. *Marketing estratégico*. 8. ed. São Paulo: MacGraw Hill, 2007.

DA SILVEIRA, C.; LAGES, C.; SIMÕES, C. Reconceptualizing brand identity in a dynamic environment. *Journal of Business Research*, 66(1) p. 28-36, 2011.

DE CHERNATONY, L. Brand management through narrowing the gap between brand identity and brand reputation. *Journal of Marketing Management*, 15, p. 157--179, 1999.

_____. A model for strategically building brands. *Brand Management*, v. 9, n. 1, p. 32-44, set. 2001.

_____. *From brand vision to brand evaluation*: the strategic process of growing and strengthening brands. Burlington: Elsevier, 2006.

FARQUHAR, P. H.; HAN, J. Y.; IJIRI, Y. *Recognizing and measuring brand assets*, Report # 91-119. MA: Marketing Science Institute, 1991.

FIRAT, A. F.; VENKATESH, A. Liberatory postmodernism and the reechantment of consumption. *Journal of Consumer Research*, v. 22, dez. 1995.

FOURNIER, S. Consumers and their brands: developing relationship theory in consumer research. *Journal of Consumer Research*, v. 24, mar. 1998.

FREITAS, F. D.; ALMEIDA, V. M. C. Theoretical model of engagement in the context of brand communities. *Brazilian Business Review*, v. 14, n. 1, jan.-fev. 2017.

GIDDENS, A. *Modernity and self-identity*: self and society in the late modern age. Palo Alto: Stanford University Press, 1991.

HAMEL, G.; PRAHALAD, C. K. *Competindo pelo futuro*: estratégias inovadoras para obter o controle do seu setor e criar os mercados de amanhã. Rio de Janeiro: Campus, 1995.

HAIGH, D. *Understanding the financial value of brands*. Brussels: European Association of Advertising Agencies, 1999.

HOLBROOK, M. B.; HIRSCHMAN E. C. The experiential aspects of consumption: consumer fantasies, feelings, and fun. *Journal of Consumer Research*, set. 1982.

HOLT, D. B. How consumers consume: a typology of consumption practices. *Journal of Consumer Research*, 22, 1995.

_____. Brands and branding (case studies). *Harvard Business Review* (eletrônico), nov. 2002.

_____. What's become an icon most? *Harvard Business Review*, mar. 2003.

_____. *Cultural brand strategy*. In: CARPENTER, G.; SHANKAR, V. (Ed.). *Handbook of Marketing Strategy*. Cheltenham: Edward Elgar Publishing, 2012.

HOLT, D.B.; USTUNER, T. Toward a theory of status consumption in less industrialized countries. *Journal of Consumer Research*, v. 37, jun. 2010.

HUHMANN, B. A.; BROTHERTON T. P. A content analysis of guilt appeals in popular magazine advertisements. *Journal of Advertising*, 26, 1997.

IPPOLITO, M.; MATHIOS, A. D. Information, advertising and health choices: a study of the cereal market. *Rand Journal of Economics*, v. 21, n. 3, p. 459-480, 1990.

JANONIS, V.; DOVALIENÈ A.; VIRVILAITÈ, R. Relationship of brand identity and image. *Engineering Ecomics*, v. 51, n. 1, p. 69-79, 2007.

KAPFERER, J-N. *Beyond positioning, retailer's identity*. Brussels: Esomar Seminar Proceedings. Jun. 1986. p. 167–176.

_____.*Strategic brand management*. London: Kogan Page, 1995.

_____. *The new strategic brand management*. London: Kogan Page Publishers, 2008.

KELLER, K. L. Conceptualizing, measuring and managing costumer-based brand equity. *Journal of Marketing*, v. 57, n.1, p. 1-22, 1993.

_____. Costumer based brand equity. *Marketing Management* (AMA), jul.-ago., 2001.

KELLER, K. L.; MACHADO, M. *Gestão estratégica de marcas*. São Paulo: Pearson, 2006.

KLEINE, R. E.; KLEINE, S. S.; KERNAN, J. B. Mundane consumption and the self: a social-identity perspective. *Journal of Consumer Pshychology*, 2 (3), 1993.

KLUIVER, C.; PEARCE II, J. A. *Estratégia*: uma visão executiva. São Paulo: Pearson, 2010.

KOTLER, P.; KELLER, K. L. *Administração de marketing*. São Paulo: Pearson, 2012.

LEVY, S. J. Interpreting consumer mythology: a structural approach to consumer behavior. *Journal of Marketing*, 45, 49-61, 1981.

LIPOVETSKY, G. *A felicidade paradoxal*: ensaio sobre a sociedade de hiperconsumo. São Paulo: Cia das Letras, 2006.

LOVELOCK, C.; WIRTZ, J.; HEMZO, M. A. *Marketing de serviços*, 7. ed. São Paulo: Pearson, 2011.

MALHOTRA, N. K. Self concept and product choice: an integrated perspective. *Journal of Economic Psychology*, 9, 1988.

MCCRACKEN, G. D. *Culture and consumption II*: markets, meaning, and brand management. Bloomington: Indiana University Press, 2005.

MINTZBERG, H. *Safári de estratégia*. São Paulo: Bookman, 2010.

NEWMAN, K. The sorcerer's apprentice? Alchemy, seduction and confusion in modern marketing. *International Journal of Advertising*, 20, 2001.

NEW YORK TIMES. *Case Study: The Philip Morris-Kraft Merger; why bigness may not matter*. Disponível em: <http://www.nytimes.com/1988/10/23/business/case-study-the-philip-morris-kraft-merger-why-bigness-may-not-matter.html?page wanted=all>. Acesso em: fev. 2018.

O'GUINN, T.; FABER, R. The undesired self: a neglected variable in personality research. *Journal of Consumer Research*, 16, set. 1989.

PEATTIE, K. Trappings versus substance in the greening of marketing planning. *Journal of Strategic Marketing*, v. 7, Issue 2, 1999.

PEDRINI, M.; FERRI, L. M. Socio-demographic antecedents of responsible consumerism propensity. *International Journal of Consumer Studies*, 38(2), p. 127-138, 2014.

PEREIRA, P. F. P. *Prisma de identidade de marca: perspectiva para evolução do modelo*. Tese apresentada para obtenção do título de Doutor em Administração, PUC-SP, 2017.

PORTER, M. E. *Estratégia competitiva*: técnicas para análise de indústrias e da concorrência. 18. ed. São Paulo: Campus, 1986.

RICHINS, M. L. Measuring emotions in the consumption experience. *Journal of Consumer Research*, 127-146, set. 1997.

SALECL, R. *Sobre a felicidade*: a ansiedade e consumo na era do hipercapitalismo. São Paulo: Alameda, 2005.

SEMPRINI, A. *A marca pós-moderna*. São Paulo: Estação das Letras e Cores, 2010.

SENNET, R. *The fall of the public man*: on the social psychology of capitalism. New York: Vintage Books, 1978.

SHAPIRO, S.J. *Marketing in a conserver society*. Business Horizons, 21(2), p. 3-13, 1978.

SHARP, S. *Competitive inteligence*. New Jersey: John Wiley & Sons, 2009.

SIMON, C. J.; SULLIVAN, M. V. The measurement of determinants of brand equity: a financial approach. *Marketing Science*, 12, 1, p. 28-52, 1993.

SORON, D. *Sustainability, self-identity and the sociology of consumption, sustainable development*. 18. ed., 2010.

SZMIGIN, I.; CARRIGAN, M.; MCEACHERN, G. The conscious consumer: taking a flexible approach to ethical behavior. *International Journal of Consumer Studies*, 33. ed., 2009.

WOOD, M. Socio-economic status, delay of gratification, and impulse buying. *Journal of Economic Psychology*, 19, 295-320, 1998.

ZIZEK, S. O hedonismo envergonhado. *Folha de S. Paulo*, Caderno Mais, out. 2003.